JN055730

改訂

新しい体育の授業づくり

編著者　杢子　耕一
家田　重晴
勝亦　紘一

大日本図書

はじめに

本書は、2012年に刊行された「新しい体育の授業づくり」を改訂したものです。編集の趣旨は、初版の考え方を踏襲して保健体育教師を目指す学生の「体育の授業づくり」の入門書としています。

初版は、中京大学の体育学部がスポーツ科学部へ改組され、学習指導要領も改訂される時期に合わせて企画されました。入門書であると同時に、体育授業のマンネリ化や画一化に対して警鐘を鳴らすという役割を果たせればという思いがありました。「新しい」という表現に、この気持ちが含まれています。このことは、改訂版の編纂途中で鬼籍に入られた故勝亦紘一先生が、常日頃から強調されていた点でもあります。学生たちに対して、「脱皮せよ」といった独特の表現を使って指導されていました。保健体育教員を目指している学生たちの多くは、自らが受けてきた授業、運動部活動の指導について、好意的にとらえていることが多く、自分もそうした教員や指導者を目指しているというのがほとんどです。本学の体育学部時代の卒業生が恩師であるという場合も珍しいことではありません。学部で教員養成に携わっている立場からは、喜ばしい限りではありますが、個人的経験レベルに基づいた体育授業からの脱却という側面も求められていることを学生に伝える意図があったと思います。例えば、準備運動として、いつもラジオ体操行わせるような一律化したやり方ではなく、種目の特性に応じた工夫をしなければならないといったことを強調されていました。

2017年（平成29年）に中学校の新学習指導要領、2018年（平成30年）に高等学校の新学習指導要領がそれぞれ公示されました。改訂版では、新学習指導要領に対応した変更に加えて、本書の記述内容を「新しい」視点で見直すことを目指しました。折しも時代は、年号が平成から令和となり、初版が平成時代における昭和時代の遺産からの脱却を趣旨としていたのに対し、これからの新時代に適応した内容への進化が求められています。社会の変化に対応した教育が求められており、人工知能AIに負けない子供を育てていく必要があります。そうした時代に、保健体育科に求められることは、これまで以上に大きなものとなってきます。本書が、そのような期待に応えるための一助となれば幸いです。

最後に、故勝亦紘一先生が本書の完成を目にすることができなかったことを著者一同残念に思い、あらためて謹んでご冥福をお祈りする次第です。

2020年2月　　編著者　杢子耕一、家田重晴、勝亦紘一

はじめに

本書は保健体育教師を目指す学生の「体育の授業づくり」の入門書として編集しました。

編集にあたっては、第一に「新しい」という視点に着目しました。良い授業は教師のたゆみない教材研究から生まれます。近年の体育授業には、地域の特性や各学校の特色、さらに指導者の個性を生かした授業づくりが、今まで以上に求められています。皆さんが体育の授業に関して、マンネリ化や画一化の傾向を多少とも危惧しているならば、その解決の糸口となるように考えました。

次いで本書は、最新のスポーツ科学や健康科学、そして体育の授業研究の成果を踏まえて編集しました。学生諸君だけでなく、多くの先生方やスポーツに興味・関心のある方々に是非ご活用いただきたいと思います。正規の保健体育教師への道が厳しいため、非常勤や常勤講師として頑張っている人も多くいます。また、本来の職業は違っても、スポーツ指導員やコーチとして「スポーツの楽しさ・スポーツを通じた青少年の健全育成」の一翼を担う皆さん、仕事柄「健康つくり・仲間つくりにスポーツを奨励する」皆さん、いろいろの立場の皆さんに、「体育の授業づくり」の手順や研究方法の実際をつかみ、生涯にわたるスポーツ実践に活かしたり、スポーツの技能に関する指導法等の開発に役立てたりしていただきたいと思います。

スポーツは今や文化として私たちの日常生活に欠かせません。したがって、スポーツ研究の領域は拡大し徐々に深化しています。競技選手の多角的なサポートや、人間の発育・発達と老化の理解、心身の健康つくりや運動しやすい環境の整備にも大きく貢献しています。また、スポーツは世界を結ぶ共通媒体として、平和・祭典・絆・友情・感動といった多面的な役割が期待されています。

2011年４月に中京大学は、社会のニーズに即応すべく体育学部をスポーツ科学部に改組しました。保健体育教師の養成にも新たなカリキュラムを導入しました。その一つとして、教育現場の仕事をいち早く知らせるための「学校指導実習」や実技の指導力向上のための「体育実技指導法」といった職業教育を導入しました。

体育の授業研究は、体育科教育の目標として学習指導要領に定められる「生涯にわたって運動に親しみ、明るく豊かで活力のある生活を営む子どもの育成」へ向けて、着実に進んでいます。編集の都合上、各著者には最小ページ数の中で、実技や理論に関して内容を精選し、要点を示すよう依頼しましたが、その難しい課題によく応えていただけたと思います。

しかし、紙幅の関係でやむなく書き残した部分が、若干あるかもしれません。授業等で各著者に身近に接する機会のある学生諸君は、疑問点が見つかったら、直接面談して尋ねるようにしてください。

本書が真に、新しい体育の授業づくりやスポーツ指導の役に立てれば幸いです。

2012年3月　　編著者　勝亦　紘一、家田　重晴

もくじ

第1章

体育授業の変遷

体育授業の変遷

「歴史」に学ぶことの意義
私たちは体育に関する歴史的な変遷を学び、現在に活かし未来を展望する必要がある。過去には体育が果たすべき役割から不当と思えるような時代もあった。そして現在は、文化として日常生活に欠かせない確かな位置と役割を担っている。

学制
日本で最初の近代学校制度を定めた教育法令。

【概要】

これまでの体育科教育の歴史的変遷を振り返りつつ、複雑で多様化し予測が困難となる、これからの時代における体育科教育の果たすべき役割を考察することを目標とした。

体育科教育の変遷の区分のよりどころは、明治、大正、昭和、そして平成の各時代における教授要目（教科の名称の変更時）や学習指導要領の改訂期を一つの基準とした。

そして、その期ごとの体育科教育の目標や内容の変遷を明らかにしながら、体育科教育の足跡を明らかにした。

1. 体育科が誕生するまで

1872年（明治5年）の学制頒布（はんぷ）以来の体育に関わるできごとを、表の形式でまとめてみた。名称の変更や、時代背景を考えて、振り返ってみよう。

なお、この時期に関するキーワードは次のとおりである。

①富国強兵
②第一次世界大戦
③大正デモクラシー
④第二次世界大戦

表1-1　1942年（昭和17年）までの体育科教育

年	名称	内容
1872年 （明治５年）	**体術**	学制頒布
1873年 （明治６年）	**体操**	欧米体育の導入、後に体操伝習所設立 軍事的な体操と区別した一般体操（「軽体操」）
1891年 （明治24年）	**小学校教則大綱**	体操の目的を明示 遊戯・普通体操・兵式体操に加えて、戸外運動・水泳 明治 33 年に随意科目から必修科目へ
1913年 （大正２年）	**学校体育教授要目**	初めての統一的な教育課程 体操、教練、遊技、撃剣・柔術
1926年 （大正15年）	**改正学校体育教授要目**	体操、教練、遊技・競技、剣道・柔道 教練重視、スポーツの奨励
1936年 （昭和11年）	**第二次改正学校体育教授要目**	集団体操 人格陶冶の強調
1942年 （昭和17年）	**国民学校体錬科教授要項**	昭和 16 年：体操科から体錬科へ 身体の鍛錬と精神の錬磨 体操：体操、教練、遊戯・競技、衛生 武道：剣道、柔道（男）、なぎなたも可（女）

2. 体育科・保健体育科の変遷

1 1947年(昭和22年)：学校体育指導要綱

終戦２年後に「学校体育指導要綱」が発行され、「体錬科」から「体育科」へ教科名が変更された。そして、皇国民の錬成から民主的な人間形成を目指すように方向転換し、体育科の目標は、身体の教育から身体活動を通しての教育に変わり、従来の体操中心からスポーツ中心へと向かう移行期となった。一方、武道は軍事的教材とみなされて禁止された。

体育科の内容
運動と衛生の領域に分かれ、運動は体操、遊戯・スポーツ（ダンスも含む）、理論で構成され、衛生は衣食住の衛生、姿勢、病気の予防、身体の測定などで構成された。

2 1949年(昭和24年)：学習指導要領小学校体育編(試案[1])

民主化の時代的背景を受けて、学習指導法として、個別指導、一斉指導、班別指導、虚弱者の指導が示されるなど、授業改革が進行した。

1）試案
教師の手引き書となる試案として作成され、法的な基準性はない。

3 1951年：中・高校学習指導要領保健体育編(試案)

中学校と高等学校では、保健体育科として示されるようになった。これは健康教育と体育は密接不離の関係にあるという考え方からきたものである。柔道が教材として復活している。

4 1953年：学習指導要領小学校体育編(試案)改訂版

学習目標を具体化する形で、学習内容を初めて示すようになった。ただし、教師に対して命令するものではなく、現場の教師を尊重し、参考として活用して欲しいという立場であった。

5 1958年(昭和33年)：小学校学習指導要領、中学校学習指導要領、1959年：高等学校学習指導要領

この学習指導要領から、文部省（当時）の告示形式となり、教育課程の基準として法的拘束力をもつようになった。教科の名称は、小学校は体育科のままであり、第５、６学年の学習内容として「体育や保健に関する知識」というものがあった。中学校、高等学校では保健体育科であり、中学校第２、３学年の学習内容として保健が示され、高等学校では現在と同じで科目として示された。体育の内容は、徒手体操、器械運動、陸上競技、格技、球技、水泳、ダンス、体育に関する知識（高校は体育理論）であった。格技は、相撲、柔道、剣道が示されて男子のみ、ダンスについては女子で、高校のフォークダンスに関しては男女共習を推奨していた。

中学校「体育に関する知識」
「運動種目の特性と選択」、「練習の重要性と練習に関する諸条件」、「練習の方法」、「運動生活の設計」、「運動の身体的効果」、「運動の精神的効果」、「競技会」、「生活と運動によるレクリエーション」

高等学校「体育理論」
「発達と運動」、「運動の練習」、「社会生活と体育」

体育科・保健体育科の目標は、1964年（昭和39年）開催の東京オリンピック大会を目前に控えたこともあり、運動の技能の向上を目指すことを重点課題として、運動を科学的に理解させて活動力を高め、生活を豊かにするレクリエーション的態度の育成を目指すこととした。

1964年10月10日に開会式を迎えた東京オリンピック大会は翌年から「体育の日」として、祝日に制定された。

当時のスポーツ生理学研究を牽引した石河利寛博士は、自書の「スポーツと体」（1958年）の中で、「科学としての体育すなわち体育理論が、教科書に正式に用いられるようになったことは喜ばしいことだが、体育理論と

体育実技がどれだけの関連を持って扱われているかというと疑問です。天気がよければ実技、雨が降れば理論の学習、というのではお粗末過ぎます」と、現在にも通用する警鐘をいち早く鳴らしていた。さらに博士は同書の中で、「スポーツに科学的知識が必要であることが本当に見られたのは、おそらくローマ・オリンピック大会（1960年）以後ではないでしょうか」と述べている。

確かにこの期の改訂は体育やスポーツ界の一つのターニングポイントと言っていいだろう。スポーツ界では1959年、西ドイツの陸上競技選手がウィッシュマン監督（マインツ大学教授）に率いられて来日した。日本各地で日本選手と対戦したドイツチームは男女ともに日本選手を圧倒した。その時、創成期にあった日本のスポーツ科学班は、日独選手の体力測定を実施しデータを残した。その結果は日独選手の体格差ではなく体力差の大きさに驚かされた。

日独選手の体力差
日本の男子選手の体力はドイツの女子選手にも劣り、科学班はドイツの女子選手に「男まさり」と驚嘆させられた。これ以降の日本スポーツ界は、科学的なデータで語る時代へとシフトされた。

6 1968年（昭和43年）：小学校学習指導要領、1969年：中学校学習指導要領、1970年：高等学校学習指導要領

教育の現代化を目指して作られた学習指導要領である。

学習指導要領の第１章総則３において、「学校における体育に関する指導は学校の教育活動全体を通して行うものとする」と明記され、体力向上は体育科・保健体育科の重点項目とされた。

体育の授業では、従来の「徒手体操」を「体操」に名称を変えて、手軽な手具やボールを用いた体力つくりを奨励した。中学校では当時廃品となった木製の電信柱や枕木をPTAの協力を得て回収した。そして、その材料を再生して校庭の周りにサーキット・トレーニング場を造りだした。腹筋台、背筋台、平均台、イスの昇り降り、クライミングロープ塔、跳び越しくぐりの台、そこで躍動する生徒たちは実に逞（たくま）しかった。

放課後は、調和の取れた人間形成を目指して運動部の活動を奨励し、また、学校教育の中核として知育・徳育・体育を明示した。

業間体育
小学校では、全校生徒が全教師の指導のもと業間体育を実施した。生徒は教室からグラウンドや体育館に向かって行進運動を始め、走・跳・投の運動やマット運動、跳び箱運動、低鉄棒や登り棒などによる固定器具を使って総合的に運動に親しんだ。

7 1977年（昭和52年）：小学校学習指導要領、中学校学習指導要領、1978年：高等学校学習指導要領

ゆとりと充実を目指した学習指導要領である。生涯スポーツを目指す見地から、運動を楽しく行うことを重視した。いわゆる「詰め込み教育」から「ゆとり教育」への転換点である。学習指導要領に示す基準は大綱的にし、教師の創意工夫を生かした指導に期待が寄せられた。

小学校では、内容に「基本の運動」と「ゲーム」が新たに示された。中学校、高等学校では、体操、個人的スポーツ、集団的スポーツ、格技、ダンス、体育に関する知識・体育理論で構成されるようになった。運動領域の示し方が、従来の７領域から５領域に簡素化されたのである。

8 1989年(平成元年)：小学校学習指導要領、中学校学習指導要領、高等学校学習指導要領

ゆとり教育の推進期として、「新しい学力観」に基づいて、学習指導要領の改訂が行われた。体育は改訂の趣旨を生かし、重点項目として「自ら学び，自ら考え，計画的に運動をする習慣を育てる」こととして、個性を伸ばし生涯にわたってスポーツを楽しむ基礎的な資質を育てることを目指した。

学習指導の形態は選択制を重視し、単元の幅を拡大し十分に時間を配してスポーツの技能を伸ばそうと考えた。また、男女共習の授業を推進し、男女が共生して運動を楽しむ習慣を育てようとした。

運動領域の示し方は、各運動の特性を生かした指導を効果的に行うために、５領域から７領域の表し方に戻した。

武道
従来、格技と呼んでいた領域名称を、我が国固有の文化としての特性を生かした指導を行うために、武道という名称に変更した。

9 1998年(平成10年)：小学校学習指導要領、中学校学習指導要領、高等学校学習指導要領

完全学校週５日制への対応が求められる中、各学校が「ゆとり」の中で特色ある教育を展開し、生徒に豊かな人間性や自ら学び自ら考える力などの「生きる力」の育成を図ることをねらいとした。

体育では、次のような方針で改訂を行った。

①豊かなスポーツライフを目指して，運動を選択して履修できるようにするなどの個に応じた指導の充実を図り，運動の楽しさや喜びを味わうことができるようにする。

②心と体を一体としてとらえ，自分の体に気付き体の調子を整えることができるようにするとともに，自ら進んで体力を高めることができるようにする。

③自己の課題やチームの課題の解決を目指して，練習の仕方や試合の仕方を考えたり工夫したりすることができるようにする。

特に、運動領域の「体操」の名称を「体つくり運動」に改めた。その理由は、体操の真のねらいが理解されず、目標をつかみきれない実態があったことや、近年、ややスポーツ中心の授業が多く、実際に生徒がじっくり自分の体を見つめる時間が減少してきている問題点が背景にあった。

体つくり運動
「体ほぐしの運動」と「体力を高める運動」で構成し、自ら課題をもって運動できるようにした。

10 2008年(平成20年)：小学校学習指導要領、中学校学習指導要領、2009年：高等学校学習指導要領

「ゆとり教育」批判への対応と、体力の低下傾向対策を中心とした改訂である。改正された教育基本法や学校教育法等の規定に基づき、さらに平成20年１月の教育審議会答申を踏まえて、①「生きる力」を育成する、②知識・技能の習得と思考力・判断力・表現力の育成のバランスを重視する、③道徳教育や体育などの充実により、豊かな心と健やかな体を育てる、といったことを基本的なねらいとした。体育では、中学校第１学年・第２学年において、武道とダンスを必修とし、日本の伝統的な行動の仕方を大切にしようとした。ダンスは、表現する楽しさや踊りを通して交流できる能

球技の扱い
球技では従前の種目ごとの内容の示し方から、攻防の特性などに応じて「ゴール型」、「ネット型」、「ベースボール型」に分類して示すようにした。

力を育てようとした。

また、それ以降の学年では、卒業後に少なくとも一つの運動やスポーツを継続することができるようにすることや、健康や体力の状況に応じて自ら体力を高めようとする実践力と知識を育てることを重視した。

11 2017年（平成29年）：小学校学習指導要領、中学校学習指導要領、2018年：高等学校学習指導要領

新しい時代に必要となる資質・能力の育成と、学習評価の充実を目指して改訂が行われた。「主体的・対話的で深い学び」の実現に向けた授業改善（アクティブ・ラーニングの視点に立った授業改善）の推進が求められ、これまでの「何を学ぶか」に加えて、「何ができるようになるのか」、「どのように学ぶか」まで踏み込んで学習指導要領で示されるようになった。また、各学校での取り組みをより一層進めていくために「カリキュラム・マネジメント」を推進していくことも求められた。体育では、「体つくり運動」について、健康や体力の状況に応じて体力を高める必要性を認識し、運動やスポーツの習慣化につなげることができるよう改善が図られた。東京オリンピック・パラリンピック競技大会を控えていることもあり、その意義や価値等に関する内容が充実された。豊かなスポーツライフの実現を重視し、スポーツとの多様な関わり方を楽しむことができるようにする観点から、体力や技能の程度、性別や障害の有無等にかかわらず、運動やスポーツの多様な楽しみ方を共有することができるよう、共生の視点を踏まえて改善が図られた。

3. 学習指導要領の改訂と体育授業の変遷

これまで見てきたような体育授業の変遷について、学習指導要領の改訂による変更点との関わりといった観点で、次のようなトピックでまとめてみよう。

①「体育」と「保健」の関係
②男子は体育、女子は家庭科の時代から、男女共習へ
③ついに、念願の武道復活
④武道、ダンスの必修化
⑤徒手体操、体操、体つくり運動へ
⑥ゆとり教育で7領域から5領域へ、そしてまた7領域に
⑦アクティブ・ラーニングの視点に立った授業改善

□引用文献
石河利寛（1962）スポーツとからだ．岩波書店・東京，pp.4-5.
□参考文献
井上一男・高橋亮三・望月健一編（1982）体育教育概論．杏林書院・東京．
岸野雄三・成田十次郎・大場一義・稲垣正浩編（1973）近代体育スポーツ年表．大修館書店・東京．
水野忠文・木下秀明・渡辺　融・木村吉次（1961）体育史概説．杏林書院・東京．
杉山重利、園山和夫編（1999）最新・体育科教育法．大修館書店・東京．

（杢子耕一、勝亦　紘一）

第2章

新しい体育授業のあり方

第1節 目標論

【概要】

体育の目標というと、運動の技能の向上、あるいは体力の向上といったことがまず思い浮かぶかもしれない。学校教育全体の中で、体育というものが教科として位置づけられており、そして小学校から高等学校まで必修の扱いとなっているのは、なぜだろうか。そうした観点から、今一度、体育の目標を見直していく必要がある。そこには、これまでの目標の歴史的な変遷、あるいは根底にある運動観の転換といった側面が関係している。と同時に、これからの体育の目標を構築していくという大きな仕事につなげていきたい。

1. はじめに

体育の目標の歴史について調べると、体育と運動との関わり、つまり運動をどのように捉えるかという運動観が変わってきたことがわかる。現在の体育は明治以来の体操科にはじまり、その後、戦時期の体錬科の時期を経て、戦後になって体育科として誕生したものである。体操科、体錬科の時代においては、運動は単なる「身体活動」とみなされ、「身体の教育」から精神面の教育へつなげるという考え方であった。そこでの身体に関する目標は身体の鍛錬であり、精神・態度に関する目標は服従の精神であった。戦後、体育科となってから「運動を通した教育」という考え方に変わったのであるが、運動の位置づけはあくまで教育のための手段であるという点に変化はなく、目標の主眼は体力の向上にあった。ただし、精神・態度に関する目標は人格形成が中心となり、チームワーク、スポーツマンシップ、フェアプレーが指導されるようになった。昭和52年（1977年）の学習指導要領において、体育の目標に新たに「運動を楽しく行う」ということが加わり、運動の位置づけが単なる教育の手段から教育の目的へと変わることとなった。つまり、「身体の教育」や「運動を通した教育」から「運

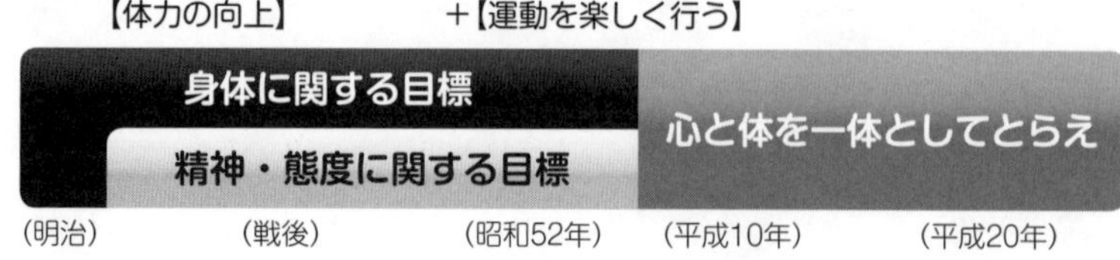

図2-1-1　体育の目標の変遷

動の教育」へという運動観の転換が行われたのである。体力の向上と運動を楽しく行うという目標は、生涯スポーツへつなげるという目的が背景にあった。その後、平成20年（2008年）の学習指導要領では、運動がスポーツという概念にまで広がることとなり、「スポーツの教育」という考え方にまで発展してきたのである。

「目的」は最終的に達成されるべきゴール（状態）であり、「目標」は目的の中継地点であり、数値で示されることも多い。

このような運動観の変遷とともに、目標における心と体の関係も変わってきた。戦前の体操科時代から、教育目標として身体と精神・態度に関する両面から目標が示されてきた。しかし、心と体という二本立てで示されたことで、心と体が互いに関連しているという点について、十分に伝えることができなかった。そこで、平成10年（1998年）には「心と体を一体としてとらえ」と明記することで、心身一元論的考え方がより一層明確に示されるようになったのである（図2-1-1）。

2. 学習指導要領における教科の目標の考え方

教育基本法の改正を受け、学校教育法においても義務教育の目標の規定がなされ、小、中、高等学校といった各学校段階の目的、目標の規定が改正されることとなった。義務教育の目標の中では、「健康で、安全で幸福な生活のために必要な習慣を養うとともに、運動を通じて体力を養い、心身の調和的発達を図ること。」ということが規定されている。また、小学校は義務教育段階の基礎であり、中学校は義務教育修了段階であり、さらに高等学校はこうした基礎の上に立った高度な教育を行うことが示された。つまり、義務教育の段階で、各教科が何をどこまで身につけさせることを目標としているのかを明確にすることが求められたのである。

今回の学習指導要領の改訂では、学校教育法で示された学力の三要素に対応した資質・能力の三つの柱を踏まえて、目標を全教科で共通した形式で示すことになった。

学力の三要素
- 基礎的な知識・技能
- 思考力・判断力・表現力等の能力
- 主体的に学習に取り組む態度

資質・能力の三つの柱

(1)何を理解しているか，何ができるか（生きて働く「知識・技能」の習得）
(2)理解していること・できることをどう使うか（未知の状況にも対応できる「思考力・判断力・表現力等」の育成）
(3)どのように社会・世界と関わり，よりよい人生を送るか（学びを人生や社会に生かそうとする「学びに向かう力・人間性等」の涵養）

資質・能力の三つの柱は、「生きる力」を具体化したものともいえる。その上で、各教科で「教科ならではの見方・考え方」というものが示された。これは、その教科でこそ身につけることができる力（教科を学ぶ本質的な意義）を示したものであり、どのような視点で捉え、どのように思考していくかを表している。このことを通じて、教科として、何を教えるのかというコンテンツの問題と、何ができるようになるのかというコンピテンシーの問題を結びつけることを目指している。教科の学習と社会をつなぐ役割を果たしているといえる。

体育や保健の見方・考え方

【体育】

運動やスポーツを，その価値や特性に着目して，楽しさや喜びとともに体力の向上に果たす役割の視点から捉え，自己の適性等に応じた「する・みる・支える・知る」の多様な関わり方と関連付けること

【保健】

個人及び社会生活における課題や情報を，健康や安全に関する原則や概念に着目して捉え，疾病等のリスクの軽減や生活の質の向上，健康を支える環境づくりと関連付けること

図2-1-2　体育や保健の見方・考え方

教科の名称

学校種	教科名	「体育」と「保健」	
小学校	体育科	領域	運動領域
			保健領域
中学校	保健体育科	分野	体育分野
			保健分野
高等学校		科目	科目体育
			科目保健

3. 体育科・保健体育科の目標

ここまで「体育の目標」ということで話を進めてきたが、この「体育」という表現について再検討したい。小学校は体育科、中学校と高等学校は保健体育科というのが教科の名称である。これらの教科の下に、中学校では体育分野と保健分野があり、高等学校では科目として体育と保健が設定されている。漠然と「体育の目標」といった場合には、教科の目標として広い意味で考えている場合と、体育分野や科目体育の目標として教科の目標を踏まえてそれぞれの立場から具体化したものを考えている場合があるので注意を要する。

※各自、「目標のワークシート」（本稿末に例示）を作成して、それぞれの対応を関連づけて理解するとよい。

保健体育科の目標（中学校）

体育や保健の見方・考え方を働かせ，課題を発見し，合理的な解決に向けた学習過程を通して，心と体を一体として捉え，生涯にわたって心身の健康を保持増進し豊かなスポーツライフを実現するための資質・能力を次のとおり育成することを目指す。

(1)各種の運動の特性に応じた技能等及び個人生活における健康・安全について理解するとともに，基本的な技能を身に付けるようにする。

(2)運動や健康についての自他の課題を発見し，合理的な解決に向けて思考し判断するとともに，他者に伝える力を養う。

(3)生涯にわたって運動に親しむとともに健康の保持増進と体力の向上を目指し，明るく豊かな生活を営む態度を養う。

【知識及び技能】

各種の運動の特性に応じた技能等及び個人生活における健康・安全に

ついて理解するとともに，基本的な技能を身に付けるようにする。

【思考力，判断力，表現力等】

運動や健康についての自他の課題を発見し，合理的な解決に向けて思考し判断するとともに，他者に伝える力を養う。

【学びに向かう力，人間性等】

生涯にわたって運動に親しむとともに健康の保持増進と体力の向上を目指し，明るく豊かな生活を営む態度を養う。

参考に、以前の学習指導要領の目標を示す。内容面に大きな変更はないが、今回三つの柱を踏まえて整理されたことがわかる。

（旧）保健体育科の目標（中学校）

心と体を一体としてとらえ，運動や健康・安全についての理解と運動の合理的な実践を通して，生涯にわたって運動に親しむ資質や能力を育てるとともに健康の保持増進のための実践力の育成と体力の向上を図り，明るく豊かな生活を営む態度を育てる。

次に、保健体育科の目標を受け、中学校第１学年及び第２学年の体育分野の学習指導の方向を具体化している体育分野の目標を示す。資質・能力の三つの柱で整理されていることに注目したい。

⑴運動の合理的な実践を通して，運動の楽しさや喜びを味わい，運動を豊かに実践することができるようにするため，運動，体力の必要性について理解するとともに，基本的な技能を身に付けるようにする。**【知識及び技能】**

⑵運動についての自己の課題を発見し，合理的な解決に向けて思考し判断するとともに，自己や仲間の考えたことを他者に伝える力を養う。**【思考力，判断力，表現力等】**

⑶運動における競争や協働の経験を通して，公正に取り組む，互いに協力する，自己の役割を果たす，一人一人の違いを認めようとするなどの意欲を育てるとともに，健康・安全に留意し，自己の最善を尽くして運動をする態度を養う。**【学びに向かう力，人間性等】**

中学校第３学年の体育分野の目標を以下に示す。なお、第１学年及び第２学年との違いに下線を付した。

⑴運動の合理的な実践を通して，運動の楽しさや喜びを味わい，生涯にわたって運動を豊かに実践することができるようにするため，運動，体力の必要性について理解するとともに，基本的な技能を身に付けるようにする。**【知識及び技能】**

⑵運動についての自己や仲間の課題を発見し，合理的な解決に向けて思考し判断するとともに，自己や仲間の考えたことを他者に伝える力を

養う。**【思考力，判断力，表現力等】**

⑶運動における競争や協働の経験を通して，公正に取り組む，互いに協力する，自己の責任を果たす，参画する，一人一人の違いを大切にしようとするなどの意欲を育てるとともに，健康・安全を確保して，生涯にわたって運動に親しむ態度を養う。**【学びに向かう力，人間性等】**

中学校に加えて、さらに、小学校と高等学校の目標も定められており、その違いも理解しなければならない。そこで、義務教育修了段階での目標としての中学校段階を軸にして、その前段階となる小学校、次の段階の高等学校と捉えることで、小学校、中学校、高等学校の違いについて構造的に理解するとよい。

4. おわりに

体育の目標について、中学校を軸にして小学校と高等学校を対比させることによって構造的に理解するという考え方は、学習指導要領の目標の横軸に注目していることになろう。目標の理解のためには、横軸の理解に加えて縦軸の理解、つまり目標の歴史的変遷についても学ぶ必要がある。本稿でも、これまでの変遷の概略について説明している。しかし、ここで私が君たちに伝えておきたいことは、縦軸は過去に向かって伸ばすだけでなく、今後の将来に向かった方向にも気を配って欲しいということである。将来、改訂されていく学習指導要領の目標については、教師となってからも学び続ける必要があるのである。

目標のワークシート

<table>
<tr><td rowspan="5">中学校</td><td>教科の目標</td><td>保健体育科</td><td colspan="2"></td></tr>
<tr><td rowspan="4">分野の目標</td><td rowspan="2">体育分野</td><td>第１学年及び第２学年</td><td></td></tr>
<tr><td>第３学年</td><td></td></tr>
<tr><td>保健分野</td><td colspan="2"></td></tr>
<tr style="display:none"></tr>
<tr><td rowspan="3">高等学校</td><td>教科の目標</td><td>保健体育科</td><td colspan="2"></td></tr>
<tr><td rowspan="2">科目の目標</td><td>体育</td><td colspan="2"></td></tr>
<tr><td>保健</td><td colspan="2"></td></tr>
</table>

□**参考文献**

文部科学省（2018a）小学校学習指導要領（平成29年告示）解説　体育編．東洋館出版社·東京．

文部科学省（2018b）中学校学習指導要領（平成29年告示）解説　保健体育編．東山書房·京都．

文部科学省（2019）高等学校学習指導要領（平成30年告示）解説　保健体育編　体育編．東山書房・京都．

（杢子　耕一）

第2節 保健分野と体育分野の融合

【概要】

スポーツ・運動と健康・安全の関連を、常に頭に置いて保健や体育などの指導をすることが重要である。小学校教諭や中学校・高等学校の保健体育教師は、保健と体育の両方を担当するため、これらを関連づけて教えやすいという利点がある。免許状の取得を目指す皆さんは、この利点を理解し、指導の準備をしてほしい。なお、学習指導要領では、各運動領域や体育理論の内容に健康・安全に関する事柄が取り上げられているので、内容をしっかり把握しておくことが大切である。そのほか、保健の授業、特別活動や総合的な学習の時間についても、スポーツ・運動と健康・安全の問題をどのように取り上げるかを考えておこう。

1. はじめに

2008年の学習指導要領の改善の基本方針に、「保健と体育を関連させて指導する」と記されている。また、同基本方針の保健に関する箇所には、「特に小学校低学年においては，運動を通して健康の認識がもてるよう指導の在り方を改善する」旨が新たに示された（文部科学省、2008）。学習指導要領においても、保健と体育の関連が、これまで以上に強調されているのである。この考え方は、新学習指導要領にも受け継がれている。

ところで、小学校の体育科は、通常、小学校教諭免許状を有する学級担任が担当している。なお、教育の質を向上させるために体育専科教員の導入を求める声もあるものの、現状では教育委員会が独自に採用して一部の学校に配置している程度である。また、中学校・高等学校については、保健科の免許状を有する教諭や養護教諭が担当する場合もあるが、主に保健体育科の教諭が保健と体育の両方を担当している。

保健と体育を同じ担当者が教える場合には、両者を関連づけて扱いやすいという大きな利点が存在する。

小学校教諭や中学校・高等学校の保健体育科の免許状取得を目指す皆さんは、このことをよく理解し、保健と体育を関連づけて教えるべき内容についてしっかり検討するようにしてほしい。

なお、2018年7月成立の「改正健康増進法」では、学校・病院・児童福祉施設等、行政機関については、原則敷地内禁煙とされ、この部分が2019年7月に施行された。これにより、学校の敷地内禁煙化が一層推進されるであろう。今後は、学校自体が「ヘルス・プロモーティング・スクール」として、地域の健康づくりにも貢献できるような場所になることが望まれる。

改善の基本方針より（文部科学省、2008）

体育科，保健体育科については，その課題を踏まえ，生涯にわたって健康を保持増進し，豊かなスポーツライフを実現することを重視し改善を図る。その際，心と体をより一体としてとらえ，健全な成長を促すことが重要であることから，引き続き保健と体育を関連させて指導することとする。

小学校体育科

保健領域（第3・4、5・6学年）と運動領域（第1・2、3・4、5・6学年）から成っている。

2. 体育理論に示された健康・安全の内容

健康・安全についての内容は、各運動領域（全領域）の「学びに向かう力，人間性等」の項目で取り上げられている。

また、体育理論における健康・安全については、中学校では第２学年、高等学校では入学年次の次の年次で指導することとされている。

体育理論の関連については、第４章に詳述されているが、ここで学習指導要領の体育理論にある運動・スポーツと健康・安全についての内容を紹介する。

中学校の体育理論では、(2)のアの(ウ)において、「運動やスポーツを行う際は，その特性や目的，発達の段階や体調などを踏まえて運動を選ぶなど，健康・安全に留意する必要があること」を示している。また、解説では、安全に運動やスポーツを行うために次の点なども指摘している（文部科学省、2018b)。

・特性や目的に適した運動やスポーツを選択し，発達の段階に応じた強度，時間，頻度に配慮した計画を立案すること。
・体調，施設や用具の安全を事前に確認すること。
・準備運動や整理運動を適切に実施すること。
・運動やスポーツの実施中や実施後には，適切な休憩や水分補給を行うこと。
・共に活動する仲間の安全にも配慮すること。

次に、高等学校の体育理論では、「(2) のアの(エ)運動やスポーツの活動時の健康・安全の確保の仕方」において、運動やスポーツを行う際は、以下の事柄を理解できるようにするとしている（文部科学省、2018)。

・気象条件の変化など様々な危険を予見し，回避することが求められること。
・気象条件や自然環境の変化など様々な危険を予見し回避するためには，けがや事故の防止のための対策，発生時の処置，回復期の対処などの各場面での適切な対応方法を想定しておくこと。
・けがや事故につながりそうな体験から行動や活動環境の修正を図ることが有効であること。

さらに、「3 豊かなスポーツライフの設計の仕方」のアの「(イ)ライフスタイルに応じたスポーツとの関わり方」においても、生涯にわたって「する，みる，支える，知る」などのスポーツを多様に継続するためには、ライフステージに応じたスポーツの楽しみ方を見付けることに加え、それぞれの生き方や暮らし方といったライフスタイルに応じた無理のないスポーツへの関わり方が大切であることなどが述べられている。

ヘルス・プロモーティング・スクール

ヘルシー・スクールとも言われ、健康的な学校づくりを自ら行い続けることができる学校、さらにそれを踏まえて地域の健康づくりの拠点となる学校のことである。

岡田加奈子：ヘルス・プロモーティング・スクール（健康的な学校づくり）研究拠点 http://hps.e.chiba- u.jp/pdf /HPSj.pdf

中学校の体育理論より（文部科学省、2018b）

「○ 運動やスポーツの多様性」の「(ア)運動やスポーツの必要性と楽しさ」で、「運動やスポーツは，体を動かしたり，健康を維持したりする必要性や，競技に応じた力を試したり，記録等を達成したり，自然と親しんだり，仲間と交流したり，感情を表現したりするなどの多様な楽しさから生みだされてきたことを理解できるようにする」としている。

「○ 運動やスポーツの意義や効果と学び方や安全な行い方」では、「(ア)運動やスポーツが心身及び社会性に及ぼす効果」、「(イ)運動やスポーツの学び方」、及び「(ウ)安全な運動やスポーツの行い方」が扱われている。

3. 学習指導要領における保健と体育の関連

1 「内容の取扱い」における保健と体育の関連

表2-2-1に、「内容の取扱い」における主な保健と体育の関連について示

した。また、小学校から高等学校までの保健の単元と内容は、表2-2-2のとおりである（文部科学省、2018a、文部科学省、2018b、文部科学省、2019）。

「内容の取扱い」においては、まず、改善の基本方針にしたがって、小学校低学年で、それぞれの内容について運動と健康の関わりを具体的に理解させる旨が示されている。

単元

単元とは教育内容の一定のまとまりを指す用語である。

小学校体育科の保健領域は5つの単元に、中学校保健体育科の保健分野及び高等学校保健体育科の科目保健は4つの単元に、それぞれ分かれている。

表2-2-1 「内容の取扱い」における保健と体育の関連

小学校　保健	**第１学年及び第２学年** 各領域の各内容については，運動と健康が関わっていることについての具体的な考えがもてるよう指導すること。
	第３学年及び第４学年 各領域の各内容については，運動と健康が密接に関連していることについての具体的な考えがもてるよう指導すること。
	第５学年及び第６学年 各領域の各内容については，運動領域と保健領域との関連を図る指導に留意すること。 「A　体つくり運動」の「(1) 知識及び運動」の「ア　体ほぐしの運動」と「G　保健」の「(1) 心の健康」の「ア　知識」の「(ウ) 不安や悩みへの対処」については，相互の関連を図って指導するものとする。
	指導計画の作成と内容の取扱い 保健の内容のうち，運動，食事，休養及び睡眠については，食育の観点も踏まえつつ，健康的な生活習慣の形成に結び付くよう配慮するとともに，保健を除く第３学年以上の各領域及び学校給食に関する指導においても関連した指導を行うようにすること。
中学校　保健分野	内容の「(２) 心身の機能の発達と心の健康」の「ア　知識及び技能」の「(エ) 欲求やストレスへの対処と心の健康」については，体育分野の内容の「A　体つくり運動」の「(1) 知識及び運動」の「ア　体ほぐしの運動」の指導との関連を図って指導するものとする。
	内容の「(3) 傷害の防止」の「ア　知識及び技能」の「(エ) 応急手当の意義と実際」については，包帯法，止血法など傷害時の応急手当も取り扱い，実習を行うものとする。また，効果的な指導を行うため，水泳など体育分野の内容との関連を図るものとする。
高等学校　保健	内容の「(1) 現代社会と健康」の「ア　知識」の「(オ) 精神疾患の予防と回復」については，大脳の機能，神経系及び内分泌系の機能について必要に応じ関連付けて扱う程度とする。また，「体育」の「A　体つくり運動」における体ほぐしの運動との関連を図るよう配慮するものとする。
	内容の「(２) 安全な社会生活」の「ア　知識及び技能」の「(イ) 応急手当」については，実習を行うものとし，呼吸器系及び循環器系の機能については，必要に応じ関連付けて扱う程度とする。また，効果的な指導を行うため，「体育」の「D 水泳」などとの関連を図るよう配慮するものとする。

腹式呼吸

リラクセーション訓練は、ストレスへの対処法の１つとして、極めて重要であるが、その基本となるものが腹式呼吸である。

腹式呼吸では、横隔膜を下げて、おなかを膨らませるようにして息を吸い込む。ゆっくり10を数える間に、１～３で鼻から息を吸って、４で止め、５～10で口からゆっくりと吐き出すようにする。

次に、小学校、中学校、高等学校のいずれにおいても体育の「体ほぐしの運動」と保健の「心の健康」に関する項目を、関連を図って指導することとしている。また、中学校と高等学校における体育の「水泳」と保健の「応急手当」（心肺蘇生法等）についても同様である。なお、学習指導要領解説には、中学校、高等学校では、ＡＥＤ（自動体外式除細動器）の使用についてもできるようにすることが示されている。水泳に限らず、スポーツ・運動場面での救命処置に非常に有効であるため、ぜひ生徒の理解を深めるようにしたい。

表2-2-2　学習指導要領の保健の単元と内容

小学校	中学校	高等学校
第３学年及び第４学年 **(1) 健康な生活** （ア）健康な生活 （イ）１日の生活の仕方 （ウ）身の回りの環境 **(2) 体の発育・発達** （ア）体の発育・発達 （イ）思春期の体の変化 （ウ）体をよりよく発育・発達させるための生活 **第５学年及び第６学年** **(1) 心の健康** （ア）心の発達 （イ）心と体との密接な関係 （ウ）不安や悩みへの対処 **(2) けがの防止** （ア）交通事故や身の回りの生活の危険が原因となって起こるけがとその防止 （イ）けがの手当 **(3) 病気の予防** （ア）病気の起こり方 （イ）病原体が主な要因となって起こる病気の予防 （ウ）生活行動が主な要因となって起こる病気の予防 （エ）喫煙，飲酒，薬物乱用と健康 （オ）地域の様々な保健活動の取組	**(1) 健康な生活と疾病の予防** （ア）健康の成り立ちと疾病の発生要因 （イ）生活習慣と健康 （ウ）生活習慣病などの予防 （エ）喫煙，飲酒，薬物乱用と健康 （オ）感染症の予防 （カ）個人の健康を守る社会の取組 **(2) 心身の機能の発達と心の健康** （ア）身体機能の発達 （イ）生殖に関わる機能の成熟 （ウ）精神機能の発達と自己形成 （エ）欲求やストレスへの対処と心の健康 **(3) 傷害の防止** （ア）交通事故や自然災害などによる傷害の発生要因 （イ）交通事故などによる傷害の防止 （ウ）自然災害による傷害の防止 （エ）応急手当の意義と実際 **(4) 健康と環境** （ア）身体の環境に対する適応能力・至適範囲 （イ）飲料水や空気の衛生的管理 （ウ）生活に伴う廃棄物の衛生的管理	**(1) 現代社会と健康** （ア）健康の考え方 （イ）現代の感染症とその予防 （ウ）生活習慣病などの予防と回復 （エ）喫煙，飲酒，薬物乱用と健康 （オ）精神疾患の予防と回復 **(2) 安全な社会生活** （ア）安全な社会づくり （イ）応急手当 **(3) 生涯を通じる健康** （ア）生涯の各段階における健康 （イ）労働と健康 **(4) 健康を支える環境づくり** （ア）環境と健康 （イ）食品と健康 （ウ）保健・医療制度及び地域の保健・医療機関 （エ）様々な保健活動や社会的対策 （オ）健康に関する環境づくりと社会参加

さらに、小学校で、「運動，食事，休養及び睡眠については，食育の観点も踏まえつつ，健康的な生活習慣の形成に結び付くよう配慮する」としていることに注目してほしい。また、運動の実践を含む健康的な生活については、中学校の(1)のアの(イ)に「運動，食事，休養及び睡眠の調和のとれた生活の継続」の項目があり、高校学校でも、(1)のアの(ウ)「生活習慣病などの予防と回復」がある。これらについては、「内容の取扱い」においても、食育の観点も踏まえつつ、健康的な生活習慣の形成に結び付くように配慮することとされている。

2 保健と体育のその他の関連

前項で述べたものの他にも、保健と体育を関連づけて教えるべき内容がある。例えば、発育・発達への影響については、小学校第４学年の「(2)体の発育・発達」のアの「(ウ) 体をよりよく発育・発達させるための生活」や中学校の「(2)心身の機能の発達と心の健康」のアの「(ア) 身体機能の発達」で扱うことができる。

また、熱中症の予防やスポーツの事故防止については、中学校の「(4)健康と環境」のアの「(ア) 身体の環境に対する適応能力・至適範囲」などが関係している。

付け加えると、喫煙防止教育においても、その一部で発達段階に応じて「喫煙とスポーツ」の問題を取り上げるとよいであろう。

なお、総則第１の２の(3)の「体育・健康に関する指導」には、特別活動や総合的な学習の時間など教科横断的に、食育の推進、体力の向上や安全及び健康の保持増進に関する指導を行うことが示されている。このような機会にも、保健や体育の授業で得た様々な知識を健康づくりに活かせるような指導をしてほしい。

□引用文献

文部科学省（2008）中学校学習指導要領解説　保健体育編．東山書房・京都．p.3.

文部科学省（2018a）小学校学習指導要領（平成29年告示）解説　体育編．東洋館出版社・東京．p.65，pp. 105-111，pp. 150-160，pp. 168-172，

文部科学省（2018b）中学校学習指導要領（平成29年告示）解説　保健体育編．東山書房・京都．pp. 189-195，pp. 207-228,，pp. 243-246，

文部科学省（2019）高等学校学習指導要領（平成30年告示）解説　保健体育編　体育編．東山書房・京都．pp. 179-185,，pp. 198-216，pp. 229-231，

□参考文献

Porter S.E. and Hanley E.N.（2001）The musculoskeletal effects of smoking. Journal of the American Academy of Orthopaedic Surgeons, 9（1）: 9-17.

（十河　直太、後藤　晃伸、家田　重晴）

水分補給

2010年度に、厳しい暑さのため学校管理下での熱中症事故が多発した。そこで、文部科学省は事故防止の注意喚起をしており、各競技団体も天候によって試合中の給水タイムを取るなどの配慮をするようになっている。

なお、水分補給は大切であるが、糖分の多い清涼飲料を摂りすぎると、高血糖状態になったり酸で歯が溶けたりする危険があるので、注意を要する。

喫煙とスポーツ

喫煙による持久力の低下は、よく知られている。また、喫煙後30分もすると、ニコチン依存のため、イライラや集中力の低下が起きて、ベスト・パフォーマンスが持続できない。

さらに、喫煙は、骨密度の低下、腰椎椎間板の障害の発生、腰部と手首の骨折リスクの増加、及び骨折と傷害の治癒の遅れにつながるという報告がある（Porter and Hanley, 2001)。

すなわち、喫煙は、スポーツ選手に不利益をもたらすスポーツ障害の発生や骨折と傷害の治癒の遅れにも関係しているのである。

第3節 現状と課題

【概要】

ここでは、1．体育の目標に関する現状と課題（目標論）、2．体育の内容に関する現状と課題（内容論）、3．生徒の現状と課題（生徒論）、4．保健体育教師の現状と課題（教師論）、5．体育施設と用具・器具の現状と課題（施設論）、の5項目に絞って論じていく。

1. 体育の目標に関する現状と課題

体育の目標は、現代社会に生きる子どもの実態を背景に、教科としての役割を明確にするものである。学校教育は、知育・徳育・体育を基盤として組織され、生徒の心身の発達段階と個性に合わせ「人間として調和のとれた育成」を目指している。体育はその大きな一翼を担っていることを十分に理解する必要がある。

体育は、生涯にわたって運動に親しむ資質や能力を育て、豊かなスポーツライフの実現を目指した遠大なる目標を掲げている。そして遠大な目標の実現に対しては、より具体的な授業目標を示していくことが必要である。そのためには、小学校、中学校そして高等学校との関連をより密にして目標に向かうべきであろう。しかし、依然としてこの三者間の学校連携がなかなか進まない現実があるようである。この今日的な課題を克服してこそ、目標への大きな接近が期待できるだろう。

2. 体育の内容に関する現状と課題

中学校・高等学校の体育は、運動領域と体育理論の2つの柱で成り立っている。運動領域は「体つくり運動、スポーツ、ダンス」の3つの運動から構成されている。運動領域では「体つくり運動」を単元化して、生徒自身が自分の身体能力を把握できるようにしたい。同時に理論面の知識の習得もさせながら、体力の向上を目指したい。また、平成20年改訂の学習指導要領から必修化された「武道」、「ダンス」についても学習指導要領に示された内容が伝わるようにしたい（付録1 p.197を参照）。

体育理論については、基礎的な知識を学ぶ事が、運動に対する意欲、思考力、その上に運動の技能を確実に身につけることに役立つこと間違いなしである。ところが、体育理論の単元化がなかなか進まない理由には、学校現場では体育実技の時間数の確保を最優先としていることが背景にある。

ここで、課題として取り上げたいことは、皆さんに保健体育の教科書の

「体育理論」の現状

筆者は、教職履修の学生に「体育理論を単元として受講した経験があるか」ということを調査したことがあるが、90％以上の学生が「ない」と回答していた。

限定的な調査の結果ではあるが、これが体育授業の大体の現状ではないかと思われる。誠に憂慮に堪えないことである。

体育編を熟読してもらいたいということである。多様化する体育・スポーツの現状や役割、また最新のトレーニング科学などがわかりやすく書かれている。教育実習などでチャンスがあれば、実技と関連づけて「理論編」を授業で展開してほしい。

3. 生徒の現状と課題

1 体育授業における生徒の実態

教育実習生の報告から体育授業における生徒の実態が明らかになる。生徒が「体育の授業が楽しい」とする一面に、「体育の授業は気分転換で気晴らしになる」、「息抜きだ」、「皆のコミュニケーションを深める上で大切だ」とする生徒の考え方がある。これは、スポーツのコンセプトからも否定できない。実際にスポーツには、生活から離れて遊びとしての豊かな時間を過ごす、仕事から解放されて好きなスポーツに興じる楽しさを味わうなどの楽しみ方がある。

そこで皆さんには、意義のある休養の仕方や、心と体のコンディショニングについても、実践的に指導できるように周到な準備をしてほしい。

2 体育の授業のたくさんの課題

体育授業の第一義的な目標、「運動の合理的な練習によって技能を伸ばし、運動の楽しさを味わわそう、体力の向上を目指そう」という部分は少々低調のようである。

例えば、学校によってかなりの違いはあるが、「待機時間の長いマット運動の授業で、技能を伸ばすことが可能か」、「泳いでいる生徒より、元気でプールサイドで遊んでいる生徒のほうが多く、特に女子は見学が多い」、「記録に挑戦する楽しさや競争する意欲が育たない陸上競技」、「楽しそうに試合をやっているが、ごく一部の生徒がボールに触り、ボールを持たない生徒は自分の役割を理解していないゴール型の球技」、「サーブが帰ってこない、ラリーが続かない、ネット型球技」、「戦術なんてとんでもないソフトボールの授業」など、体育の授業はたくさんの課題を抱えながら進行しているのである。

3 中央教育審議会の答申にみられる課題

中央教育審議会の答申（中央教育審議会、2016）によれば、平成20年改訂の学習指導要領（体育科・保健体育科）について、一定の成果[1)]が見られるものの、以下の課題が指摘されている。

①習得した知識や技能を活用して課題解決することや，学習したことを相手に分かりやすく伝えること

②運動する子供とそうでない子供の二極化傾向がみられること

③子供の体力について，低下傾向に歯止めが掛かっているものの，体力水準が高かった昭和60年ごろと比較すると，依然として低い状況がみられること

1）成果について
- 運動やスポーツが好きな児童・生徒の割合が高まった
- 体力の低下傾向に歯止めが掛かった
- 「する・みる・支える」のスポーツとの多様な関わりの必要性や公正、責任、健康・安全等、態度の内容が身に付いている

4 豊富な練習バリエーションと理論面の学習の充実

生徒の中には「部活動や仲間とやるスポーツは好きだが、体育の授業はやらされているようで好きになれない」、「運動部の活動と比べて体育の授業は専門性に乏しい」、「ルールの学習が不足しているし、ゲームの戦術を考えるところまで行っていない」と感じている者も多いのではないか。

こうした点からも、より豊富な練習バリエーションと理論面の学習の充実を図ることが、体育授業の大きな課題としてクローズアップされているといえよう。

4. 保健体育教師の現状と課題

1「授業は生き物」について

同じ先生でも様々である
「運動の好きな教師とそうでもない教師」
「安全や管理面を留意する先生と無関心な先生」
「運動部の指導に熱中する先生と冷めている先生」
「生徒の中へ飛び込んで一緒になって汗をかく先生と腕組みをした電柱のような先生」

ベテランの保健体育教師から「授業は生き物だ」という話を聞く。内容は先生によってまちまちである。しかしどちらかといえば、成功例よりも失敗談が多く披露される。例えば、生徒が消極的で主体的に動かないときや、天気や施設に左右されて計画通りに運営できなかったときにそう感じるようだ。すなわち、教師が変化に対応できなかったことへの自戒の念も込めた教訓としての「名言」であると解釈している。

2 校務最優先の心構えを

体育の先生を「部活の先生」と呼んで揶揄するケースもある。週末になると各種の対外試合の審判で飛び回り、生徒の指導を疎かにする、学校の行事を二の次にしてしまう指導者を指している。また、ベテランの保健体育教師が「俺はクラス担任を一度もしたことがない」と豪語したりする。本人は自慢話のつもりでいるかもしれないが、聞くほうとしては「教師たる者、クラス担任を任されて一人前」との認識をもって聞くべきである。

保健体育教師が他の教科担当者よりも守備範囲が広いのは確かである。しかし、校務最優先の心構えが大切である。

3 保健体育準備室・保健体育教員室の雰囲気

多くの学校で保健体育準備室もしくは保健体育教員室と称して、保健体育担当教師だけの部屋がある。ここでのチームワーク、教師の年齢構成、ベテラン教師の仕事に対する方向性が、体育科に様々な影響を与える。新任や若手の先生は、最初に赴任したときの体育教員室の雰囲気が後々まで影響すると、定説的に言い伝えられている。反面教師という言葉もあるだけに、自分自身が確固たる教師としての心構えをもつことが大切である。

筆者は、準備運動の合理性を説くとき、「ラジオ体操的な判で押したような運動から脱皮せよ。スポーツの特性に応じた準備運動を編み出せ」、「スポーツでは何のための練習方法か、具体的に説明してから練習に入れ」と強調している。また、「運動負荷の指示は、女子は5回、男子は10回をやめよ、性差よりも個人差を重視せよ」と指示の出し方の間違いを指摘している。

4 スポーツの特性に応じた練習方法

スポーツには、その特性に応じた固有の練習方法がある。授業展開においては、スポーツの独自の練習ステップを踏みながら生涯スポーツへの足がかりとする。すなわち、学習過程の工夫が楽しさを生み、自ずと生徒の技能を伸ばすことができる。

体力トレーニングの際には、最も大切なことは、生徒の主体性や自発性を育てることである。

5 研修・研究は教師の仕事

卒業生の体験談から、「忙しすぎて研修や休みの機会が少ない」といった悲鳴に似た叫びを聞く。体育のみならず教師はおおむね一人二役以上の役割をこなしている。「教科担当とクラス担任そして校務分掌」、「教科担当と部活動の指導・スポーツ協会の任務、中・高校体育連盟の役割」、「学校内外の研究会の活動」などである。時間に追われる保健体育教師に対して、「仕事そのものが研修だ」とする意見にも一理あるが、それが全てではない。

教職に対する理解を深めるための研修、例えば「子どもの研究」、「各種スポーツやダンス等の練習方法の研究」、「生徒指導の研究」など、正に仕事と研修は教師にとって車の両輪である。どんなに多忙を極めても、研修は教師の仕事と心得る必要がある。

5. 体育施設と用具・器具の現状と課題

学校の体育施設は、小学校の運動場にしてもソフトボールのゲームができるだけの広さが確保され、ジャングルジムやブランコ、鉄棒などの固定（遊具）施設がコンパクトに設置されている。体育館に入ると肋木、クライミングロープ、バスケットボールのゴールリング、器具庫にはマットと跳び箱の器具等々、色彩豊かな教具類が整然と保管されている。屋外プールも設置されているし、体育の授業を展開することになんら支障がない。

中学校・高等学校の体育施設も決して貧弱ではない。グラウンドにはどこの学校でも野球のバックネットが設置されている。高等学校では体育館が２棟程度、トレーニング場、武道館、テニスコート、屋外水泳プールなどもあり、多少の格差はあるがおおよそ整っている。伝統校は校門を入ると、木造の記念館、武道館、時には屋根のある相撲場があって地域の意気込みや学校の特色を出そうとしている。

しかし、最近ではどの地域でも同じような校舎、体育館が立ち並んでいるが、せめて中身だけでも各学校の体育的な伝統や地域の特色を伝えるにふさわしい施設であってもらいたい。

用具・器具の保管は学校により様々である。器具庫がきちっと整理されていると安心できるが、泥や砂まみれの用具を見るとがっかりさせられる。先生方は一様に「予算がない」とか「忙しすぎて手が回らない」と口にする。事実その通りかもしれないが、用具を大切に使い保管することが、安全と直結する事を心得ておく必要がある。

筆者が見た体育の授業で使用する用具・器具では、「低鉄棒はそうでもないが、高鉄棒は錆びついている」、「体育館の天井から釣られているクライミングロープが、壁にしっかり縛り付けられている」、「肋木は新設当時のままで塗装が光っている」、「テニスやバレーボールのネットは破れるほどには使われない」、「跳び箱に手垢がない」といった、もったいないケースもある。

反対に手を着く辺りのシートがぼろぼろになった跳び箱や、今にも中身のはみ出しそうなマットを見たこともある。

□参考文献

中央教育審議会（2016）幼稚園、小学校、中学校、高等学校及び特別支援学校の学習指導要領等の改善及び必要な方策等について（答申）

（杢子　耕一、勝亦　紘一）

第3章

体育の内容と新しい授業づくり（運動の領域）

第1節 体つくり運動

【体つくり運動の発祥】

体つくり運動という名称は、1998年（平成10年）の学習指導要領の改訂で誕生した。それ以前は、体操という運動領域の名称で示されていた。体つくり運動は単なる体操の名称変更ではなく、従来の体操領域で示されていた「体力を高める運動」に、新たに「体ほぐしの運動」を加えて構成したものである。体操領域自体の歴史は古く、明治期からの体操科時代の体操に始まり、戦後、1951年（昭和26年）の学習指導要領（試案）で徒手体操、1968年（昭和43年）の学習指導要領から再び体操となり、名称、内容ともに変遷してきた。

1. 体つくり運動の特性

1 体つくり運動の誕生まで

戦後、体育科が生まれ、その内容が整理されていく中で、スポーツ種目と並んで核となってきたのが体操領域である。体育の運動領域では、大きく分けて必要充足の領域と欲求充足の領域があり、体つくり運動の前身である体操領域が前者の代表であった。つまり、体操領域は、健康の維持増進、体力の向上ということを直接の目的とした運動なのである。

学習指導要領の作成過程において、1951年（昭和26年）の試案の段階から徒手体操が教材として取り上げられ、1958年（昭和33年）の学習指導要領で領域として徒手体操が示されることとなった。徒手体操は、「器具·器械を使用することなく、屋内外を問わずきわめて狭い場所でいっせいに多数の者を運動させることができ、しかも短時間に相当の運動量をあげることができる。」ということをその特徴としている。そして、他の運動の準備運動や整理運動としての応用が当初から期待されていたのである。やがて、1968年（昭和43年）の学習指導要領の改訂では、徒手体操が見直されて体操として領域を示すこととなる。これは、徒手体操が、身体各部位の運動を中心とした柔軟性の運動が中心であったのに対し、歩・走・跳・投なども含めた全身的な運動へと質的な改善を図ろうとするものであった。時代は、特に体力の向上が求められており、体操領域を中心にして、学校教育全体の中で体力重視の教育が行われることとなった。（総則３の体育と称された。）

このような体力向上のための取り組みが熱心に行われたにも関わらず、子どもの体力は1985年（昭和60年）をピークに、平成になってからは低下の傾向を示すようになった。

文部科学省は、体力の低下傾向に歯止めをかけるために、様々な取り組みや対策を検討してきた。そうした中で明らかになってきた問題点がある。生活環境の変化によって日常生活における運動遊びや身体活動の減少、精神的なストレスの増大、活発に運動をする者と不活発な者との二極化といった状況である。

運動の行い方の二極化傾向の原因として、幼児·児童期に適切な運動遊びを経験していないことや、仲間と一緒に遊ぶ機会が少なくなったことが挙げられている。

こうした「運動の行い方の二極化」、「運動遊びの減少」といった背景で、新しい領域としての「体つくり運動」の考え方が生まれたのである。

2 体つくり運動とは

体つくり運動は、「体ほぐしの運動」と「体の動きを高める運動」および「実生活に生かす運動の計画」から成り立っている。

体ほぐしの運動は、「心と体を一体として捉える」観点から、「いろいろな手軽な運動を行い，体を動かす楽しさや心地よさを味わう」ことによって、「自分や仲間の体や心の状態に気付き，体の調子を整え，仲間と豊かに交流できるようにする」ことである。キーワードとしては、「気付き・交流」である。

体の動きを高める運動は、調和のとれた体力の向上をねらいにして行われる運動であり、「体の柔らかさを高める運動」、「巧みな動きを高める運動」、「力強い動きを高める運動」、「動きを持続する能力を高める運動」で構成される。

3 体つくり運動の内容

体つくり運動では、運動による心と体への効果や、健康、特に心の健康が運動に密接に関連していること、体の動きを高めることなどを、具体的な活動を通して理解できるようにすることが大切である。心と体を一体として捉える「体ほぐしの運動」に加えて、直接的に身体的能力を高めることをねらいとした「体の動きを高める運動」を内容として取り上げることになる。

体つくり運動は、小学校、中学校、高等学校で必修の領域である。ただし、小学校の低学年では、発達の段階を踏まえ、体育・スポーツの基礎的運動の習得と体力要素の調整力の向上を意図して「体つくり運動」を「体つくりの運動遊び」に代えている。これは将来の体力向上につなげていこうとするものであり、以前は「基本の運動」として「力試しの運動」、「用具を操作する運動」といった形で示されていた内容を含んでいる。

領域の内容としては、体つくり運動のねらいが他の運動領域のように特定の技能を示すものではないため、技能として示すのではなく運動として示されている。つまり、体つくり運動では技能評価の観点はない。体ほぐしの運動の指導において、特にこのことは留意しておく必要がある。

さらに、指導計画の作成にあたっては、体つくり運動を独立した単元として取り上げる必要がある。以前は、他の運動領域への応用ということで、準備運動、補強運動、整理運動として「帯単元」的に実施する傾向がみられたが、前回の学習指導要領からは単元化が求められた。

2. 体ほぐしの運動のねらいと行い方

本稿では、体つくり運動の中で「体ほぐしの運動」を中心に取り上げることとする。

1 ねらいと内容

体ほぐしの運動では、「運動そのものの楽しさや心地よさを味わう」ことに主眼がおかれている。

中学校の学習指導要領では体ほぐしの運動について、次のように示されている。

「体ほぐしの運動では，手軽な運動を行い，心と体との関係や心身の状態に気付き，仲間と積極的に関わり合うこと。」

1 手軽な運動

誰もが簡単に取り組むことができる運動、仲間と協力して楽しくできる運動、心や体が弾むような軽快な運動を示している。ふと仲間を見ると、自然と笑顔がこぼれて心と体が弾むような軽快な運動を指している。

体ほぐしの運動では技能の内容は示されていないので、手軽な運動を教材とする必要がある。

2 心と体との関係や心身の状態に気付き

運動を通して体がほぐれると気持ちもほぐれる心地よさを知り、心と体が互いに影響し合っている事に気付くようにすることであり、さらに、自分の心身の状態や一緒に運動する仲間の状態にも気付くようにすることである。

ストレッチングやリズミカルな運動を通して体の緊張をほぐすことは、心の状態を整えることにもなり、精神的なストレスなど心と体の緊張をほぐす効果がある。

3 仲間と積極的に関わり合う

運動をすること、仲間と協力したり助け合ったり認め合ったりすることにより、信頼で結ばれた交流を通して、運動の楽しさと心地よさが増すようにすることである。ここでは、他のスポーツ領域のように、仲間との競争や技能などの達成を目指すような学習を通した仲間との交流とは異なり、運動すること自体を通して仲間を大切にする交流が重要なのである。

2 行い方の例

例えば「心と体との関係や心身の状態に気付き」をねらいとした運動の例でも、「仲間と積極的に関わり合う」という他のねらいが関連している。

指導にあたっては、これらのねらいの関わり合いを切り離すことなく、関連を複合的に指導することが大切になってくる。

1 授業の雰囲気づくりが大切である

体ほぐしの運動などは、心身のリラックスができるような音楽を聞きながら、マットや柔道場の畳の上でじっくりやると効果的である。運動場の土の上に直接寝転ぶような運動は避けたい。

2 自然環境を考慮する

特に直射日光の強い日や風の強い日などは、体育館を利用するとよい。心身ともに落ち着けるような場所の確保が授業の効果を高める。

3 生徒の個性を大切に

グループの構成はねらいに応じてその都度構成して、仲間の交流を広げるように工夫すること。

4 開講時間を考慮する

ラジオ体操のように時間を決めて運動するのではなく、開講時間を考慮して展開するとよい。1時間目の場合と午後の6時間目にある場合では、生徒の心身の状況に大きな違いがあるので留意してほしい。

5 生徒の主体性を育てる

生徒の主体性を育てることが、授業の成否のカギを握っている。発問や指示そして説明は端的にして、意欲を高めることをポイントとすること。

以下では、(1)～(3) のねらいをもった運動を考えていくための運動例を示す。

(1) リズムに乗って心が弾むような律動的な運動

- 音楽のリズムに乗って

1人や2人で、リズムに乗って心が弾むような律動的な運動をする。

図3-1-1　自由に動いて（1人で）

弾みタッチ
向かいあわせで
弾みながら
タッチ
ボール転がり
バランスをとって
乗ったり、ペアに
引っぱって
もらったりする。

図3-1-2　ペアでボールを使って

(2) 伸び伸びとした動作で用具などを用いた運動

- 用具を巧みに操作しよう。

①新聞紙や風船などを使って

いろいろな体の部位でつく。姿勢を変えて。二人組で打ち続ける。

手、肩、腰などで風船を
落とさないようにする。
風に舞う新聞紙。
ヒラリ、ヒラリ

図3-1-3　風船や新聞紙を使って

②ボールを使って

ボール2つでドリブル、8の字ドリブル、Gボールで2人バウンズ、Gボールバランス乗り、などがある。

図3-1-4　ボール2つで

③その他

ペア縄跳び、棒取りチェンジ、などがある。

図3-1-5　棒取りチェンジ

(3) ストレッチング

①セルフストレッチング

首、胸・背中、肩・腕・手首、体側、腰、臀部・脚（膝抱え）、大腿前面、下肢後面、股関節、足首、など。

図3-1-6　肩・腕・手首

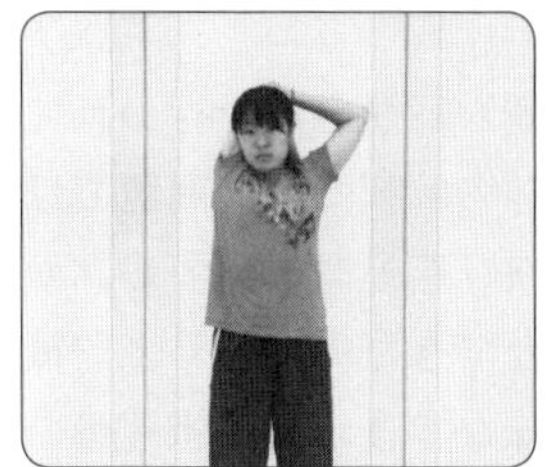

図3-1-7　肩

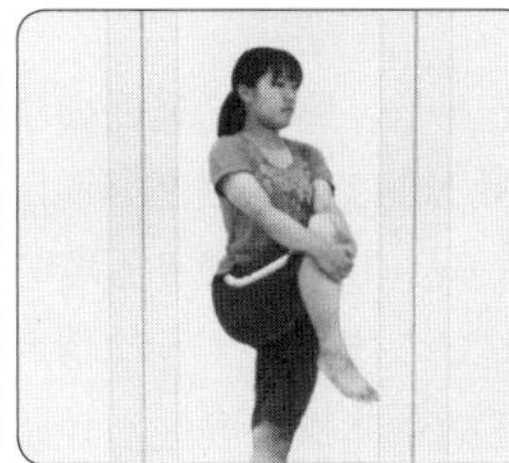

図3-1-8　臀部・脚

②ペアストレッチング、リラクセーション

- **相手の体を気づかってみよう。**
- **身長、体重が同じくらいの人とペアをつくり，ストレッチをする。ペアのリラクセーションも取り入れよう。**

足伸ばし（脚後面）、足伸ばし（脚前面）、体側伸ばし、 腰伸ばし、ペアでリラックス（手・腰・足）、など。

図3-1-9　腰伸ばし

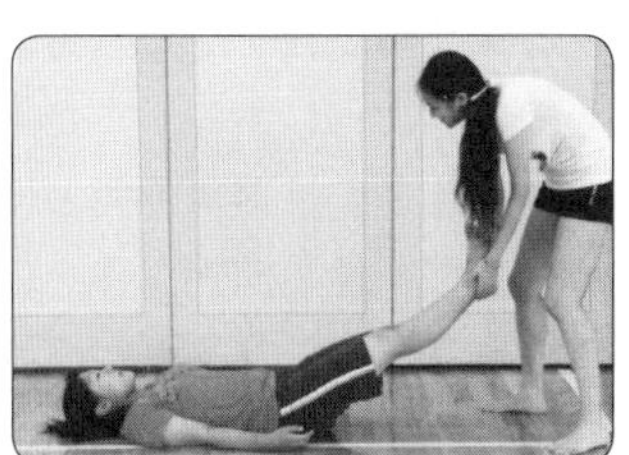

図3-1-10　ペアでリラックス

(4) 仲間と動きを合わせたり、対応したりする運動

- **相手とのコミュニケーションを高めよう。**
- **相手がほぐれるのを感じとろう。**

①2人で、グループで

ミラーアクション（パートナーに合わせて動く）。

（例）バランスボーズ（いろいろなポーズ、手足の動き、アルファベットなどの人文字つくり）、ミラーリング（同じ動きをする）、など。

図3-1-11　みんなで合わせて

②グループで協力して

グループで円形になり、触れ合い、手をつないで、立つ・座る、軽快に歩く、人間イスをつくる、など。

図3-1-12　人間イス

□参考文献

文部科学省（2018）中学校学習指導要領（平成29年告示）解説　保健体育編．東山書房・京都．

文部科学省（2019）高等学校学習指導要領（平成30年告示）解説　保健体育編　体育編．東山書房・京都．

細江文利監修（2011）図説新中学校体育実技．大日本図書・東京．

安田矩明・小栗達也・勝亦紘一（1991）ストレッチ体操．大修館・東京．

（川端　昭夫）

第2節 器械運動

【器械運動の発祥】

器械運動の発祥は体操競技と同じであり、それはヤーン（F. L. Jahn）がベルリン郊外のハーゼンハイデに体操場を建て、青少年の育成を始めた1811年とされる。しかし、紀元前の洞窟壁画にみられる逆立ち、曲芸師のトンボを切る、子どもの遊びにおけるでんぐり返り等々、これら巧技的動きは人類の歴史とともに古くから行われてきた。巧技系の動き、つまり器械運動の「技」には人を惹きつける大きな魅力があるからこそ、技ができるまでに要する多くの労苦をいとわず子どもたちは練習に没頭する。そして、初めて技ができたとき、うまくできたときの「喜び」は何ものにも代えがたい。この達成感としての喜びこそが器械運動の最大の魅力である。

明治初期に日本に入ってきた器械運動は、今日ではスポーツとして学校体育の一つの運動領域として定着している。

1. 器械運動の特性

1 器械運動と器械体操

日本における器械運動という表記は昭和24年（1949年）の小学校学習指導要領において初めて用いられ、現在に至っている。それ以前は、器械体操と呼ばれ、器械運動と体操（現行の体つくり運動）が渾然一体となっていたが、今日では器械運動はヤーンのトゥルネン（Turnen：ドイツ体操）に、体操はリング（P. H. Ling）のギムナースティク（Gymnastik：スウェーデン体操）に遡るのは周知の通りである。体操は学習指導要領の変遷とともに体つくり運動に変わったが、器械運動は昔の名残でいまだに器械体操と呼ばれることがある。

器械運動の特性は平成元年（1989年）に「克服スポーツ」から「達成スポーツ」に改訂された。その理由は、跳び箱運動の学習で障害を克服することがねらいと理解され、より高い跳び箱に挑戦する学習活動が展開されることになり、技の出来栄えを課題とする跳び箱運動本来の学習から逸脱し、事故の発生などが懸念されたからであった。しかし、跳び箱運動の学習が高さ志向で行われてきたのは、克服という用語の解釈だけの問題ではない。器械運動としての跳び箱運動の学習が、かつての体操のように行われてきたのであり、器械運動と体操との区別が曖昧なまま、跳び箱運動の本来の学習が周知徹底されてこなかったのだ。だから単に用語を直しただけでは、根本的な解決にはなっていない。現在でも高さ志向の学習がまかり通っているのだ。台上前転で跳び箱の横に落下しけがをするのは、明らかに能力以上の高い跳び箱に挑戦した結果であり、それはより高い跳び箱を跳ぶことが学習のねらいになっているからに他ならない。この高さ志向の学習はトゥルネンではなくギムナースティクの発想であり、まさに器械を（跳び箱）使った体操（器械体操）なのである。

器械運動は技を「できるようにする」、「よりよくできるようにする」ことをねらいとしているが、体つくり運動は器械運動と同じ器具を使用しても、体力や柔軟性の向上、体をほぐすこと等々がねらいである。器械体操という語は学校体育のどこにも存在しない。

2 器械運動の技

器械運動はマット、鉄棒、跳び箱、平均台の４つの器械を使って行われる「技」の習得をねらいとする。器械運動の学習が他の運動領域では代替できない独自の内容はこの技の特性にもとづく。

器械運動の技は、逆さになったり、回転したり、腕で体を支えたり、両手でジャンプしたりする運動であり、それは巧技と呼ばれ、普段の生活の中ではほとんど行われることのない非日常性の運動である。さらに、技は非日常性の運動であると同時に、簡単にできるわけではないが、できた後も練習すればするほどその熟練度が高まっていく運動でなければ、人を魅了することはない。簡単にできてしまい、その後いくら練習してもその習熟が深まっていかない動きに人は見向きもしないからである。

非日常性の動き、習熟が深まる動きという技の特性が器械運動の学習を特徴づけている。

3 器械運動の学習の独自性

技をできるようにし、さらに磨きをかける器械運動の学習では、技の出来栄え、すなわち「動きの質」が学習の中心課題である。

学校体育のどの運動領域でも動きを身につける運動学習は不可欠ではある。ボールゲームではパス、ドリブル、シュートなどの基本的動きを身につける学習はもちろん行われるが、それにとどまることなく、ゲームを楽しんだり、ゲームのレベルを上げたりすることに学習が移っていく。それにともない動きの質の向上を目指した基本的動きの練習は徐々に減っていく。陸上競技や水泳でも同様に基本的動きの学習から記録の測定さらには競争へと学習が展開されていく。

器械運動の学習では、個々の技や組み合わせ技の習得に単元のほとんどの時間が費やされる。学習の締めくくりとして演技発表会が行われても、技の出来栄えが注目の的になる。個々の技や組み合わせ技がどれくらいうまくできたかという動きの経過の善し悪しが大きな関心事となる。すなわち、器械運動では非日常性の運動、習熟の深まりのある運動を身につける学習、言い換えると動き（技）の質を追求する学習に終始するのであり、これは他の運動領域では代替できない器械運動の学習の独自性である。

4 器械運動の学習の意義

技の質を常に追求するのが器械運動の学習の特徴であるが、そこにはどんな教育的意義が内包されているのかを見ていこう。

第一は、技が「できた」「よりよくできた」ときの大きな「喜び」である。試行錯誤の末、初めて技ができたときは何ものにも代えがたい喜びを味わうものである。今日の学校体育で求められている「楽しさ」は単に愉快な気分だけでなく、苦労してようやく目的を達した喜びをも意味している。技の出来栄えによる喜びは軽やかなリズムをともなった動きの快感であり、一つの達成感なのである。生徒が自己の身体を駆使して試行錯誤の成果として得た喜びは、仮想世界の遊びでは決して体験することのできない価値を有している。

第二は、自己の身体支配能力の高まりである。非日常性を特性とする技を習得するには、逆さになった体勢や、不慣れな姿勢で自己の身体をコントロールしなければならない。どう動けばいいのかわかってはいても思うように動けないとき、誰しも自己の身体でありながら自由にコントロールできないもどかしさを味わう。自己から乖離した身体は、技が意のままにできるようになるにつれ、ふたたび自己と一体化していく。多くの異なる技を覚えるということは自己と身体との多様な関わりを経験し、そのつど自己の身体支配能力を高めていくことになる。こうした経験が積み重ねられて、身体は「動ける身体」「賢い身体」へと変貌していく。このような身体は突発的環境の変化に対応できる幅広い能力、つまり危機的状況下においてそれを乗り越えられる力、回避できる力をもつ。空間における身体支配能力の向上、これこそが学校体育において器械運動が独自に担っている「生きる力」の育成である。

第三に、運動の自己観察能力の向上を挙げよう。技を修正するにはドリル的な練習を繰り返すだけではだめで、考えて練習することが不可欠である。それははっきりとした動き方の「意図」、つまりこれから行おうとする試み（技）の具体的な動き方（運動投企）を意識して練習に取り組むことである。これは生徒が自己の運動感覚世界の中で、いま行った試みを振り返って評価し、分析した内容にもとづいている。技が未熟な生徒は、いま行った試みを意識的に捉えることが難しく、言語化することもままならないが、動きの重要な局面に積極的に注意を向け、どのように動いたのかを言葉で表現できるように指導することが教師の役割である。自己の動きのわずかなズレに気づき、それを言葉で表現できるようになると、次なる投企は運動感覚世界の中で臨場感をともなったメンタルリハーサルとして遂行されるようになる。この一連のプロセスの繰り返しによって、技の修正は促進されるとともに、運動の自己観察能力は高まる。運動の自己観察能力は全てのスポーツ種目に通底する競技力の一要素である。

2. 学習指導の基礎知識

1 安全対策と幇助

器械運動の技は非日常性の動きであり危険がともなうから、安全対策には万全の注意を払い、生徒がけがをしないようにすべきだ。そのために教師は教材研究で技の技術を理解し、系統的段階的練習を授業に組み込むだけではなく、その技にはどんな危険がともないそれを回避するにはどのような処置をとるべきか、生徒に危険性を理解させるにはどのように説明すべきかを充分に吟味しておかねばならない。

特に、幇助（ほうじょ）は重要である。幇助は生徒の身体に力を加えて技を成功に導く「直接的幇助」と、生徒の身体を支えたり、スポンジマットを置いたりして学習の安全性を保証する「間接的幇助」とに区別される。いずれの幇助も、教師は何度も練習し、その習熟を高める必要がある。幇助の仕方がわかってはいても、うまくできるわけではないからだ。さらに、生徒に幇助を任せることは慎重を要する。生徒同士で幇助することは動きの観察や協力的学習という教育効果を期待できるが、誤った幇助は予想外の事故を引き起こしたり、技の実施を妨げたりすることもしばしばである。安心して生徒に幇助を任せられない場合や、大きな危険がともなう場合には教師が自ら幇助すべきである。

2 学習の系統性

器械運動の技は、類似性、類縁性、共通の基本技術という視点からいくつかのグループにまとめられる。一つのグループには、やさしい技からより難しい技への縦のつながり、変形技や発展技の横へのつながりが整理されている。このつながりが技の系統性であり、学習の系統性はこの縦横のつながりに沿って進められる学習のことである。

学習対象となる技はどのグループに属し、その技の縦横にはどんな技が位置づけられているのかを教師が適切に把握しておけば、マット運動の前転の次に後転を行うということはない。前転と後転とは異なるグループに属し、前転の学習の次には開脚前転、さらに伸膝前転へと進むのが一般的である。系統的学習の視点では、前転は単に転がって立つだけでなく、様々な前転の変形技や発展技も練習することで、前転グループ共通の基本技術（順次接触、回転加速の技術）のレベルアップが図られる。これは前転の習熟度を高め、開脚前転や伸膝前転の学習にプラスの転移を想定しているからである。こうした一連の学習は技の縦横の系統性の理解にもとづいている。

3 運動技術とコツ

運動技術とは、個々の技の課題を合理的に解決する具体的な身体の動かし方のことである。教師は技の技術を分節化された各局面の動き方としてだけでなく、自己の運動感覚意識として把握することが望ましい。これは生徒の運動感覚に響く指導の基礎になるからである。教師であれ、生徒であれ、運動する主体が把握する技の重要なポイントは運動感覚意識としてであり、この把握された内容をコツという。そのコツが他人に伝承され公共性が認められるとコツは技術へと変わる。

3. 新しい授業展開を目指して

1 ICTの活用

視聴覚機器を使って生徒が自分の動きを客観的に見ることは以前から盛んに勧められてきた。最近ではタブレット端末を使ったICT教育が流行である。かつてのビデオ再生に比べると手頃で使いやすく利用の頻度は高くなっているが、利用それ自体が目的化していることを見過ごしてはならない。動画再生で自分の姿を見て喜んでいるだけでは、動きの習得に資するヒントが得られることはない。それなのに「自分の動きを見て、それを参考に練習しよう」という指導だけでは、ICT教育の効果は期待できない。まさにそこでは生徒と教師のコミュニケーションが求められる。動きのコツに関わる発問によって生徒は動きの重要な局面に目を向けその動きの感じを言葉で表現することが求められる。動画再生の観察と動き方に関わるコミュニケーションによって、生徒の問題意識は重要な局面での具体的な動き方に絞られて、観察視点と同時に学習課題も明確になる。こうして生徒の運動の自己観察能力の向上だけでなく、学習意欲の高まりも期待できるようになる。

2 学習ノートの活用

学習ノートあるいは体育ノートは課題別学習が主流となっている今日では、ICT教育と並んで学習効率を高める一つの方法である。

学習ノートを利用する際、アンケートに答える形式だけでは、次の学習に活かすことは難しい。練習中に気づいたこと、教師や仲間からのアドバイス、技の練習において注意すべきポイント等々を練習の合間にメモ書きでもよいから記録しておくことである。そして、教師はノートに目を通し、朱を入れることが望ましい。動きのポイントをつかめていなかった生徒は、教師のコメントによって技の重要な局面に気づくこともあり、生徒の記録から教師は指導の仕方を振り返るきっかけになることも少なくない。

3 評価としての発表会

学習の締めくくりとして発表会が行われることがある。先生やクラスの仲間に注目されている中で、失敗しないようにやりたいとの願いが強いほど緊張感はより高まる。緊張した状態の中で技を行うのは学習成果を確認する絶好の機会である。成功すれば自信になり、コツはより確かなものとなる一方で、予想外の失敗はコツを改めて考え直すきっかけになる。

発表会の形式はいろいろ考えられる。簡単なルールを決めて採点する形式もそれほど難しくはない。その際ルールはわかりやすい内容にするべきだ。予めルールを周知すると練習の課題も明確になり、意欲的にもなる。そして、採点は教師だけが行うのではなく、生徒同士で行うようにするとさらに効果的だ。

小学校の授業で子どもたちが採点する発表会を何度か参観したがどれも好評であった。発表会が成功したのは、発表会の進め方やルールの内容がわかりやすかったことと、採点するために児童同士が練習中に仲間の技を注意深く観察したり、相互に教え合ったりと発表会に至る練習が活発化したことが大きな要因であった。ある発表会で開脚跳びが初めて跳べた子どもは涙を流して喜んだが、もっと感動的だったのはその子の成功にクラスのほとんどの子どもたちが応援し大きな拍手で自分のことのように喜んだことであった。

□参考文献

熊谷慎太郎・上原三十三・三上肇（2019）器械運動の学習における幇助の問題．愛知教育大学研究報告　第68．pp.39-46.

杉山重利・吉田榮一郎編著（1989）小学校新教育課程を読む体育科の解説と展開．教育開発研究所・東京．p.22.

三上肇（1995）器械運動の実践に向けて．日本体操競技研究会誌　3：総説pp.1-7.

三上肇・熊谷慎太郎（2016）とび箱運動の認識と反転とびの段階的練習．中京大学体育研究所紀要　第30号．pp.55-65

三木四郎・加藤沢男・本村清人編著（2006）中・高校器械運動の授業づくり．大修館書店・東京．

（熊谷慎太郎、三上　肇）

第3節 陸上競技

【陸上競技の発祥】

陸上競技は、紀元前８世紀頃から古代ギリシャのオリンピアで開催された古代オリンピックの中心的種目であった。今日のように世界的規模で各種目のルールが整えられたのは、スポーツの母国イギリスを中心として組織され発展してきたからである。そして1896年アテネで開催された第１回の近代オリンピックから、本格的なスポーツとしてスタートを切ったと考えていいだろう。

陸上競技は体育の教材としても歴史が古く、「走る・跳ぶ・投げる」の技術で構成されているので、全てのスポーツの基礎的技能として広範囲に応用されている。

1. 陸上競技の特性

オリンピックの華といえば陸上競技。陸上競技はあらゆるスポーツの基礎として誰にもわかりやすく、世界の人々に親しまれ、私たちの生活に楽しさや活力を与えている。

スポーツの発展から分析しても、まさに陸上競技がスポーツ文化の推進役を果たしてきている。例えば、100m競走は、「人類で一番速いのは誰か」というフレーズで、あたかも人類の進化を問うかのように、さらにはスポーツ科学の進歩を重ね合わせるかのように記録が更新されてきている。

陸上競技の種目は走る・跳ぶ・投げるなどの基礎的な運動で構成され、自分の適性や能力に応じて記録に挑戦したり、仲間と競争したり、目標に向かって競技する楽しさや喜びを味わうことのできるスポーツである。したがって、誰にでもそれぞれの個性に応じた最適な種目に出会えるチャンスがある。また、体育科教育の目指す「生涯にわたる豊かなスポーツライフ」への足掛かりとしても、さらには児童・生徒の運動能力の発達が期待される発育盛りの基礎体力づくりとしても重要な教材である。

振り返れば、私たちは幼少のころから遊びの中で競走の楽しさを味わっている。例えば、公園で遊ぶ子どもたちを観察していると、スポーツの原点としての「走る・跳ぶ・投げる」といった身体活動が自然発生的に展開されている。子どもは自分の身の安全も考えずに突然下り坂を駆け出したりする。親は大慌てで追走して守ろうとする。すると子どもは自然にピッチを上げ、あたかも親と競走を楽しんでいるかのようにスピードを上げる。時にはハンディキャップを付けたスタートラインから上り坂を駆け上る、脱兎の如く親の追走を振り切ろうとする子どもの姿に陸上競技の原点を感じさせられる。また、水溜りや障害物を跳び越したり、家族や仲間と川に向かって小石を投げたりして、誰が一番遠くへ投げたかを競争している姿はほほえましい限りである。

このように陸上競技は仲間と競技する一方で、自分と戦い自己の記録に挑戦し目標を達成していく、自己実現の欲求を満たせる効果的な特性を有している。一方では個人的な競技ばかりでなく、リレーのようにチームで競走を楽しむこともできる。

授業では、その競争の仕方や記録の測定方法が意図的になされていなかったり、既成のルールに縛られすぎると、「陸上競技は勝ち負けと測定ばかりでつまらない」ということになってしまう。

ここでは「新しい陸上競技の教材開発」につい

て示すので、実際に試しながら教材研究を深めるようにしてほしい。

2. 学習のねらいと指導方法

スポーツはそれぞれ固有の技術が伸びることによって、その楽しさの中身に変化が出てくる。その技術は個々人の体力や精神力に支えられて発揮される。特に陸上競技は、体力との関係がより密接である。基本的な体力が学習初期の段階ではそれぞれの種目の記録に大きく影響するため、体力レベルを上げることに主眼が置かれがちになるが、ここでは個人的な「動きの感覚」にも注目していきたい。

陸上競技の一つの特性として「記録」という極めて客観的な結果が出ることが挙げられるが、これによって他者と比較し競い合うとともに、自分自身の進歩と学習効果を明確に知ることができる。これまでの陸上競技の学習においては、① 個人的な目標（記録）設定にチャレンジし到達する喜び、②自分自身または他者との比較で競い合う楽しさ、を学ぶことが中心であった。

客観的な記録という目標はわかりやすいため、現時点での状態や到達の度合い、試技の成功失敗の判定には適しているが、その反面ややもすると授業がそれぞれの種目を反復して記録を測定するだけで終わってしまう可能性もある。ここでは進歩状況の把握として記録測定を活用しながら、現段階の体力・能力レベルにおいていかに効率的な「身体の使い方」や「力の発揮の仕方」を学び、陸上競技の走種目、跳躍種目、投てき種目以前の基本的な「速くあるいは長く走る動作」、「助走から踏み切りによって高くあるいは遠くへ重心を移動させる動作」、「全身を使って物を遠くへ投げる動作」という「動きの感覚」を養うことを中心とした授業展開を考えていきたい。

1 トラック種目

(1) 短距離走・リレー・ハードル走

①頑張って走るよりも力のon・offとリズム

リレーやハードル走も含めた短距離走においては、「ただがむしゃらに全力で走る」という意識から、いかに力を入れる部分と力を抜く部分をはっきりとさせながらリズムよく走るかという意識をもたせることが第一の目標である。

記録の測定や他者との競走では自己の動きの意識よりも勝敗やタイムの短縮が先行してしまうため、ただ頑張って走るよりも効率的な動きを意識して入ったほうが最終的には記録が良くなるという実感をもたせる工夫が大切である。

短距離走においてはスタート（スタンディングスタートまたはクラウチングスタート）からの加速部分の動きとスピードが上がった局面での動きとの違いを把握させることが重要であるが、そのためにはスタートから50mまでのスピードの変化や歩幅、ピッチの変化などをグラフや数字、映像で示すことが有効である。

具体例：

・50m走における10mごとのタイム測定によるスピードの変化の把握

注意点：どこでスピードが一番上がるか、どこの部分が一番加速できるかの確認

・スタンディングスタートからの30mと、10m程度の助走つき30m（中間走）のタイムの比較

注意点：どれくらいタイムが違うか？ タイム差が大きいまたは小さいとはどういう意味か？

②「速く走ること＝手足を早く動かすこと」ではない

「速く走ること＝手足を早く動かすこと」ではないことを理解させることも重要で、手足を早く動かすことよりもしっかりと「地面に力を加えること」が速く走ることにつながることを理解させる工夫も必要になる。足を速く動かす意識ではなく、腕振りの力を利用する、股（こ）関節を大きく使う意識を身につける、地面を踏む（地面に力を加える）感覚を様々な動きで実感させ、頑張らなくても身体が動く感覚を理解させる。

具体例：

・ミニハードルやラダーを使った素早いステップ

注意点：膝を高く上げるのではなく、地面をしっかり踏みつけてそれによって地面から素早い反発を感じる。

③ハードル走では3歩のリズムを気持ちよく

ハードル走においては、競技用のハードルを「跳ぶ」という意識ではなく、まずは低い障害物をま

たいで素早く走る感覚を覚えさせ、そこからいわゆる「３歩リズム」の基礎になる「タ・タン、タ・タン」のリズムを気持ちよくキープする感覚を身につけることが重要である。

具体例：

・低いハードルを利用した１歩リズムの組み合わせによるリズム感覚の養成

注意点：１歩リズム（ハードルを越してから素早いタ・タンのリズム）を２サイクル行うことで３歩リズム（タ・タン、タ・タン）の習得。

ハードル走では短距離走と同様にあるいはそれ以上に股関節の動きを意識させることが重要になり、足先でハードルを越すという意識から膝を大きく動かして腰を中心にハードルを超す（またぎ越す）をハードル走以外の基本動作の練習で行う必要がある。またこれまでのハードル走の授業においては直線レーンでの動きが主体であったが、コーナーにおけるハードル走や不規則なカーブにおけるハードル走なども多様な動きの感覚を身につけるには有効である。例えば背面跳びにおける内傾の感覚や遠心力を意識するコーナー走の感覚などを養うこともできる。

具体例：

・ランダムに置いたハードル（直線レーンではなく、例えば20m×20m四方の平面に異なる向きにハードル10台設置）を全て跳び越す

注意点：全てのハードルを越せるようにルートを工夫する。

④ハードル走は他種目でも使える障害物越え動作

ハードル間のランダムな歩数やリズム、反対脚での踏み切りなども含めて、ハードル走における様々な動きと感覚は他の動作にもつながるものが多いこと、単純に走るよりも障害物を越すほうが楽しいこと、障害物の前でジャンプし着地することで跳躍のための自然な筋力強化やバランス感覚の向上にもつながることなど、

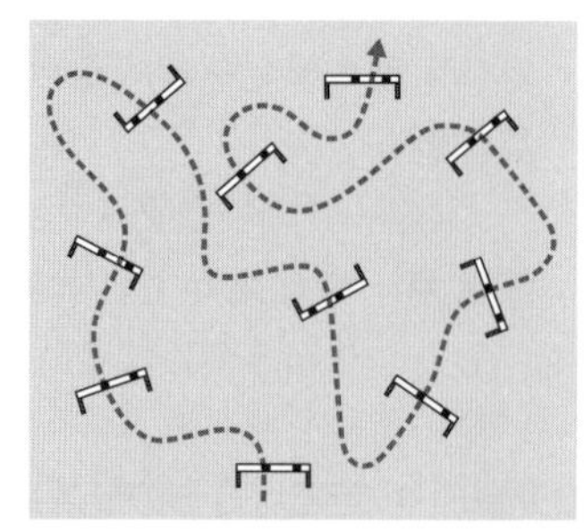

図3-3-1　ランダムなハードル設置とルートの例

ハードル走は様々な種目の基本となる動きや感覚の習得にも役に立つ動作である。これを有効に活用するためには、できる限りハードルに対する恐怖心や苦手意識をなくし、生徒たちが好んで行うような配慮が必要である。

⑤リレーのバトンパスはコーディネーションが大事

リレー種目は陸上競技におけるチーム種目として、記録の高い生徒も低い生徒も一緒になって、それぞれが自分たちの役割を果たしチームで戦うという意識をつけるには最適な種目である。ただ単に決められた距離を走るだけではなく、様々な動き（投げる動き、跳ぶ動き、障害物を越す動き、補強運動、またはそれらの組み合わせなど）をリレー形式でつなぎながら行うことも可能である。

さらには、バトンパスという動作に注目すれば、走動作の最中にいかにスムーズにバトンを渡し手から受け手の走者に渡していくかというコーディネーション能力の向上も一つの目標となる。スタートの号令ではなく走ってくる自チームの走者のスピードを視覚的に捉えてタイミングよくスタートする能力をつけること、走動作の最中（バトンを渡す走者は走りの後半の部分、受け手走者はスタートから加速部分）において片手で腕振りを行いながらもう一方の手でバトンを操作する感覚を養うこと、決められたゾーンの中でバトンパスを完結させることなどが学習の中心となる。

具体例：

・片手腕振りでのランニング

・数名で縦一列にランニングしながらのバトンパス

注意点：片手で腕振りをして走りながら、落ち着いてバトンを受け渡しする。

通常の短距離走にはない「走りながら何かをする（バトンを受け渡しする）」感覚を身につけるためには、短距離走の基本的な目標である、「ただがむしゃらに全力で走る」のではなく、動きを意識しながらアクセントをつけてリズムよく走ることが前提となる。

(2) 中・長距離走

①中・長距離走ではまずペース感覚養成

中・長距離種目はある程度「苦しさ」を伴う種目であるため、苦手意識や「キツイ」という先入

観をもつ生徒が多い種目である。そのために指導においては単に長い距離を走ることが中心にならないように注意すべきである。

まずは各自がウォーキングやジョギングなどでペース感覚をつかむことから始めることがよいと思われる。

日常生活で普通に歩くスピードはどれくらいであるかなどを実際にトラックにおける100mまたは１周（400m）などで計測しながら体験させ、それを感覚的な基準として、様々なペースでウォーキングをしたりジョギングをしたりすることでペース感覚を身につけさせる。各自が自分の感覚でスタートし、ウォーキングやジョギングにおける基本的なペース（100m60秒または30秒前後）でどれだけ正確に走れるかなどをゲーム感覚で行うことも一つの方法である。走った後の脈拍測定などで負荷の大きさを個人的に意識することや練習効果の確認なども行う。

ペース感覚の養成は長距離走の授業だけではなく他の種目のウォーミングアップを兼ねて毎回少しずつ実施することも可能である。

また単にタイムやペースのみにとらわれず、長距離を効率的に走るためのランニングの動きの習得にも重点をおくべきである。特に短距離走との対比においていかに省エネルギーで疲労の少ない動きが重要かを理解させることが必要である。上下動の少ない動き、リズミカルな腕振りや適切な歩幅、呼吸方法などに意識をもたせていく。

②様々な形式の長距離走

単にトラック上で一定の距離や時間を走るだけでは単調になりがちなので、リレー形式（駅伝形式）やクロスカントリーのような形式の長距離走も積極的に取り入れていくべきである。ハードルも含め様々な障害物を越したり、いろいろな走路（トラック、砂、アスファルト等）を走る持久走などを工夫する。

バイアスロンのように走った後に集中力やバランス感覚の必要な種目を行うことでも、急激な脈拍数の増加を抑えたり、ペースを維持したりすることを覚えさせることはできる。

いずれにしても中･長距離種目は「単調でキツイ」という固定概念を壊すような指導が必要である。

2 フィールド種目

(1) 跳ぶ種目

①跳躍種目共通の動きの養成が第一

授業における跳躍種目としては走り幅跳びと走り高跳びが中心になるが、それぞれの種目の典型的な動き（特に空中局面での動き）の習得よりも、助走からいかに効率の良い踏み切りで自己の重心を水平および垂直方向へ大きく移動させるかという跳躍種目共通の動きの養成が第一の目標である。そのためにはいかに踏み切りで地面に力を加えその反力をしっかりともらって重心を引き上げるかという感覚を理解させることが必要である。

様々な形式での跳躍を行いながら、膝や足首の使い方、重心を引き上げるための補助動作（肩や腕、リード脚など）の使い方を意識させる。

具体例：

・ミニハードルや低いハードルを使用した連続跳び

注意点：プライオメトリックジャンプ的な要素も含め、地面からの反発をもらうための踏み切りや腕やリード脚の効果的な使い方や導入のタイミングなどを学ぶ。

また、その場での膝抱え込み跳び、開脚跳び、前後開脚跳び、反り跳びなどの連続ジャンプは滞空時間を長くし、空中で身体の部位を動かす感覚を覚えさせるのには適した動きである。跳躍力の乏しい初心者に対しては高い位置からの跳び降りによって意図的に滞空時間を長くし、空中における身体の使い方を実感させることもできる。

②他のスポーツの動きも活用

短い助走からジャンプし、重心を引き上げたうえで方向転換したり、身体の部位を使う動きは陸上競技の跳躍種目以外のスポーツでも行われているものであり、それらの動きを利用することも一つの方法である。サッカーにおける高い位置でのヘディング、ハンドボールでのジャンプシュート、バスケットボールのシュート動作などは様々なジャンプ形式のバリエーションとして、また空中における「タメ」の感覚をつかむための練習として有効に活用できるものである。特にバスケットボールのシュート動作は走り高跳びにおける踏み切り準備と踏み切り動作、上昇局面の動作に共通するものがあるので有効な練習手段となる。

③力が伝わった感覚を実感させる

踏み切りの際にうまく力が加わり、「身体が浮いた」という感覚をつけるためには教師やコーチなど外部からの観察によるアドバイスとともに自分で実感することが大切である。踏み切り補助器具（踏み切りで反発をもらえるようなロイター板等）を使用することで、うまく踏み切りの力を自己の重心に伝えることができたかどうかがわかりやすくなる。また、初心者は踏み切りの際にしっかりと力を加え、その反発をもらう前に「跳ぼう」という意識が強くなり上半身や腕に余分な動作を入れてしまう傾向があるが、踏み切り補助器具によって踏み切りの際に「力をもらう」感覚も身につけることができる。

具体例：

・決められた助走の歩数からロイター板を使用した踏み切りで跳び出し、走り高跳びのマットに着地

注意点：ロイター板からの反力を感じるような踏み切り意識。着地の姿勢や空中での動作をいろいろと変える。その際に踏み切ってから少し身体の軸をずらすことで大きな効果が出ることを実感させる。

(2) 投げる種目

①投てき種目共通の合理的技術

投てき種目では、決められた形状、重さの投てき物（砲丸、円盤、ハンマー、やり）をできるだけ遠くへ飛ばすことを目的とし、そのために必要な技術および体力を理解させることをねらいとする。特に、投てき種目は大きな力の発揮が要求されるというイメージが強く、普段からトレーニングをしていない生徒にとっては、遠くへ飛ばせないという先入観が強い傾向にある。しかし、合理的な技術を学習することによって、現状の体力レベルでも投てき物の飛距離を飛躍的に向上させられることを体感できるようにすることが重要である。

投てき種目に共通する合理的な技術とは、“下肢と体幹の勢いをうまく利用して投げる”ことである。ここでの「勢い」は運動エネルギーの大きさに置き換えることができる。最終的に投てき物をリリースするのが上肢であるため、どうしても上肢の動作に意識が集中しがちであるが、上肢は身体の中で最も出力源としての機能に乏しい。したがって、上肢は出力源というよりも、むしろより大きな出力源である下肢と体幹の動作によって発生させた運動エネルギーを効果的に投てき物に伝達する役割を担っていることを十分に認識させる必要がある。

②下肢と体幹の勢いをうまく利用

砲丸投げの指導例：

ア　立位姿勢から体幹を動かさず、上肢の突き出しのみで投げる。

イ　立位姿勢から体幹の捻りを加えた突き出しで投げる。

ウ　右足に体重をかけ、体幹を後傾させた姿勢から、体幹を起こしながら突き出して投げる。

エ　ステップ（あるいはグライド）による助走を加え、体幹の起こしと捻りも使いながら突き出して投げる。

ここでは、砲丸を突き出すための身体の動作部位を増加させることによって、砲丸の飛距離が徐々に高まるように配慮している。このような手順を踏むことで、「下肢と体幹の勢いをうまく利用する」という合理的な動作を理解しながら、飛距離の増加も体感でき、投てき種目の楽しさを味わえると考えられる。

3. 新しい授業展開を目指して

1 動きの実感

陸上競技の授業は走・跳・投の各種目において記録という客観的な目標達成の喜びや自己または他者との競争の楽しさを味わいながら、基本的な動きや効率の良い動きを身につけることが中心である。ここでは新しい授業展開の一つの方向としてこれまでの授業目標に加えて、特定の種目にとらわれない基本的な動きと力の発揮を実感させることを挙げたい。記録の向上や外部から見た模範的な形や動きの学習だけではなく、自ら力を発揮すること、その力に対して地面や投てき物から反力をもらうこと、それによって自分自身の身体や

投てき物を大きく動かす感覚を味わうなど生徒自身が実感できるような状況をつくってやることである。ミニハードルやラダーを使用して半強制的に歩幅やピッチを変化させ、その感覚を実感させることや踏み切り補助や高い位置からの踏み切りによって踏み切りの反力や空中動作を体感させることなどがそれにあたる。

2 教えない授業の導入

投てき種目を体感する機会はほぼ授業のみに限られており、どのようにすれば投てき物が遠くへ飛ばせるかを知っている生徒は極めて少ない。そこで、初期の授業ではあえて投げ方を教えず、(安全性も配慮した) 最低限のルールのみを教え、どのようすればよいかを自ら考えて投げさせる機会を設けることを提案したい。その後、前述したような合理的な投げを教授し、自らの考えが合理的であったか否かの答え合わせをしながら、授業を展開していく。競技スポーツは、どのレベルになっても試行錯誤の連続である。自らの発想で自己の記録が向上するという醍醐味を味わうには、投てき種目はうってつけの教材だと考えられる。

3 総合的な陸上競技の学習について

陸上競技の授業は、記録測定はあるものの、ややもすると走るだけ、跳ぶだけ、投げるだけと単調でつまらない授業内容になりかねない。そこで、陸上競技の醍醐味である自己記録の向上を体感することに加えて、各自が自分の得意種目や苦手種目を組み合わせながら、総合的な「陸上競技」の能力を向上させていく混成競技の性格をもった授業を提案したい。

クラス内にチームを編成し、チーム同士の記録を競わせるという方法も可能である。国際陸上競技連盟（IAAF）では、全ての種目の記録が平等に評価できる得点表を提供している。この得点表を利用して、初期のチーム得点がおよそ均等になるようにチームを編成し、授業の最後の記録会などでチーム得点の合計を競うという展開である。

これによって、チーム内で得意、不得意の種目を補い合ったり、他の生徒の動きを観察してアドバイスし合ったりするなど、単なる個人種目を越えた陸上競技の楽しみ方を体感できると考えられる。

図3-3-2　走る・跳ぶ・投げる

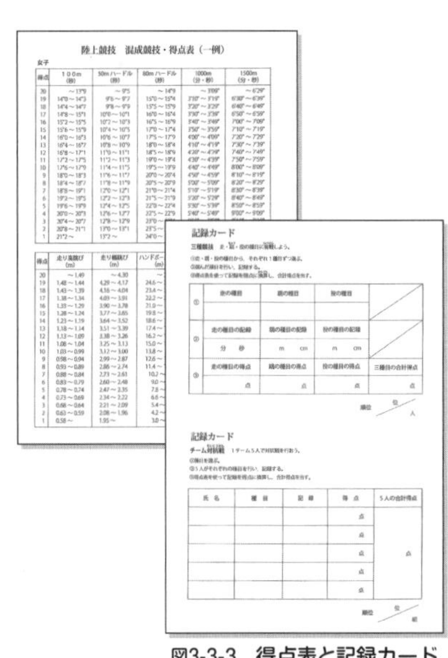
陸上競技　混成競技・得点表（一例）

女子

得点	100m (秒)	50mハードル (秒)	80mハードル (秒)	1000m (分・秒)	1500m (分・秒)
20	〜13"9	〜9"5	〜14"9	〜3'09"	〜6'29"
19	14"0〜14"3	9"6〜9"7	15"0〜15"4	3'10"〜3'19"	6'30"〜6'39"
18	14"4〜14"7	9"8〜9"9	15"5〜15"9	3'20"〜3'29"	6'40"〜6'49"
17	14"8〜15"1	10"0〜10"1	16"0〜16"4	3'30"〜3'39"	6'50"〜6'59"
16	15"2〜15"5	10"2〜10"3	16"5〜16"9	3'40"〜3'49"	7'00"〜7'09"
15	15"6〜15"9	10"4〜10"5	17"0〜17"4	3'50"〜3'59"	7'10"〜7'19"
14	16"0〜16"3	10"6〜10"7	17"5〜17"9	4'00"〜4'09"	7'20"〜7'29"
13	16"4〜16"7	10"8〜10"9	18"0〜18"4	4'10"〜4'19"	7'30"〜7'39"
12	16"8〜17"1	11"0〜11"1	18"5〜18"9	4'20"〜4'29"	7'40"〜7'49"
11	17"2〜17"5	11"2〜11"3	19"0〜19"4	4'30"〜4'39"	7'50"〜7'59"
10	17"6〜17"9	11"4〜11"5	19"5〜19"9	4'40"〜4'49"	8'00"〜8'09"
9	18"0〜18"3	11"6〜11"7	20"0〜20"4	4'50"〜4'59"	8'10"〜8'19"
8	18"4〜18"7	11"8〜11"9	20"5〜20"9	5'00"〜5'09"	8'20"〜8'29"
7	18"8〜19"1	12"0〜12"1	21"0〜21"4	5'10"〜5'19"	8'30"〜8'39"
6	19"2〜19"5	12"2〜12"3	21"5〜21"9	5'20"〜5'29"	8'40"〜8'49"
5	19"6〜19"9	12"4〜12"5	22"0〜22"4	5'30"〜5'39"	8'50"〜8'59"
4	20"0〜20"3	12"6〜12"7	22"5〜22"9	5'40"〜5'49"	9'00"〜9'09"
3	20"4〜20"7	12"8〜12"9	23"0〜	[illegible]	[illegible]
2	20"8〜21"1	13"0〜13"1	23"5〜	[illegible]	[illegible]
1	21"2〜	13"2〜	24"0〜	[illegible]	[illegible]

得点	走り高跳び (m)	走り幅跳び (m)	ハンドボー… (m)
20	〜1.49	〜4.30	〜
19	1.48〜1.44	4.29〜4.17	24.6〜
18	1.43〜1.39	4.16〜4.04	23.4〜
17	1.38〜1.34	4.03〜3.91	22.2〜
16	1.33〜1.29	3.90〜3.78	21.0〜
15	1.28〜1.24	3.77〜3.65	19.8〜
14	1.23〜1.19	3.64〜3.52	18.6〜
13	1.18〜1.14	3.51〜3.39	17.4〜
12	1.13〜1.09	3.38〜3.26	16.2〜
11	1.08〜1.04	3.25〜3.13	15.0〜
10	1.03〜0.99	3.12〜3.00	13.8〜
9	0.98〜0.94	2.99〜2.87	12.6〜
8	0.93〜0.89	2.86〜2.74	11.4〜
7	0.88〜0.84	2.73〜2.61	10.2〜
6	0.83〜0.79	2.60〜2.48	9.0〜
5	0.78〜0.74	2.47〜2.35	7.8〜
4	0.73〜0.69	2.34〜2.22	6.6〜
3	0.68〜0.64	2.21〜2.09	5.4〜
2	0.63〜0.59	2.08〜1.96	4.2〜
1	0.58〜	1.95〜	3.0〜

記録カード

三種競技

	走の種目	跳の種目	投の種目	
①				
②	走の種目の記録	跳の種目の記録	投の種目の記録	
	分　秒	m　cm	m　cm	
③	走の種目の得点	跳の種目の得点	投の種目の得点	三種目の合計得点
	点	点	点	点

順位　位／人

記録カード

チーム対抗戦　1チーム5人で対抗戦を行おう。

氏名	種目	記録	得点	5人の合計得点
			点	点
			点	
			点	
			点	
			点	

順位　位／組

図3-3-3　得点表と記録カード
（作成：大日本図書）

□参考文献
文部科学省（2018）中学校学習指導要領（平成29年告示)解説　保健体育編. 東山書房·京都.

（本田　陽、田内　健二）

第4節 水泳

【水泳の発祥】

水泳の歴史は古く、水遊び・沐浴・漁獲・移動手段・戦闘など生活と密着した形で泳ぎが存在した。その後は、ヨーロッパを中心に泳ぐ速さを競うようになり、1896年、アテネで開催された第1回オリンピックでは、水夫のための100m自由形1種目が、港の海面で行われた。日本においては、独自の水泳法「日本古流泳法」が様々な流派に分かれて存在していた。現代のスピードを競う水泳は、明治末期から大正初期にヨーロッパから西欧近代泳法が伝えられたのがきっかけで始まったといわれ、1856年に545mの競泳が越中島で行われたのが、日本最初の競泳大会である(日本水泳連盟、2014)。

1. 水泳の特性

水泳は水中という特殊な環境で行われ、代表的な水泳の特性として、浮力や水圧、抵抗を利用することで陸上運動とは異なる運動効果を与えることが挙げられる。まず、浮力は、下肢筋力が低下し陸上では運動がままならない高齢者でも、下肢に負担をかけることなく運動を行うことを助長する。水圧は、下肢へと流れる血液を、陸上よりも圧力がかかることで、より早く全身へと広げるため、心臓の拍動が活発化し、泳運動を行うことで有酸素運動の効果を高めることができる。さらに、水の抵抗によって、陸上動作と同じ動作を水中で行うだけで運動負荷が高まり、陸上運動よりも消費カロリーが高くなる。また、近年では、オーストラリアを中心とした約7000人の子どもを対象とした調査で、水泳授業に参加した子どもは、水泳授業に不参加であった子どもよりも早く、言語、知性、社会性が高まる(Robyn、2013)と報告され、水泳の新たな特性に注目が集まっている。

2. 学習のねらいと内容

1 学習のねらい

水泳は、自らの身体にかかる浮力と四肢の動きによって生まれる抵抗を利用し推進力を生むことで成立している全身運動であり、如何に抵抗を減らして推進力を高めるかという、技術面が重要なスポーツである。そのため、より効率的な泳動作を学習するには、理にかなった学習が必要である。

中学校における学習指導目標は、「浮いて進む運動, もぐる・浮く運動」の学習を受けて、泳法を身につけ、効率的に泳ぐことができるようにすることである。これは基本4泳法を習得する前に水の特性に配慮した学習、すなわち「浮いて進む運動, もぐる・浮く運動」を学習させることで、4泳法が身につくと言い換えられ、中学校における水泳学習では、水中において自在に自分の身体を操る能力を重点的に学習させることが望ましい。

高校における学習指導目標は、「泳技術の名称や行い方, 体力の高め方, 課題解決の方法, 競技会の仕方などを理解するとともに, 自己に適した泳法の効率を高めて泳ぐ」とされ、より推進力を高めるために4泳法とも専門的な学習を受けることが望ましい。

しかしながら、水泳は、水中という特異な環境下ゆえに、自身の泳動作を目視できないという欠点がある。そのため、中学・高校問わず効果的な水泳の学習をさせるためには、指導者や共に学習する学習者と協同して、学習者自身の感覚と他者の観察をすり合わせ、技術を高めることが大切である。さらに、水中という環境ゆえに大きな事故に直結する可能性を省みると、泳ぐ前の体調チェックや準備体操を入念に行うことが重要といえる。

2 泳ぎをコントロールする技術

中学・高校とも、4泳法の技術は「手と足，呼吸のバランスを保つこと」が課題とされている。

(1) クロール

クロールでは、呼吸がうまくできると、中学で課題とされる「安定したペースで長く泳いだり，速く泳いだりすること」ができる。また、水中でハイエルボーと呼ばれる頭と肩の間辺りで肘を立てる動作を身につけることで、高校で課題とされる、「伸びのある動作」ができる。

(2) 平泳ぎ

手の掻き込みに合わせて呼吸し、呼吸の終了時にキックを打つことで、中学で課題とされる「安定したペースで長く泳いだり，速く泳いだりすること」ができる。また、足裏でしっかりと水を押すキックを活かして低抵抗姿勢であるストリームライン姿勢を長くとることで、高校で課題とされる「伸びのある動作」ができる。

(3) 背泳ぎ

唯一仰向けで行う泳法であり、臀部や顔が沈まないキックをすることで、中学で課題とされる「安定したペースで泳ぐこと」ができる。高校で課題とされる「長く泳いだり速く泳いだりすること」を身につけるためには、遠くの水をしっかりつかむ技術（ローリング動作）を習得する必要がある。

(4) バタフライ

他の種目に比べ、「手と足，呼吸のリズム」が重要となるため、力に頼ることなく泳ぐ技術を身につけるためにも、足ひれ（Fin）を用いて、手と足、呼吸のタイミングを合わせられるようになることが中学で課題とされる「安定したペース」で泳ぐ、高校で課題とされる「長く泳いだり速く泳いだりする」ことにつながる。

(5) スタートおよびターン

各泳法のスタート動作として、学習指導要領では「水中からのスタート」を取り上げるよう示されている。この水中からのスタートは、け伸びと呼ばれ、水中を最も低抵抗で推進する姿勢である。

また、ターンは、効率的に速く泳ぐために必要なテクニックであり、泳速よりも高い速度を発揮できるように壁を早く強く蹴ることが重要である。

3. 学習と指導の方法

（日本水泳連盟編、2014）

1 学習の方法

水泳の学習では部分練習法が多く用いられる。キックやプルの練習といったものが部分練習にあたり、片手で泳ぐことや水中スタート・ターンの練習も部分練習となる。基本動作や細かい技術練習の際に活用するとよい。

フォーム練習法は、部分練習法によって身につけた動作を一連の流れの中で行うことを目的とした練習で、競技会よりも泳速度を落とし、スタートからタッチまでの全ての技術力向上のために行う練習である。

パフォーマンス向上練習法は、フォーム練習法によって身につけたフォームで、競技会と同様のペース（またはそれ以上）で行う泳力向上を目的とした練習であり、その方法としてインターバル形式が広く取り入れられている。

よって、効率の良い学習を行うためには、①部分練習法→②フォーム練習法→③パフォーマンス向上練習法の順番で練習を進め、パフォーマンス向上が認められた場合には、再度技術力を高めるために①部分練習へと戻り、学習の進歩に応じ、①～③の流れを何度も繰り返すことが望ましい。

2 指導方法

水泳は、水中内で指導を行うため、陸上からの指導よりも視野は狭くなる。よって、人数が多くなればなるほど、大きな事故につながるケースは否めない。そのため、水泳の指導は、1レーンに3人以内で総人数は25名以内（8レーン使用時）が望ましい。また、陸上から事故を防ぐための安全管理に目を凝らすアシスタント指導者を置くことも忘れてはならない。また、泳技術は、日常動作と全く異なる動きを用いることから、口頭のみの指導では学習者の理解は進まない。よって指導者は、自ら正しい技術の示範を行うことが重要となり、学習者の誤動作も水中内で、直接修正することが泳技術の改善につながる。学校における水泳授業においては、先生が入水せずに指導するケースが大半を占めているが、よりよい技術指導を行うためには、水中内での示範を用いた指導を行うことが望ましい。

4. 新しい授業展開を目指して

ここでは、各泳法の重要な部分の説明を行う。

1 基礎練習「伏し浮き」と「け伸び」

水泳は、浮力を保ちつつ最も抵抗の少ない姿勢を維持することが基本となる。よって、水面と平行に浮くために、空気を貯めた肺の下にある浮心をみぞおち付近に下げる必要がある。この浮心を下げるためには、背筋を緊張させる。その結果、身体を水面と水平に保つ伏し浮きが行える（図3-4-1)。また、け伸びは、壁を蹴った勢いを保ちつつ伏し浮きを続けることを指し、け伸びの距離は、泳力とレベルと比例するといわれている。

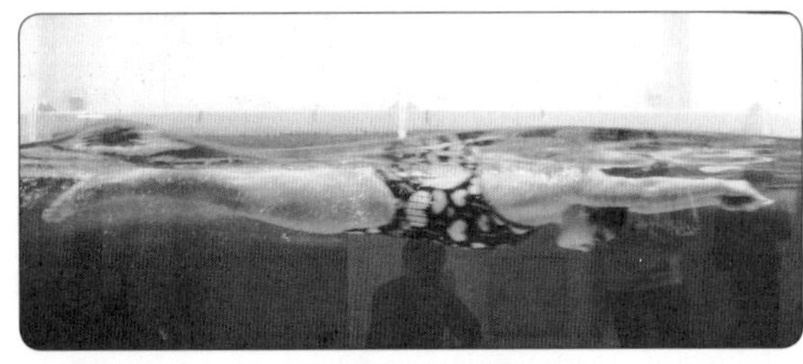

図3-4-1　伏し浮き

2 クロール　〈ポイント 呼吸の練習をする〉

(1) 呼吸の練習

水泳で呼吸するときに重要なことは、水中で息をしっかり吐き切ってから、息を吸うことである。よって、クロールの呼吸練習では、壁を利用した練習をはじめに行うことが望ましい。一般的には、足を床に接地した状態でクロールの手の掻きを行い、手の抜き上げと同時に顔を水面と平行に上げる（図3-4-2)。これができるようになれば、ビート板を用いてキックを打ちながらクロールの手の掻きに合わせて呼吸動作を行う方法に移行する。

(2) 速く泳ぐために必要な練習「手の掻きの練習」

水泳の推進力は、手の掻きが8割、キックが2割であるため、より速く泳ぐためには正しい手の掻きを習得する必要がある。推進力を高める手の掻きは、手の入水後に、自身の足に向かって小指側から肩関節の内旋を行う動作となり、この動作はハイエルボーと呼ばれている。このハイエルボーが自然に行えるまで繰り返し練習することが泳力向上の大きなポイントとなる。

図3-4-2
壁に手をつけた呼吸の練習

3 平泳ぎ　〈ポイント 正しいキック練習をする〉

(1) 壁およびビート板を使ったキックの練習

壁に手をついた状態で、平泳ぎキック特有の足裏で水を押す感覚を身につける。足裏で水を押すためには、足首の背屈動作が重要となるため、前脛骨筋に意識を向けて壁キックを行うとよい。この動作習得後は、ビート板を用いて仰向けの姿勢で行うキック練習（図3-4-3）を行い、大きな抵抗を引き起こす足の引きつけ動作を最小限に抑えつつ、より多くの水を足裏で捕らえ押す意識をもって行う。

図3-4-3　仰向けのキック

(2) 速く泳ぐために必要な練習「手の掻きの練習」

手の掻きは、他の種目と異なり、手を水面下で45度程度まで広げつつ水を抑えるスカーリング動作が重要となる。このスカーリング動作によって、身体が浮きやすくなるため、その後の呼吸と体重移動、キックの推進力発揮局面へと移動することができる。

4 背泳ぎ 〈ポイント 背浮きキック練習をする〉

(1) 背浮きの練習

背泳ぎは仰向けゆえに鼻から水が入ることを怖がることで、うまく泳げないことが多い。よって、背浮き状態を保ったまま呼吸ができるようにするために、顎を引きつつ、みぞおちを出来る限り水面に近づける姿勢が重要となる(図3-4-4)。背浮き姿勢を身につけたあとは、ビート板を足元に置いた状態で膝が水面に出ない背浮きキックの練習を行うことで推進力のあるキックを身につけられる。

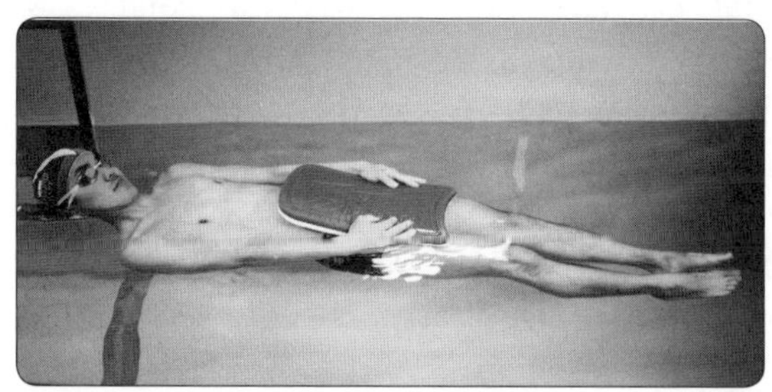

図3-4-4 背浮きの練習

(2) 速く泳ぐために必要な練習「手の掻きの練習」

背泳ぎの手の掻きは、推進力を発揮する局面を目視できない。さらに、水圧を受けた状態で腕を後方回転させる特性上、肩の障害を引き起こすリスクが高い。片手ずつ手の掻きを練習し、正しい軌道で手の掻きが行えているかをペアで観察し合うことで正しい軌道を早く身につけることができる。

5 バタフライ 〈ポイント リズムで泳ぐ〉

(1) 水中ドルフィンキックの練習

身体をうねらせて、両足を同時に動かす感覚を身につける（図3-4-5）ために、足ひれ（Fin）を用いて、膝の曲げ伸ばし動作ではなく、股関節から鞭のように足をしならすことで推進力を得る感覚を養うことが重要となる。

図3-4-5 ドルフィンキック

(2) 速く泳ぐために必要な練習「リズム練習」

ドルフィンキックを習得し、コンビネーションの練習に入る際、足のリズムに合わせて手をつける練習が速く泳ぐ鍵となるため、キックのリズムに合わせて、手を掻くタイミングを覚えていく。実際のリズムは、１回目のキックは軽く「トン」、２回目のキックは強く「ドン」と強弱をつけ、１回目の「トン」で手を伸ばし、手を勢いよく掻いたときに２回目の「ドン」を打ち、その直後に手を抜きあげ、同時に呼吸を行うことで、力に頼らずタイミングで推進力を得るバタフライができる。

5. 安全管理

飛び込みについて

日本水泳連盟では、飛び込み事故防止のため、プール水深とスタート台の高さに対するガイドラインを作成・公表したり、指導者に対して、適切な飛び込み指導方法について、Web上で閲覧するよう呼び掛けたりしている。

次に、中学および高校の入学年次では、事故防止のため、「水中からのスタート」を指導する。また、その次の年次からは、「水中から」、「プールサイドで座位から」、「プールサイドでしゃがんだ姿勢や立て膝から」、「プールサイド で中腰から」など、生徒の体力や技術レベルに応じて、段階的に発展させるような指導を行う。

なお、プールの構造等に配慮（水深が1.20m以上あることを確認）し、プールサイド等からスタートの指導を行う際は、深く入水することのないよう、水面に対して平行に遠くに飛び出すように行わせることが大切である。

□参考文献

文部科学省（2018）中学校学習指導要領（平成29年告示）解説 保健体育編. 東山書房・京都.

文部科学省（2019）高等学校学習指導要領（平成30年告示）解説 保健体育編 体育編. 東山書房・京都.

（公財）日本水泳連盟編（2014）水泳コーチ教本. 大修館書店・東京. p2, p209, p469.

Robyn Jorgensen（2013）Early years swimming, Adding capital to young Australians. final report.

（草薙 健太）

第5節 球技 1. バスケットボール

【バスケットボール競技の発祥】

バスケットボールは、1891年の冬にアメリカ東部マサチューセッツ州スプリングフィールドの当時の国際YMCAトレーニングスクールで、J・ネイスミスによって考案された。日本には1908年（明治41年）に大森兵蔵によって紹介された。その後1913年に来日したF・H・ブラウンによって、各地のYMCAで指導され全国に普及することとなった。男子は1936年のベルリン大会から、女子は1976年のモントリオール大会からオリンピックの正式種目として実施された。1949年に「National Basketball Association（NBA）」が結成され、1992年のバルセロナ・オリンピックで「ドリームチーム（米国代表）」が登場して以来、世界的に普及した。

日本では、実業団を中心とした「日本リーグ」が1967年に設立され、男子は2005年に「bjリーグ」というプロリーグが発足し、2016年に「Bリーグ」になった。女子は実業団チームが参加する「Wリーグ」になっている。また、バスケットボールは中学校や高等学校で保健体育科の教材としてだけでなく、多くの学校で部活動にも取り入れられている。男女を問わず幅広い年代で楽しめるスポーツであり、社会人チームやミニバスケットボールチームも地域に根づいている。2009年の日本バスケットボール協会の調査によると、全国に34,191チーム、616,839人の選手が登録され、日本でも人気のあるスポーツとなっている。

1. バスケットボール競技の特性

バスケットボール競技は、相対する２チーム（５on５）が同一コート内で相手と入り乱れてボールを奪い合って、一定時間内に得点を競うゴール型の球技である。

バスケットボールの特性は，他の競技と比べて１回ごとのオフェンスの時間が短く制限されているために，攻撃交代時のプレーの中断が短く，オフェンス（攻撃）とディフェンス（防御）が連続的に繰り返されることである。オフェンスの究極の目的はシュートを成功させて得点することである。そのための戦術は様々であるが、パス・ドリブル・シュートの基本技能（ファンダメンタル）を身につけることが大切であり、様々な練習課程を工夫する楽しさがある。ディフェンスの究極の目的は相手にシュートをさせることなく、ボールを奪うことである。ディフェンスではマンツーマンディフェンスのフットワーク（サイドステップ、クロスステップ）やハンドワーク等の個人技能を体得すると同時に、ヘルプ＆ローテーション、スクリーンプレーへの対応、ゾーンディフェンス、マッチアップゾーン等のチームディフェンスを鍛えることが大切である。

2. 学習のねらいと内容

バスケットボールの授業では、ファンダメンタルを高めることによって、より速くて連携の取れた攻防ができるようにする。また、ディフェンスでは、マンツーマンディフェンスとゾーンディフェンスの戦術的な差異を理解させ、自己や相手の特徴に応じて作戦を使い分けられるようにさせることが大切である。

授業の進め方は、既習の技能の実態を把握するために試しのゲームを行う。その後、基本練習やミニゲーム、各自の技能向上を目指した練習を行う。最終的には身についた技能を使って作戦を立ててゲームを行うという流れが理想的である。

授業における雰囲気づくりが肝腎である。友達やチーム間で競い合い、勝敗に対して一喜一憂できるような雰囲気づくりや、互いにアドバイスをし合い、自ら新しい技能に挑戦していくことができるような雰囲気づくりである。バスケットボールはチームスポーツであり、仲間との協力なくしてゲームで勝利を手にすることは難しい。単に技能を高め、運動能力の高い生徒やバスケットボール経験者の個人技能だけでゲームを行うのではなく、バスケットボールが得意な人も苦手な人も楽しめるような授業を行わなければならない。そのためには、一つひとつのプレーが自分一人で成立するのではなく、パスをしてくれた仲間、スクリーンをかけてくれた仲間、自分のミスをカバーしてくれた仲間がいるということを忘れてはならない。バスケットボールの授業を通して豊かな人間関係を育み、より深くバスケットボールの楽しさを味わうためには「バスケットボールはチームスポーツである」ということを生徒に認識させる必要がある。チームで考え、約束事を決め、互いに助け合い、協力する精神を学ぶ。そして、相手に応じた作戦や自チームの特徴を生かした作戦を立てて、最終的にゴールを決めることがバスケットボールの一番の楽しさと言えるだろう。

3. オフェンスの技能

1 バスケットボール・スタンス

バスケットボールで最も大切な基本姿勢がバスケットボール・スタンスである。パス、ドリブル、シュートのファンダメンタルを身につけるためにはこの姿勢を習慣にしなければならない。両足は肩幅程度、両膝関節、両足関節はやや屈曲、上体は前傾になりすぎないように注意する。

2 シュート

①ワンハンド(片手)シュート（セットシュート）（図3-5-1）

近年は女子選手も小・中学生時からワンハンドシュートを用いる選手が増えてきている。ジャンプシュートも例外ではない。ボースハンド(両手)シュートよりもシュートブロックを避け、シュート体勢からパスをするなど、シュート・バリエーションが多いことが理由に挙げられる。特に小学生や中学生の年代では、筋力の個人差が大きいため、ワンハンドシュートにこだわる必要はない。個々の能力に合わせた指導を行う必要がある。

図3-5-1　ワンハンドシュート

②その他のシュート

・レイアップシュート
・バックシュート
・フックシュート
・ステップインシュート

以上の４種類は、個人の能力にもよるが、中・高生の授業レベルでも十分に身につけられる技能だと考えられる。

3 パス

パスの種類は主に下記の５種類である。

・チェストパス
・オーバーハンドパス
・ショルダーパス（左右）
・バウンズパス（サイドハンド）
・プッシュパス（サイドハンド）

この他にビハインドザバックパス、フックパス等の技術がある。パスは仲間に正確に受け渡すことができた時点で成立するプレーである。ターンオーバーはパスのミスに関連して起こることが多い。ドリブルやシュート以上に選手自身の判断力が必要とされる技能である。授業では上記の５種類を習得すれば十分な授業展開ができる。

4 ドリブル

・フロントチェンジ
・レッグスルー
・インサイドアウト
・ロール
・バックチェンジ

ドリブルで大切なことは左右どちらの手でもできることである。試合中の緊迫した場面で相手に厳しいディフェンスをされても、瞬時に空いている味方にパスをしたり、自らドリブルで突破したりするためには、反復練習を行い、ボールを絶対に取られない、ミスをしないという自信と余裕が不可欠であり，それによってコート全体を見渡せる、広く長い視野が身につくと考えられる。また、ドリブルは自分・ボール・床が関係する技術で最もミスが少ないプレーの一つである。しかし、不用意なドリブルはゲームの流れを変えるミスになることさえある。

5 チームオフェンスの導入

一言にチームオフェンスといってもパターンオフェンス、フォーメンションプレー等の5 on 5で行うオフェンスは、完成させるために非常に時間がかかる。授業では限られた時間の中で指導をするため、2 on 2や3 on 3でのパス＆ラン、パス＆スクリーン、ピック＆ロール、アウトサイドスクリーンを中心に展開し、チームオフェンスの考え方を学ばせることが重要である。

4. ディフェンスの技能

1 マンツーマンディフェンスの考え方

現在のバスケットボールの考え方では、ディフェンスを単にマンツーマンディフェンスとゾーンディフェンスに分けて考えることはない。40分間同じディフェンスで戦い続けるチームも少なくはないが、様々なディフェンスで相手オフェンスを困惑させ、ディフェンスから流れをつかもうとするチームが非常に多いと感じる。局面的にゾーン化したり、マンツーマンディフェンスからトラップを仕掛けることで、結果的にゾーン化したりする。また長身者をドリブルペネトレーションのヘルプとしてボールサイド側に大きくシフトさせるディフェンスもある。

実際に授業で指導する場合、マンツーマンディフェンスはディフェンスの基本であると言えるだろう。ボールマンに対するディフェンスとオフボールマンに対するディフェンス、フットワーク・ハンドワークの技能、クローズドスタンス、オープンスタンス、スクリーンへの対応等、オフェンスと同様に様々な技能が要求される。また、ディフェンスではラインは味方であるとの考え方がある。サイドライン、エンドライン、ハーフライン、この3つのライン側へ追い込むようなディフェンスは非常に有効とされている。また、仮想的にラインを引くことで更にディフェンスの役割や考え方を明確にすることができる（例：インライン、ボールライン）。

2 ゾーンディフェンスの考え方

ゾーンディフェンスは様々な形（2-1-2型、3-2型、1-3-1型）があるが、これはゾーンディフェンスを始める最初の形であり、この形を常に維持し続けて守ることがゾーンディフェンスではない。ゾーンディフェンス時の留意点は下記のとおりである。

・パス、ドリブルをさせる方向を明確にする。
・マークマンの受け渡しを明確に行う。
・スキップパス後の瞬間的なディフェンスの乱れを突いたオフェンスに注意する。
・ゾーンディフェンスは責任があいまいになりがちなので、全員がリバウンド、ルーズボールに意識を集中させる。

5. 傷害と安全な指導について

バスケットボールで起きる主な傷害としては足関節捻挫や前十字靭帯損傷が挙げられる。前十字靭帯損傷は、再建術後、競技復帰するまでに10ヶ月程度かかると言われていて、選手生命に関わる重い傷害である。前十字靭帯損傷は技術レベルの低い初心者に多く、男性よりも女性で多く発生している。また、接触時ではなく、身体接触がない非接触型で発生することが多い。特にピヴォット、カッティング、サイドステップ、ショット後の着地時に多い。動作時に下肢がknee-in & toe-out（膝関節外反・足関節外転）になることが危険性を高めていて、このような下肢のアライメントを避けることが前十字靱帯損傷予防のために重要であるとの報告がある。日本バスケットボール協会では、前十字靭帯損傷予防のトレーニング法を考案し、利用を呼びかけているが、現状ではまだ現場の認識は低い。予防のためのトレーニング法は、下肢の筋力トレーニングや正しい動作の習慣化により、バスケットボールで起こりうる複雑な動作を合理的に行えるようにするプログラムである。

6. バスケットボールの評価法

制限時間内でシュートが何本入ったか、ドリブルの技能が何種類以上できるか等の、誰にでもわかりやすい数量化できる評価基準は必要だが、バスケットボールの特性であるチームスポーツという観点から、生徒を様々な角度から見つめ、判断できるような評価法が大切である。例えば、誰よりも得点した選手が最も良い評価を得られるとしたら、バスケットボールはチームスポーツとしての魅力を失うのではないか。懸命にボールを追いかけて味方のために走り、スクリーンをかける、ノーマークになった選手にしっかりとパスができる（技能）。チームがうまくいかないときに声をかけて積極的に作戦を立てたり、指示を出したりできる（思考・判断）。ルールを理解し、初心者の友達に教え、審判を的確に行える（知識・理解）。このような生徒も同様に評価されるべきである。実際の評価では実技テストを行ったり、ゲームでの実際の動きやベンチでの態度を評価したりすることが考えられる。

7. 単元計画について

バスケットボールの単元計画（例）

【導入】（1時間目）

・バスケットボールの歴史
・注意事項（安全管理、健康観察等）
・基本技能、ルールの概説

【展開1】（2～3時間目）

―今もっている力で試しのゲームを行う―

・力量と個性を配慮してチーム分けをする。
・必要に応じて特別ルールを設定する。

【展開2】（4～7時間目）

―個人技能およびチームの課題に合わせた練習―

・シュート、パス、ドリブルの練習
・互いにアドバイスし合うようにさせる。
・試合で使える技能を身につけさせる。
・1 on 1での駆け引き、フェイク
・2 on 2、3 on 3等のミニゲーム

【展開3】（8～9時間目）

―高まった技能を生かし、作戦を立ててゲームを行う―

・リーグ戦形式が望ましい。
・ゲーム運営（審判、得点、時間）を行う。
・チームで作戦を立てさせる。
・勝敗に対する喜びや悔しさを味わわせる。

【まとめ】（10時間目）

技能テスト、まとめ

・個人技能の評価
・学習カード等の整理と評価
・審判法、ルール等の補足説明

□参考文献

堀部秀二・夏梅隆至・米田憲司ほか（2005）膝前十字靭帯再建術後のスポーツ復帰の問題点．日本臨床スポーツ医学会誌，13：335-337.

小林寛和（1994）膝関節における外傷発生の運動学的分析．理学療法学，21：537-540.

松藤貴秋（2009）スポーツ傷害予防に関する文献研究ー前十字靭帯損傷予防を目的とした介入研究のメタ分析ー．中京大学体育学論叢，50：37-44.

水谷豊（2011）バスケットボール物語．大修館書店・東京．

日本バスケットボール協会編（2002）バスケットボール指導教本．大修館書店・東京．

さいたまブロンコス監修（2004）うまくなる！バスケットボール．西東社・東京．

八木茂典（2008）第1章ACL損傷の疫学および重要度 1．疫学および経済的損失．（福林・蒲田監修）．ACL損傷予防プログラムの科学的基礎．ナップ・東京．

（松藤　貴秋）

第5節 球技 2. ハンドボール

【ハンドボールの発祥】

ハンドボール発祥の地は、20世紀初頭の中北部ヨーロッパである。ドイツにおいては、ベルリンの体育教師カール・シェレンツが、女性に適したボールゲームとしてよく行われていたトーアバルを男性や青少年も楽しむことができるようにサッカーの要素を取り入れ、11人制ハンドボールとして1919年に規則を定めたのが始まりである。デンマークにおいては、人工呼吸法を考案したことで有名なホルガー・ニールセンが作った16人制ハンドボールの規則を、国立体育科研究所のフレデリック・クヌッドセンが1918年に室内競技として改良し、その後国内外に普及した。これが今日、世界中で行われている（160カ国に1500万人以上の競技者）7人制ハンドボールの母体である。

7人制ハンドボールがオリンピック種目として採用されたのは、1972年ミュンヘン大会のことである。日本代表チームは、女子が1976年モントリオール大会、男子が1988年ソウル大会以来オリンピックに出場できていない。日々、地道な強化が進んでいる中で迎える2020年東京大会、さらにその後の世界舞台における日本代表チームの活躍が楽しみである。

1. ハンドボールの特性

ハンドボールは、相対する２チームから６名のコートプレーヤーと１名のゴールキーパーがそれぞれコートの中に入って、制限時間内にどちらが多くの得点を決めることができるかを競うゴール型の球技である。

ハンドボールにおいて使用するボールは、片手で握れる程度の大きさである。そのため、誰でもパス、ドリブル、シュートなどの動きを手軽に楽しむことができる。また、ボールを持って３歩まで移動することがルールで許されているので、スピーディーな動きで相手の防御プレーヤーを突破できたり、ダイナミックなシュートを打ったりすることができる。プレーヤーが全力で「走り・跳び・シュートする」場面は、ハンドボールが運動の３大要素である「走・跳・投」を含んでいることをよく表している。さらにハンドボールでは、ルールの範囲内で相手の体に接触しながら防御することや攻撃することが許されている。得点を狙う攻撃プレーヤーとそれを阻もうとする防御プレーヤーの激しいコンタクトも魅力の一つである。

2. 学習のねらい

ハンドボールは学習指導要領の中でゴール型の球技として定められている。また中学校、とりわけ第１学年および第２学年では攻撃を重視し、空間に仲間と連携して走り込み、マークをかわしてゴール前での攻防を展開できるようにすることが技能の目標となっている。

ハンドボールでは片手で握れるボールを使用するため、誰でも容易にゲームに参加することができる。しかし、授業において子どもたちがハンドボールの本質を知り、上述した目標に到達するためには、各自が攻撃と防御それぞれの技能をしっかり身につけ、「目の前の相手との攻防を楽しめるようになること」、「味方との連携で得点チャンスをつくる／つくらせない活動を意図的にできるようになること」が重要である。そのために教師は、子どもそれぞれが自身の課題を発見したり、その課題を合理的に解決できるような練習方法の提供やアドバイスを行わなければならない。

さらに、フェアプレーを遵守すること、チーム内でお互いの考えを伝え合い役割を分担することなど、ハンドボールをとおして社会的スキルを向上できるような授業展開の工夫が求められる。

3. 攻撃の技能

1 ボールを握る

それぞれの指の間隔を広げて、手の平がべたっとボールにつかないように少しだけ隙間をつくって握る（図3-5-2-1）。2号球をうまく握ることができなければ、より小さな1号球を使って練習をするなどの工夫をするとよい。

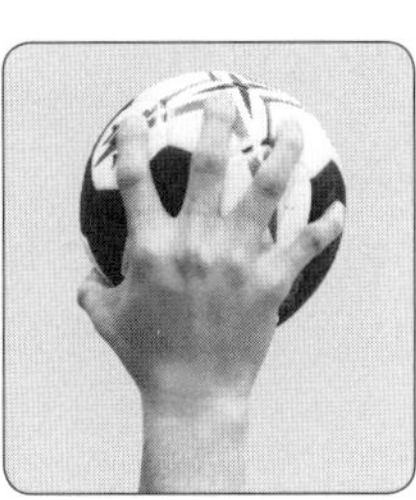

図3-5-2-1 ボールの握り方

2 ボールをキャッチする

（1）胸あたりに来たボールのキャッチ

ボールから目を離さずに、ボールを自分の体の正面でキャッチできるように移動する。肩、肘、手首の力を抜いた状態で両手の親指と人差し指で三角形をつくる。ボールを迎えにいくような感じで両腕を少し伸ばし、手の平の中にボールが入ったら、肘を曲げながらキャッチする（図3-5-2-2）。

①

②

図3-5-2-2 胸あたりに来たボールのキャッチ

（2）へそから下に来たボールのキャッチ

指先を下に向け、膝を曲げて腰を落とす。ボールをよく見て、足を前に踏み出しながら、自分の体全体でボールを吸い込むようにキャッチする（図3-5-2-3）。

図3-5-2-3 へそから下に来たボールのキャッチ

3 ボールを投げる ※右利きの場合

ボールをキャッチしたら、すぐに右肩を後ろに引きながら、ボールを頭よりも高いところに上げる。左足を踏み出したら、腰→肩→肘→手首の順に動かして、効率的にボールに力が加わるように投げる。ボールが手から離れるときに、肘が肩より高い位置にあるとよい（図3-5-2-4）。

①

②

③

④

図3-5-2-4 ボールの投げ方

4 シュートする ※右利きの場合

①ステップシュート

ステップシュートは2人の防御プレーヤーの間など、瞬間的にできた隙間を利用するときなどに用いるシュートである。

左足が地面に着いた状態でボールをキャッチしたら、「1、2」のリズムのステップを使ってシュートする。右膝は大きく上げること、最後の1歩（左足）は小さく鋭く踏み出すことが大事である。

②ジャンプシュート

ジャンプシュートはゲーム中に最も多く使うシュートである。

走りながらボールをキャッチしたら、左足で強く踏み込みジャンプしてシュートする。上方向に跳び上がり最高到達点で強いボールを投げるためには、上半身を起こして体のバランスをとること、曲げた右膝を上に引き上げることが大事である（図3-5-2-5）。

① ②

③

④

図3-5-2-5
ジャンプシュート

4. 防御の技能

1 構える

ハンドボールにおける防御では、相手のボールを奪うために「サイドステップをしながらドリブルスティール」などといった、フットワークとハンドワークを組み合わせた動きを繰り返し行う。そのため、構えの姿勢をしっかり身につけることが大事である。

体が伸びすぎない程度に手を上げて、重心が低くなるように足を肩幅くらいに開く。ボールを持っている相手の利き腕側の足を前に出す（写真は相手が右利き）ことで、相手の動きに対応しやすくなる（図3-5-2-6）。

図3-5-2-6
防御における構え

2 ボールを奪う

①ドリブルスティール

目の前の相手が不用意にドリブルをしようとしたら、その相手の懐に体を入れ、ボールに近いほうの手でボールをはたく。

②パスカット

ボールを持っている攻撃プレーヤーがパスをしようとしている相手がわかったら、その2人を結ぶコースに勢いよく飛び出してカットする。

③シュートカット

目の前の相手がシュートする瞬間をねらって両腕を使ってカットする。怖がらずにボールをしっかり見ることが大事である。

5. 空間に走り込む動きを伸ばすための工夫

コートを横に使ったミニゲーム

ハンドボールの魅力の一つに豪快なシュートがある。ゲーム中、そのチャンスをたくさん得るためには、ボールを持っていないときに、自分をマークしている防御プレーヤーをかわして、シュートを打てる空間に走り込む動きを覚える必要がある（図3-5-2-7）。

①コート

・ハンドボールコートを横に使い、20m×20mのスペースをつくる。

・コーンを2つ使って、3m程度の幅の簡易的なゴールを置く。ゴールエリアはなくてもよい。

②人数

・ゴールキーパーを入れて4～5人で1チームつくる。

③ルール

・1試合3～5分で行う。

・ボールを持ったら3～4歩まで歩いてよい。

・シュートはコーンより下の高さを通過したら1点とする。

・マンツーマン防御を行う。

④より技能を伸ばすための工夫

・ドリブルを禁止する。

・ボールを持ったら3歩まで歩ける。

・3～4mのゴールエリアをつくる。

・得点を決めた人がゴールキーパーをする。

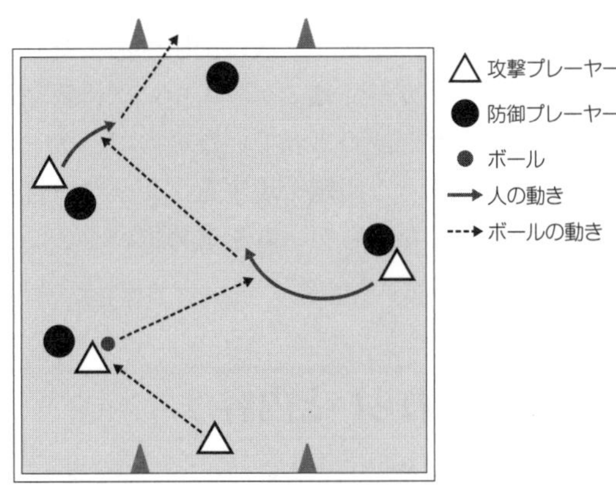

図3-5-2-7　コートを横に使ったミニゲーム

6. 安全管理

ハンドボールの授業を行うときには、「ゴールポストの事故」に注意しなければならない。ハンドボールで使用するゴールは、重いものだと130kgを超える。2017年には体育（サッカー）の授業中、ゴールキーパー役をしていた男子生徒が、味方のシュートが決まったことに喜びハンドボールのゴールにぶら下がったところ、倒れたゴールの下敷きになり死亡したという事故が起きている。

授業でゴールを使う場合、水平で平坦な場所に設置すること、杭を打つなどの転倒防止処置を行うことなどを欠かしてはならない。また授業時間外においても、ゴールを前方に倒したり、壁際に固定したりするなど、安全に配慮した保管を行う必要がある。

7. 単元計画

ハンドボールの単元計画（例）

(1) ステップ1（1時間目）

「導入」

・ハンドボールの歴史

・ハンドボールのルールと特性

・授業における注意事項
（安全管理、道具の準備と片づけ）

(2) ステップ2（2～4時間目）

「個人の技能を伸ばす」

・ボールコントロールテスト（1回目）

・パス、シュート、ドリブルの練習

・防御の構え、ボールを奪う動きの練習

・様々なパスゲーム

・仲間の学習援助

(3) ステップ3（5～7時間目）

「個人の技能およびチームの力を伸ばす」

・判断を伴うパス、シュート、ドリブルの練習

・3対3や4対4のミニゲーム、ゲーム

・自己の課題発見、仲間へのアドバイス

(4) ステップ4（8～10時間目）

「まとめ」

・チームごとの練習
（一人一人の体力や技能などに応じた役割分担）

・リーグ戦

・チームごとの作戦タイム

・ボールコントロールテスト（2回目）

□参考文献

文部科学省（2018）中学校学習指導要領（平成29年告示）解説 保健体育編．東山書房・京都．

中川満則・三輪一義・藤本元ほか編（2017）THROW OFF2017．東洋印刷・北海道．

（船木　浩斗）

第5節 球技 3. サッカー

【サッカーの発祥】

サッカーの起源は、中世イングランドで行われていた「フットボール」というお祭りの一環としての遊びである。19世紀になって、イングランドの全寮制の学校でフットボールが行われ、統一ルールが作られるようになり、1863年にフットボールアソシエーションという団体が組織された。「サッカー」という名称は、Association Footballの俗称である。その後、サッカーはイングランドを中心に各国へ急速に普及し、1904年に国際サッカー連盟が創立した。日本には、1873年（明治６年）に海軍兵学校に英国から招かれたA.L.ダグラス少佐によってサッカーが紹介された。1921年に大日本蹴球協会（現在の日本サッカー協会）が創立し、1993年に日本プロサッカーリーグ（Jリーグ）が組織された。Jリーグ発足を機に男子サッカーの競技力は急速に成長し、1998年のフランスW杯で初出場を果たした。また、女子サッカーは1991年の中国W杯で初出場を果たしており、2011年のドイツW杯で優勝している。

1. サッカーの特性

サッカーは、ルールが簡易で用具をあまり使用しない非常にシンプルなスポーツであることから、世界的にも人気の高いスポーツである。ゴールとボールさえあれば、ルールや場所、人数を状況に応じて変化させることにより、簡単にゲームを楽しむことができる。時には、ゴールやボールでさえ変化させたり、簡易にしたりすることが可能であり、いつでもどこでも気軽にゲームを楽しむことができるスポーツである。

サッカーとその他の球技との最も大きな違いは、ゴールキーパー以外は基本的に手の使用を認められておらず、主に足を使ってプレーすることにある。そのため、プレーヤーは基本的に足でボールを操作することから、手でボールを操作することを主としている球技と比較して技能を習得するのに時間がかかるという不便さがある。一方で、サッカーは他の球技と比べてゲームの中での自由が多いという特性をもつ。例えば、ゴール型球技の一つであるバスケットボールでは、シュートを打つまでの時間に制限があったり、ネット型のバレーボールでは、ボールタッチ数に制限があったりする。また、サッカーでは、ゲーム中に“作戦タイム”をとることが認められていないので、ゲームの中で起こる様々な問題や現象をプレーヤー自身で考え、解決しながらゲームを進めていくところに楽しさがある。

2. 学習のねらいと内容

サッカーの授業では、“楽しく”ゲームを行うことができるようになることがねらいである。そのために、サッカーの特性や成り立ち、技術の名称や特徴、その運動に関連して高まる体力などを理解すること、基本的なボール操作ができるようになること、そして仲間と連携してゲームを展開できるようになることを目標とする。

1 技能

技能はボールを持った局面での動き（on the ball）とボールを持たない局面での動き（off the ball）に大別される。

(1) on the ball での個人技術

on the ball での技術は、ボールを蹴る（キック）、ボールを止める（コントロール）、ボールを運ぶ（ドリブル）に分類して説明する。

①ボールを蹴る

キックは主に6種類（インサイドキック、インステップキック、インフロントキック、アウトサイドキック、トゥキック、ヒールキック）に大別される。ここでは、ゲームで頻繁に使用される3種類のキックについて紹介する。

- **インサイドキック**：足の内側（くるぶし付近）でボールの中心を押し出すようにキックする。ボールインパクト時に蹴り足のつま先を上げて（背屈して）ミートする。ゲームの中で最も使用頻度の高いキックであり、近い距離にいる味方に正確にパスをする時に主に用いられる。

図3-5-3-1 インサイドキック

- **インステップキック**：足の甲でボールの中心を叩くようにキックする。ボールインパクト時に、つま先を伸ばして（底屈して）ミートする。シュートする時や、速度の高いボールをキックしたい時に主に用いられる。

図3-5-3-2 インステップキック

- **インフロントキック**：親指の付け根付近をボールの中心のやや下側に叩き入れるようにキックする。ボールを浮かせて遠い距離にいる味方やスペースにパスをする時に主に用いられる。

図3-5-3-3 インフロントキック

②ボールを止める

コントロールの技術は主に2種類（クッションコントロール、ウェッジコントロール）に大別される。クッションコントロールは、ボールのスピードをスポンジのように吸収してボールを止める方法であり、ウェッジコントロールは、ボールが地面から弾む瞬間に止める方法である。どちらの方法も、コントロールした後のプレーがしやすい位置にボールを止めることが大切である。ここでは、インサイドでの2種類のコントロールを紹介する。

- **クッションコントロール（グラウンダー）**：転がってくるボールの正面に位置し、ボールに少しよりながら自分の体の前でボールを触る。ボールインパクト時に少し足を後方に引くとコントロールしやすい。

図3-5-3-4 クッションコントロール

- **ウェッジコントロール（浮き球）**：ボールの落下地点を予測し、ボールが地面から弾んだ瞬間に足の内側をかぶせてコントロールする。

図3-5-3-5 ウェッジコントロール

③ボールを運ぶ

ドリブルをする時は、ゲームの状況に合わせて素早く動くことができるようにボールを操作することが重要である。つまり、ゲーム中にドリブルのままゴールをすることはめったにないため、ドリブルの次のプレー（シュートやパスなど）がしやすい位置に常にボールを置くことが重要である。そのために、ドリブルをする時は、ボールのみに注視することなく、顔を上げて周りを見ることができる状態にすること、ボールと足が触れている時間を長くすることが大切である。

(2) off the ball での個人戦術

①攻撃に関する個人戦術

- **オーバーラップ**：ボールの後方からボールを持っている選手の背後を通ってその選手を通り越し、前方のスペースへと飛び出す動きのことである。Aの動きのことである。

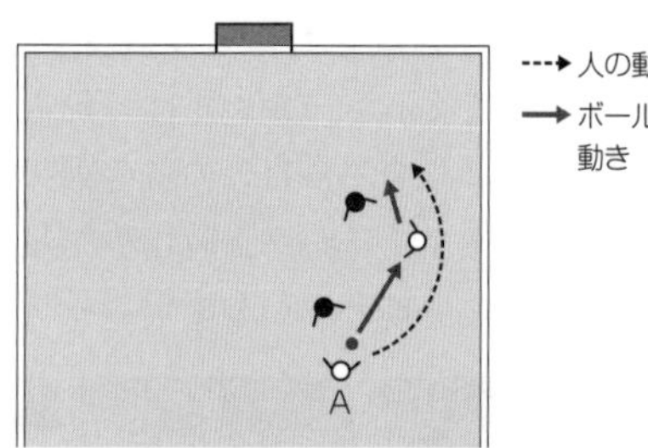

図3-5-3-6　オーバーラップ

- **プルアウェイ**：守備者の視野から消える動きのことである。Bの動きのことである。

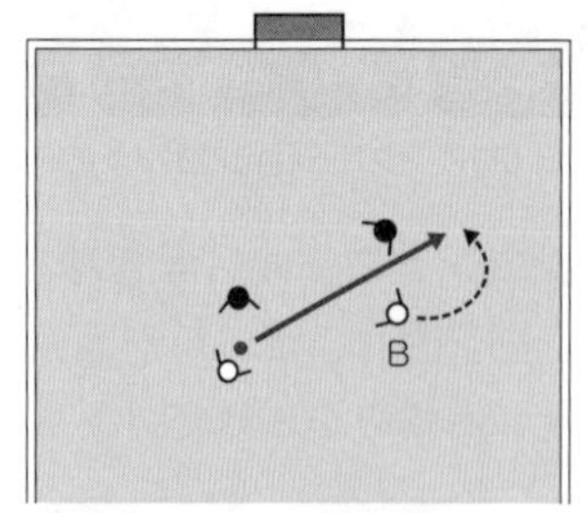

図3-5-3-7　プルアウェイ

- **第3の動き**：図3-5-3-8でCからDにパスが出る時、EはCから直接パスを受けるためではなく、Dに渡ってからパスを受けるためにDがパスを受けるよりも前に動きを開始し、より攻撃に有利なポジションでボールを受けようとする動きのことである。

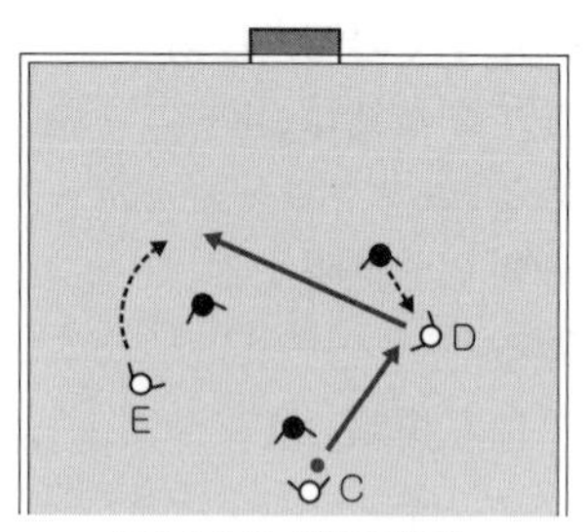

図3-5-3-8　第3の動き

②守備に関する個人戦術

- **マークの3原則**：①ボールとマークする人を同一視できるポジション　②マークする人とゴールの中央を結んだ線上を意識したポジション　③インターセプトが可能でかつ、自分の背後をとられないポジション

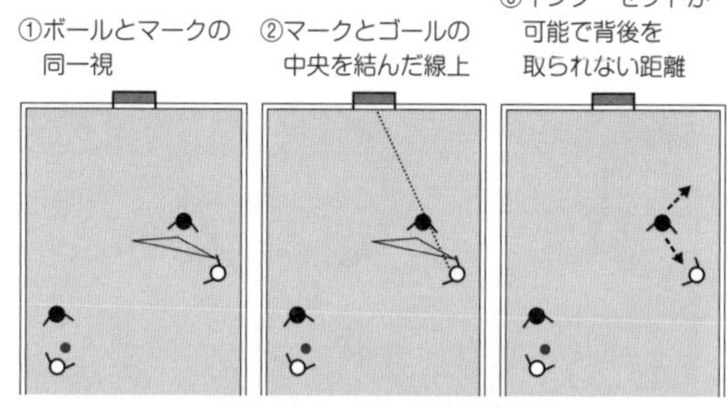

図3-5-3-9　マークの3原則

- **チャレンジの優先順位**：①インターセプト　②ボールを奪うチャンスを逃さない（相手がボールをコントロールした瞬間）　③前を向かさない　④追い込む

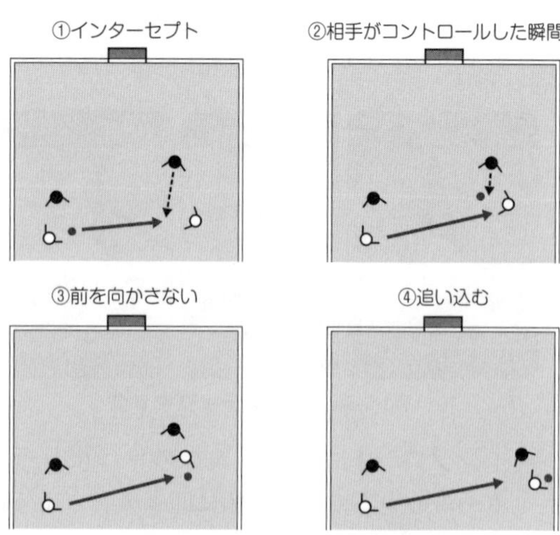

図3-5-3-10　チャレンジの優先順位

2 態度と知識

- **ルールを守る**：授業の中では、11人対11人のフルサイズコートでのゲームばかりではなく、スモールサイズコートでのゲームを行うことも多い。スモールサイズコートでのゲームでは、審判を置かずにプレーヤーだけでゲームを行うことも多いことから、ルールに則り、フェアにプレーすることの大切さを教える。
- **リスペクト**：相手や味方、審判を尊重しながらも、ゲームでは勝利することを目指して全力でプレーすることが重要であることを教える。
- **オフサイドの理解**：サッカーは、ルールが簡易であるがその中で最もわかりにくいルールがオフサイドである。オフサイドは、軽微ではあるが頻繁にルールが変更（更新）されるので、最新のルールを把握し、ゲームを行わせることが大切である。最新のオフサイドのルールが細かすぎてわかりにくい場合は、その授業でのオフサイドの定義を明確にして対応することが可能である。

3. 学習と指導の方法

1 トレーニング種類の特徴を理解する

授業では、ドリル（反復）トレーニング、シャドープレー、様々な条件下でのゲームなど、いくつかの種類のトレーニング方法を用いて展開する必要がある。それぞれのトレーニング方法の利点、欠点を理解して、適宜、授業を展開していくことが重要である。特にプレー時間を確保すること（待ち時間を長くしすぎないこと）や、そのトレーニング内容がゲームのどのような状況で想定され、その技術や戦術がゲームのどのような状況で必要なのかを理解させながら展開することが重要である。

2 コーチングの種類と特徴を理解する

授業の中では、フリーズコーチングとシンクロコーチングの利点と欠点を理解して、適宜それを使い分けて授業を展開する必要がある。フリーズコーチングは、全体の動きを止めてコーチングをすることから、授業を受けているプレーヤー全員に共通の理解をさせることができるが、頻繁に全体の動きを止めると、流れがなくなり、プレーヤーのモチベーションが低下しやすい。一方でシンクロコーチングは、プレーを止めずに全体や一部のプレーヤーにコーチングをすることから、高いモチベーションを確保できる一方で、注意していないとコーチングの内容が理解できなかったり、一部のプレーヤーしかコーチングの内容が聞こえなかったりすることがある。

4. 新しい授業展開を目指して

サッカーのゲームでは運動強度を変化させるために変更することができる要素が主に8つある。

①ボール：数、サイズ、形、重さ
②ルール：禁止事項、条件設定
③ゴール：数、大きさ、置く位置
④フィールド：大きさ、形
⑤プレーヤー：敵、味方のそれぞれの数
⑥時間：長さ、反復回数
⑦ストレス：プレッシャー、コーチングの有無
⑧ボールの配給：誰がするか、どこからするか

サッカーはゲームをすることが最も楽しいことは、言うまでもない。授業で行うゲームでは、プレーヤーの能力や数に対してフィールドが大きすぎることが散見され、ゲームが“間延び”していることが多い。間延びしたゲームでは、プレーヤー一人あたりのスペースが広すぎることから、ゆっくりとしたゲーム展開になりやすい。その結果、ゲームの楽しさが半減してしまう。教師は、プレーヤーの能力やこれまでの学習経験を踏まえて、フィールドの大きさを決定し、その他の7つの要素を変化させることで、ゲームがよりスピーディーに展開され楽しくゲームができるように工夫することを提案したい。

□参考文献

中山雅雄（2018）理論と実践で学ぶサッカーコーチング．大修館書店・東京．
日本サッカー協会技術委員会（2016）サッカー指導教本2016 JFA公認C級コーチ．公益財団法人日本サッカー協会・東京．

（大家　利之）

第5節 球技 4. ラグビー

【ラグビーフットボールの発祥】

ラグビーフットボール（ラグビーの正式名称、以下ラグビー）の起源はイギリスのラグビー校のウィリアム・ウェブ・エリスがフットボールの試合中にボールを持ったまま走り出したこととされる説が有名であるが、文献等からエリスのプレーを起源とするには疑問点が残る。現在では、原始フットボールから派生し1845年のラグビー校でのランニングインをルールとして明文化された時点、または1871年イングランドラグビー協会が設立された時点を起源とする説が有力である。日本には1899年（明治32年）に田中銀之助とエドワード・B・クラークが慶應義塾大学に伝えたことが最初とされている。第１回W杯は1987年にニュージーランドとオーストラリアの共催で行われ、2019年にはアジアで初となる日本での開催がされた。オリンピックは1900、1908、1920、1924年の４大会で15人制ラグビーが開催された。2016年のリオデジャネイロ大会から男女７人制ラグビーが正式種目となり、日本代表は男子４位、女子10位の成績であった。

1. ラグビーの特性

ラグビーは１チーム15人という大人数で最大144m×70mのグランドで行われるゴール型（攻守混合型）の球技である。ラン、パス、キック、コンタクトの４大要素から構成される競技であり、ボールが楕円球であるということ（豚や牛の膀胱に空気を入れて使用したことに由来）、ボールを保持しての移動に歩数制限が定められていないこと、攻守ともにコンタクトプレーが認められていることなどが大きな特徴である。また、ラグビーはボールを前に投げることが反則となること、オフサイドのルールが存在すること、レフリーが１人で判定することなど、他の競技とは一線を画すルールを持っている。このように、大きなフィールドで、多人数が、自由度の高いルールで行われるため、技術とともに戦術も重要となる。また、小・中学校の学習指導要領解説書（体育編）にコンタクトプレーを伴わない「タグラグビー」が例示されていることも考慮し、体系的な指導を行うことが重要であろう。

2. 学習のねらいと内容

1 技能を伸ばす

ラグビーはラン、パス、キック、コンタクトの４大要素や、セットプレー（スクラム、ラインアウト、キックオフ）など多くのスキルが必要である。ポジション[*1]によって必要となる体格やスキルは異なるが、初心者には多くのスキルを経験させることが重要である。特にボールを持って自由に走ること、後方の味方にボールをパスすることなどは他の競技にはない特性であり、生徒たちの興味を引くスキルであるので導入のスキルとして適している。また競技特性上、安全管理は指導の上で最も重要であることを忘れてはならない。

(1) 共通スキル

①ラン（ステップ、スワーブなど）

〈ステップ〉攻撃側は防御側の重心を引き寄せ、急激な方向転換でタックルを交わして前進する。

図3-5-4-1 ステップの間合い・ランニングコース

〈スワーブ〉ステップより遠い間合いから方向転換する。弧を描くように加速し防御を交わす。

図3-5-4-2 スワーブの間合い ランニングコース

②パス（ストレートパス、スクリューパス）

無回転の「ストレートパス」、ジャイロ回転をかけることで飛距離が長い「スクリューパス」の練習を行う。正しいボールの持ち方（落としにくく、投げやすい形）を教授し、パスと同時にキャッチも教授する・行うと効率的である。

Key word. a.キャッチ時の指は上向きで b.パスは味方の胸の前に c.フォロースルー d.キャッチする時に減速しない

図3-5-4-3 ボールの持ち方・ストレートパスのフォーム

③キック（グラバーキック、スクリューキックなど）

ボールを正確に落とし、しっかり足首を伸ばした甲でボールの中心をキックする。足首を伸ばしたまま振り抜く事が重要である。

Key word. a.体重を乗せる b.落としたボールを最後まで見る

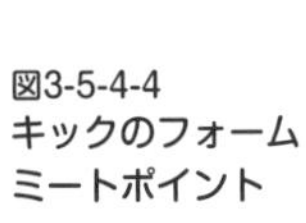

図3-5-4-4 キックのフォーム・ミートポイント

④コンタクト（タックル、ヒット）

〈タックル〉防御側のスキルである。背筋を伸ばし肩を相手の芯に当てることが重要である。

Key word. a.顎を引かず両手で相手をしっかりつかむ b.相手の太ももの上に頭が乗るよう倒す c.「倒す」より「倒される」ことの習得が大切

図3-5-4-5 タックルのフォーム

〈ヒット〉攻撃側のスキルである。スタンスを広めにとる（両足をつかまれると倒されやすくなるため）。

Key word.
a.守備側から遠いほうの手でボールを持つ
b.ヒット後も前方へ推進を図る

図3-5-4-6 ボールキャリアーのコンタクトフォーム

(2) FW(フォワード)スキル

①セットプレー(スクラム、ラインアウト)

〈ラインアウト〉写真のようにジャンパーを中心に、リフター２人が前後に並ぶ。タイミングを合わせてジャンプする。

Key word. a.ジャンパーは垂直にジャンプし、力を抜き、直立の姿勢をとる b.リフターは全身の筋力を用いてリフトする

図3-5-4-7 ラインアウトのサポート

②コンタクトプレー（モール、ラック）

安全性確保のためプレーの姿勢や、受け身、首の筋力強化などをしっかり指導する。

(3) BK（バックス）スキル

①ライン攻撃、ライン防御

ライン攻撃の要点は、ボール保持者が守備に向かって真っすぐ走ることである。斜めに走るとタッチラインに押し出されやすくなり、守備が守りやすい状況になるからである。守備を引きつけてパスを出したり、ステップなどで守備と守備の間を抜きにかかると効果的である。

〈2対1〉2対1の局面を理解させれば、ゲーム様相が飛躍的に向上する。2対1の局面を「見つける」「共有する」「創り出す」「成功率UP」など、思考や戦術を発展させることにつながりやすい。左の写真は守備を引きつけてからパスして、ノーマークの味方を走らせる瞬間である。右の写真は守備がマークを外にずらしたため自らの突破に切り替えた瞬間である。

Key word.　a.一瞬で終わらせる　b.敵を引きつけてパスかランか判断　c.加速してキャッチする　d.敵も味方も両方見る

図3-5-4-8　2対1の局面での判断

〈クロス　2対2で〉攻撃側に数的優位が無い状況のサインプレーの一つ。ボールキャリアーが守備と守備の間に攻めて、サポートが逆サイドに走り込む。角度やタイミングを工夫すると良い。

図3-5-4-9　クロスのランニングコース・タイミング

〈ループ　2対2で〉1人目がパスし、もう一度2人目の外に回り込む。2人目が守備の間を攻めて引きつけ、回り込んだ1人目のプレーヤーにパスする。クロスと使い分けると効果的である。

タックルやヒットなどのコンタクトスキルは安全性に留意することが最重要である。その他のスキルについてもタッチフットボール[*2]やタグラグビー[*3]などのゲームを中心に授業を展開することが望ましい。ラグビーは習得するスキルが多岐に及ぶため、スキル習得中心の指導を行うと、ラグビー特有の楽しさを半減させてしまうからである。

2 態度を育てる

ルールの自由度が高く、コンタクトプレーが認められている点からもルールを遵守する態度が求められる。生徒の倫理観の養成が重要である。

Key word.　a.仲間や対戦相手にも敬意をもつ　b.レフリーが見ていない場面でもルールを遵守する　c.ルールに定められていないことでも「非紳士的」と思われるプレーを自重する

3 基礎的な知識

(1) 攻撃ラインの形成

パスは後方にしかすることができないため、ボールを持った選手を頂点に斜め後ろに並ぶ。

(2) 守備ラインの形成

パスが後ろにしかできないため、守備は平面に並ぶことが基本となる。キック攻撃に備えて数人を後方に配置するとより実践的な防御となる。

(3) 代表的なルール

①ノックオン

ボールを前に落とす反則。相手ボールスクラムからの再開となる。タッチフットボールの場合は、攻撃権の交代となる。

②スローフォワード

自分よりも前にいる味方にパスをすること。相手ボールスクラムからの再開となる。タッチフットボールの場合は、攻撃権の交代となる。

図3-5-4-10
スローフォワード

③オフサイド

オフサイドラインより前方のプレーヤーがプレーすること。相手ボールＰＫから再開される。タッチフットボールの場合はタッチ回数がゼロになる。

3. 学習と指導の方法

1 ラグビーを楽しむ指導法

経験者が少ない場合は「何をして良いかわからない」とか「焦ってすぐパスしてしまう」といった現象が起きる。ボールを持って走ること、仲間とパスをつなぐこと、ミスをしても、相手に捕まっても良いことなどを伝え、ラグビーの特性を楽しむことを重要視して授業を展開する。

2 段階的な指導法

【導入】ボールを使った鬼ごっこなどで、ボールを持って走る楽しさやボールを手で扱える楽しさを感じさせる。ミニゲームで全体像をつかませる。

【展開】基礎スキルの習得とゲームへの応用（タッチフットボールやタグラグビーなどノーコンタクトルールでのゲームを行う）。様々な局面を整理して考えることができるようにする。

【発展】セットプレー・ポジションスキル・フルルールでのゲーム。個々のプレーやチームの特性を活かした戦術を考案できるようにする。

3 部分練習から全体練習

ラグビーは他の球技より経験者が少ない競技であり、生徒が全体像を共有できていない場合が多い。全習法（ゲーム）と分習法（ドリル）を繰り返しながら授業を展開し、体系的に指導することが望ましい。筆者の授業では、導入期に多くのトライが生まれるように、ランで相手を抜く練習や、２対１（攻撃側が優位な状況）などの基本的な攻め方を中心に教授している。攻撃側の得点チャンスを認識させれば、攻撃側は「どうすればその状況を作れるか？」防御側は「どうすれば作らせないか？」「そのために必要なことは？」など思考を発展させることができるからである。スキル練習だけでなく、考えることや、工夫がトライや勝利に結びつくことを経験させればラグビーの楽しさをより実感することができるのである。ラグビーは「身体の大きな人がやる、痛くて怖い球技」という一般的な概念を「考えることが大切で、奥深く、楽しい球技」と感じさせることが重要である。

ラグビーの単元計画（例）

1. ボール慣れ　鬼ごっこ　キック合戦
2. 抜き合い（ステップ等）タッチフットボール
3. 数的優位局面（2対1）タッチフットボール
4. 崩し局面（2対2）　タッチフットボール
5. 攻撃優位局面（GAP[*4]）タッチフットボール
6. 連続攻撃局面（速攻）タッチフットボール
7. 中間テスト　スキル　局面の理解　達成度確認
8. スクラム　スクラム有りのゲーム
9. ラインアウト　ラインアウト有りのゲーム
10. コンタクト（タックル・ラック・モール等）
11. キック戦術を用いたゲーム
12. リーグ戦（テーマ例　数的優位を活かそう）
13. リーグ戦（テーマ例　攻守の切り替えが大事）
14. リーグ戦（テーマ例　エースに良い球を！）
15. まとめ　評価

*1 ラグビーのポジション名（背番号）：プロップ（1,3）、フッカー（2）、ロック（4,5）、フランカー（6,7）、ナンバーエイト（8）、スクラムハーフ（9）、スタンドオフ（10）、センター（12,13）、ウイング（11,14）、フルバック（15）

背番号１から８はＦＷ（フォワード）、９から15はＢＫ（バックス）と総称される。

*2 タッチフットボール：１チームが５～７人程度でタックル等コンタクトプレーとキック禁止し、セットプレーは行わずタップキックで開始するという点以外は通常ルールで行う。アタックはディフェンスにタッチされるとすぐに止まり、味方にパスしなければならない。３～５回のタッチで攻守交代とする。

*3 タグラグビー：タッチフットボールと基本的なルールは同様である。全員がタグを腰に付けてプレーを行い、守備側は攻撃側のタグを取ることでタッチフットボールのタッチと同様の効果を得る。タグとベルトが必要であるが、タッチフットボールと比較し、タグを使用するため判定が明確になる、身体接触が少なくなる等の利点がある。

*4 ギャップ：防御側の配置が乱れ、攻撃側に優位な局面。

□参考文献

上野裕一 著、綿井永寿 監修（1998）ラグビーフットボール（日体大Vシリーズ）．叢文社・東京．
鈴木秀人 監修（2005）タグ・ラグビーをはじめよう― ニュースポーツ．汐文社・東京．

（中本　光彦）

第5節 球技 5. バレーボール

【バレーボールの誕生】

バレーボールは1895年、米国マサチューセッツ州の体育教師W・G・モーガンがテニスをもとに考案し、YMCAを通じて各国に伝えられたスポーツである。当時流行していたバスケットボールの運動量を控え、身体の接触をなくし、女性や子どもなど、誰でも気軽に安全にできるスポーツとしてバレーボールは生まれた。ボールを打ち合うことから、テニスの「volley」に倣いボレーボールとなり、「volleyball」と一語で綴られ始めたのは1952年である。日本は1908年(明治41年)ごろにF・H・ブラウンによって伝えられた(日本バレーボール学会、2017a)。

1. バレーボールの特性

(日本バレーボール学会、2017b)

機能的特性（楽しさ）は、いかに得点をとるか・得点をされないか、である。構造的特性（仕組み）は、ネットを挟んで、複数の選手によるボールの落とし合いである。プレーの手段は、ボールを保持できず、空中にあるボールを弾くこと（ボレー）である。

効果的特性（得られる力）は、運動スキルとしては、走ったり・跳んだり・打ったり、またボールに対して身を投げ出したり、持久力以外の瞬発力や筋持久力など基本的な体力を養うことができる。また、認知スキルとしては、ボールを一旦保持できないために、予測や素早い状況判断が求められる。また、社会的スキルとしては、どのようなレベルにおいても、チーム作りの過程でお互いがどのような役割をもつか、また、状況に応じて自分がどうプレーできるかが、チームプレーの成否に影響するので、特に協調性や対応力が求められるスポーツである。

2. 基本技術の考え方

(日本バレーボール協会，2017)

目的課題は、相手コートに「ボールを落とす」ことであり、目的課題を達成するために、自チームのコートに「ボールを落とさない」ことは「手段」として位置づけられている。

また、バレーボールにおける有効な「アタック」というのは、他の「ネット型競技」と同じく、ネット付近で遂行される。特に、バレーボールでは味方同士で最大２回の「パス」でボールをネット付近まで運べるので、有効な「アタック」が成立しやすく、攻撃側が圧倒的に有利となる。そのため、有効な「アタック」を阻止・制限するために、守備側はネット付近におけるボレーである「ブロック」で対抗する。さらに、「ネット型競技」におけるラリーの始まりと同様に、バレーボールは自分で投げたボールをボレーする「サーブ」で始まる。

このように、全てのボレーは大きく「アタック」「パス」「ブロック」「サーブ」という「手段的」な分類ができる。また、これらのボレーは、バレーボールのゲーム構造に沿って時系列で並べると

「サーブ」「レセプション（パス）」「セット（パス）」「アタック」「ブロック」「ディグ（パス）」という、より細かい「戦術的」な分類がされている。

3. 競技スポーツと生涯スポーツの観点からバレーボールを捉える

（縄田亮太，2017）

「ボール操作（ボレー）」（競技手段）を基準に考えると「競技スポーツ」としてのバレーボールになることが説明されている。一方で「ボールの落とし合い」(競技目的)を基準に考えると、キャッチ等でも成立するので、ボール操作（手段）は問われない。

例えば、キャッチを認める時点で、それは競技としてのバレーボールとはいえないかもしれないが、子どもたちはルールが簡単なほうがネットを挟んだゲームを楽しむことができる。

運動・スポーツを好きになる・親しむ資質が育つ大きな可能性を感じて、結果的に「バレーボールにつながれば良い」、そんな気持ちになると、スポーツの創造性も広がっていくだろう。

4. 学校体育の位置づけ

学校体育は、競技スポーツではなく、生涯スポーツである。いつでも・どこでも・誰とでも、運動・スポーツに親しむ資質の育成を目指している。例えば、競技スポーツは目標とする大会があり、事前にルールが決められており、かつ、勝つために合理的なメンバーを選抜して、そのルールの中で競い合うものである。一方、生涯スポーツは、その場にいる全ての人が参加できるように、プレーヤーの特徴に応じて、ルールを柔軟に工夫して、競い合うものである。学習指導要領の改訂の要点の1を抜粋すると、「運動やスポーツとの多様な関わり方を重視する観点から，体力や技能の程度，性別や障害の有無等にかかわらず，運動やスポーツの多様な楽しみ方を卒業後も社会で実践することができるよう，共生の視点を重視して指導内容の充実を図ること。」からも生涯スポーツの観点が益々重視されていることがわかる。

5. 学校体育におけるバレーボール

球技は小学校から高校まで、特定の種目ではなく、型で分類されている。型の学習は、型に共通することを学ぶことにある。バレーボールはネット型に含まれる。例えば、バレーボールを学んだことが、テニスやバドミントンにも活かされることが狙われている。これは学習の転移と呼ばれ、特定の種目の「技術（動作）」ではなく「認知（状況判断）」が汎用性のある学びに繋(つな)がる。学習者は、特定の種目に特化した難しい技術の習得ではなく、簡単な技術でゲームに参加して、適切な状況判断と試行錯誤を繰り返すことによって、状況判断を養うことになる。背景には、学校体育も例外なく、ボールゲーム指導の変遷を受け「技術学習」から「戦術学習」へ転換した経緯がある。ゲーム経験を基に課題を見つけ、解決を図る過程を学ぶもので、学び方そのものを学習することにもなる。

6. バレーボールを教材にする

小学校から高校までの学習指導要領解説（体育編、保健体育編）には、ソフトバレーやバレーボールなどの種目名が「例示」として記載がある。これは、あくまでも例示であり、必ずしも取り扱う必要はないと解釈できる。バレーボールを教材にするには、教材として選ばれる必要があることを意味する。新学習指導要領の大きなテーマは「学び方を学ぶ」ことである。「学び方を学ぶ」手段として、バレーボールが選ばれるには、バレーボールのゲームを通じて、戦術学習を成立させることが求められる。つまり、プレーヤーの特性に合わせて、バレーボールのゲームをどのように実現していくかが重要な観点になる。

7. ゲームへのアクセシビリティを高める

学校体育の授業において、様々な特性をもった人が集まる中で、一般的なルールでのゲームの成立は難しい。具体的には、ボールを持つことができない、プレーするまでの時間的余裕がない、誰がプレーするのかを判断する難しさなどがある。それらが少しでも緩和・解消されるため、ゲームが成立するような条件・環境をデザインする必要がある。つまり、どれだけアクセシビリティを高めることができるか、が肝心である。iPhoneの機能にアクセシビリティとあるが、これは多様な人がiPhoneの機能を利活用ができるように、個別にカスタマイズできる機能であり、同じようなコンセプトである。

8. ゲームデザインの要素

(縄田亮太, 2017)

「コート」のサイズを小さくすれば、一旦ボールを止めることができないことが最大の難しさを緩和できる可能性が高い。パスに必要な距離が短いだけで、ボールの速度も遅くなり、ボレーを用いたパスも比較的容易になる。野球でもキャッチボールの届く範囲からスタートするのと同じである。

「ネット」の高さは、エンドラインまでのコートの長さによって、工夫したい。プレーヤーの多くがブロックに挑戦できる程度の高さが良い。ネットを低くするだけではなく、エンドラインまでの長さを短くすることで、必要以上に強打は増えることはない。コートが多少横長になる程度でも良い。

「プレーヤー」の数が少ないほうが易しくなる。ボールが空中にある間に、誰がプレーするか判断する難しさがある。例えば、2人であれば次にプレーする人は決まっていて、必然的な順番ができプレーしやすい。3人制もおすすめである。コートに大人数いれば繋がる、簡単というものではない。

「ボール」の種類も工夫したい。ボールを弾くために腕や指が痛いことがある。一般的なモデルを真似ていながら、軽さや硬さ、表面の肌触りなど工夫された様々なボールが開発され、学校体育に導入されている。

9. 具体的なゲームの紹介

1 ダウンサイズゲーム

一般的なバレーボールを基に、様々な規格をダウンサイズしたものである。例えば、人数は3対3で、コートは6m×12mで、ネットはブロックができる程度、3回以内返球、サーブは下から、2分マッチ、などである。あくまでも例示なので、前段の「8. ゲームデザインの要素」をプレーヤーに合わせて、選ぶとよい。

他にもゲームをどのように展開するかに関して、FIVBのサイトにFIVB Cool Volley Manual (2010)があるので、ぜひ参考にしてほしい。

2 キャッチバレー (図3-5-5-1)

相手コートへの返球はボレーで、それ以外の2回のプレーはボレーではなく、ボールを一度キャッチしてからパスして良いルールである(キャッチ・パスはどのような方法でもよい)。それによって、ラリーが成立しやすくなり、アタックまでをどのように組み立てるか、を容易に実現でき、誰でもバレーボールに繋がるゲームとしてバレーボールの面白さを味わえる。

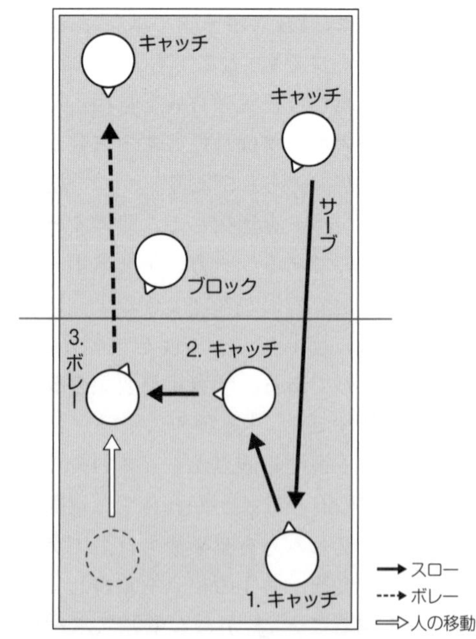

図3-5-5-1　キャッチバレーの典型的な流れ

ゲームを積み重ねていくと、自然と攻撃側は強打が出現し、それに対し守備側はブロックで応戦し始めたりと、ゲームレベルが進化をし始める（図3-5-5-2）。

図3-5-5-2　キャッチバレーの様子
（アタックvs２枚ブロックの攻防）

※なお、発達段階に応じたキャッチの導入については、表3-5-5を参照。

	通称	1本目	2本目	3本目
小学校	ツーキャッチバレー	キャッチ	キャッチ	ボレー
中学校	ワンキャッチバレー	キャッチ or ボレー		ボレー
高　校	バレーボール	ボレー	ボレー	ボレー

表3-5-5　バレーボールを見据えた発達段階における簡易ゲームの具体例

10. バレーボールの魅力

他のネット型にはないものは、ネット際の空中戦と、お互いのコートで起こる地上戦があいまっているところである。それは、アタックに対するブロックであり、ブロックの後ろにレシーブが関わってくる前衛、後衛による役割分担を踏まえての攻防である。学校体育では限られた時間の中で実践する必要がある。ぜひとも、ボールの落とし合いの楽しさを実感できるようなゲームをプレーできることで、ファンを増やしてほしい。

あとは、バレーボールといっても、ビーチバレーは２人制や４人制もあり、キッズバレーは４人制もある。キャッチバレーボールは練馬キャッチバレーボール協会があり活動している。６人制に固執することなく、可能なゲームを思い切ってやってみると良いと思う。複数人でネットを挟んだボールの落とし合い、だけを外さなければバレーボールの面白さは伝わるだろう。

□参考文献

日本バレーボール学会（2017a）バレークロニクル. 日本文化出版・東京.

日本バレーボール協会（2017b）コーチングバレーボール基礎編. 大修館・東京.

文部科学省（2019）高等学校学習指導要領（平成30年告示）解説　保健体育編　体育編. 東山書房・京都. p. 9.

文部科学省（2018a）中学校学習指導要領（平成29年告示）解説　保健体育編. 東山書房・京都.

文部科学省（2018b）小学校学習指導要領（平成29年告示）解説　体育編. 東洋館出版社・東京.

縄田亮太（2016）ゲームで学び、ゲームを学ぶ. Coaching & Playing Volleyball. 103. バレーボール・アンリミテッド・横浜.

FIVB Cool Volley Manual（2010）
http://www.fivb.org/en/Development/cool_volley.asp

（青山　繁）

第5節 球技 6. 卓球

【卓球の発祥】

1880年前後、イングランドの貴族の間で大きな食堂のテーブルを台にして、シャンパンの栓の球状のコルクをボールに、葉巻タバコの木のふたをラケット代わりにして遊んだのが始まりとされている。1890年代、イングランドのジェームス・ギップにより、セルロイド製ボールを使用する卓球が始められた。当時、柄の長い羊皮紙を貼った中空のラケットを使っており、これで球を打つときの音から「ピンポン」と呼ぶようになったが、それが商標登録されたため、「テーブルテニス」と呼ばれるようになった。日本では、1902年（明治35年）に欧州留学していた坪井玄道氏が帰国の際に用具一式を持ち帰ったことにより普及したといわれている。現在、若手の活躍が目覚ましい日本の卓球界。世界中から注目を集め人気のあるスポーツとなっている。

1. 卓球の特性

卓球は中央にネットを張ったコートを挟み、向かい合ったプレーヤーがラケットでボールを打ち合い、勝敗を競い合うネット型の競技である。ゲームにはシングルス（１人対１人）とダブルス（２人対２人）がある。ラケットやボールが軽く、プレーエリアが比較的狭いため、大掛かりな準備をすることなく手軽にできる競技である。また、相手コートに山なりのボールを入れられる初心者から、速いボールを連続して打ち合える経験者まで誰でも気軽に楽しむことができ、健康の保持増進にも最適である。一方、卓球競技は相手との距離がきわめて近いということもあり、瞬時に相手の動き、ボールの変化、スピードなどを考え、どのコースにどのように打ち返すかを決めなければならない。そのため、瞬間的な判断力や集中力が要求されるスポーツでもある。

卓球を継続して行うことで、敏捷性、瞬発力、巧緻性、筋持久力などの体力が高まることにもなる。

2. 学習のねらいと内容

卓球の授業では、卓球台やネットの扱い方、ラケットやラバーの種類、打球技術や練習方法、ゲームの進め方などが主な学習内容となる。

上回転系の技術であるフォアハンドストロークを中心としたラリーの練習に重点を置き、打ちやすいバウンドの高さ、コートからの離れ具合やラケットの角度などを身につけ、ラリーを続ける楽しさやスマッシュによる得点の楽しさ、さらに、それらの技術をゲームの中で生かすことができるようになることを授業のねらいとする。この打法は、全身運動であるため、練習時において楽しく多くの運動量を得ることができる。

サービスやレシーブでゲームの主導権を握り、相手の動きや打球に対応できる技術を習得するためには、ボールの回転を自分の意志でコントロールできるようにすることである。そのためには、カットサービスをショートカットで返球、あるいは異質の回転となるドライブ打ちで返球するといった、ボールの回転を意識させた練習が大切である。

1 ラケットの種類

ラケットは握り方によって大きく２つに分かれる。握手をするような持ち方に似ているシェークハンドラケットとペンを持つような持ち方に似ているペンホルダーラケットである。重すぎたり弾みすぎたりするラケットは避ける。

(1) ペンホルダーラケット

ラケットの表面にのみラバーが貼ってあり、フォア側(利き腕の側)にきたボール、バック側(利き腕でない側)にきたボール、どちらも同じラケット面で打球する。

(2) シェークハンドラケット

ラケットの表面と裏面にラバーが貼ってあり、フォア側にきたボールを表面、バック側にきたボールを裏面と、異なったラケット面で打球する。

2 ラケットの握り方(グリップ)

(1) ペンホルダーグリップ

フォアハンドで打球する面を親指と人差し指で握り、裏面の３本の指を軽く曲げてラケット中央に力が入るような形で支える。

(2) シェークハンドグリップ

親指と人差し指の中央でラケットを挟み、残りの指で柄を軽く握る。攻撃を主体にする場合はやや浅めに握り、逆に守備主体の場合は深めに握る。

3 ラバーの種類と特徴

両面にラバーを張る場合は片方が明るい赤、他方は黒としなければならない。ラバーにはいろいろな種類があり、それぞれの性質が異なる。

(1) 裏ソフトラバー

全体の厚さが４mm以下で、スポンジの上に粒を下向きにしたゴムを張り合わせたもの。摩擦力が大きく、ボールに回転をかけやすい。

(2) 表ソフトラバー

全体の厚さは４mm以下で、スポンジの上に粒を上向きにしたゴムを張り合わせたもの。裏ソフトラバーに比べて摩擦力は小さいがスピードボールが打ちやすい。

(3) 1枚ラバー

全体の厚さは２mm以下で、スポンジを張り合わせていないゴム質だけのもの。安定性はあるがボールのスピードや回転性に欠ける。

4 基礎的な身体能力づくり(ボール操作)

ラケット面の向きとボールの弾む方向との関係を理解させるために、ラケットによる“ボール遊び”を行う(倉木常夫ほか,1989)。いずれもラケットの中心付近でボールを捉える。

①ラケットでボールをつきながら、台の周りや体育館の中を歩く、走る。

②壁に向かって一度床にバウンドしたボールを打ち続ける（１人打ち、２人打ち)。

③２人で向かい合い２ ～ ３m離れて羽子板形式によるボールつき。ワンバウンドで打つこともできる。

④左手でボールを垂直方向へ投げ上げ、落ちてきたボールをラケット面で吸収するように止める。

3. 学習と指導の方法

卓球は大きく、フォアハンド（利き腕側）とバックハンド（利き腕側と反対側）の２つの技術に分けられる。

1 基本姿勢

スタンス（両足の開き）は肩幅よりやや広めに開き、膝は軽く曲げる。あごは軽く引くようにしてボールを正視し、上体はできるだけ前傾させ重心を前に移す。

2 基本技術

(1) フォアハンドドライブ

利き腕側にきたボールを、前進回転系のボールで打ち返す打法である。右利きの場合は右足に乗せた重心を左足へ移しながら斜め上に向かってスイングをする。最適な打球位置は体の右斜め前。肘にゆとりのある状態で打球する。

① 1本打ちの動作方法

左手に持ったボールを肩の高さからコートに落下させ、バウンドしたボールを相手コート目指して打球する。ラケットの角度はコート面に対し垂直か、斜め前に傾ける。

②連続ラリーの動作方法

ラケットをテーブルの上に持っていき、１本打ちにより打ち出されるボールをラケット面の中央付近に当て、前に押し出すように相手コートに打ち返す。徐々に肩と肘を中心にしたフォアハンドドライブのラリーへと移行する。

(2) バックハンドショート

バック側にきたボールをバウンド直後に相手打球の力を利用して返球する技術である。前傾姿勢でコートに近い位置に立ち、身体の中心でボールを捉える。

(3) スマッシュ

チャンスボールに対して決定打を目標に打球を行う。肩や腰、腕の回転をできるだけ速くし、前方への踏み込みを利用してスイングする。

(4) ショートカット(ツッツキ)

コート上の短いボールに対して、バックスピン（カット系）を与えて送球する打球である。低く確実に入れるためには、頂点をすぎたところを、ボールの斜め下を捉えて相手コートに運ぶように打球する。

3 ダブルス

パートナーと交互に打球しなければならないため、どこにボールがきてもパートナーが動けるように十分なスペースを作ることが大切である。

ダブルスのフットワーク

①右利き同士のペアの場合

フォアクロスで行うときは、時計回り（右回り）に動くことが基本となる。1人が打球後、パートナーが打球しやすいように右外側に移動しながら楕円を描くように、後ろまたは左側に移動して次の番に備える。パートナーも打球後は同じように動きながらラリーを続ける。

②右利きと左利きのペアの場合

お互いが打球後にバック側に戻るようにすること。この動きを上から見ると、「ハの字」を描くようなイメージになる。右利き同士のペアに比べ、移動範囲が小さく、シングルスに近い感覚でプレーすることができる。

4 サービスの種類と方法

(1) 上回転サービス

ラケット面をやや下に向け、ボールを斜め上前方にこすり上げるようにスイングする。

(2) 下回転サービス

ラケット面をやや上に向け、ボールの斜め下前方へスイングする。

(3) 横回転サービス

ラケット面をコートと垂直にして、手首と前腕を使いながら、斜め横前方へスイングする。

5 サービス、レシーブのコンビネーション

3球目攻撃(4球目攻撃)

3球目攻撃とは、サービスをラリーの第1球とし、レシーブを第2球、そのレシーブをサーバーが打球すること。サービスで主導権を握り、空いているコースへ攻撃的ストロークを打つなど、定位置への戻り方、空きスペースへの攻め方などを工夫する。

6 ゲームの進め方

(1) シングルスの試合方法

①エンド(コート)およびサービスまたはレシーブの選択はジャンケン(またはトス)で決める。

② 1ゲーム11点（10オール以後は、2点先取が必要）を先取したほうを勝ちとする。

③サービスは2ポイントごとに交替する。ただし、得点が10－10になった場合は、以後1ポイントごとに交替する。

④ 3ゲームマッチは2ゲームを、5ゲームマッチは3ゲームを先取したほうが勝ちとなる。

(2) ダブルスの試合方法

(シングルスのゲームと異なる点を挙げる。)

①サーバーは自分のコートの右サイドから、相手コートの右サイドに入れる。

②ラリー中は、ペアを組んだ2人は必ず交互に打たなければならない。同じ競技者が連続して打球した場合は、相手の得点となる。

③AB組のA選手がサービス、XY組のX選手がレシーブでゲームが始まった場合、A→X→B→Y→A→…の順番でサービスの打球をする。

7 いろいろなゲーム方法

授業内容が単調になることを防ぎ、楽しい授業構成に役立つよう、簡易的なゲームをいくつか紹介する。

(1) 打球回数を競うゲーム

8人の班を2つのグループに分け、コートを挟

んで向かい合うように並ぶ。グループ内での打球順番を決め１回打球後に自分のグループの最後尾に移動する。コースはフォアクロスのみとし、班ごとに連続回数を競う。（２対２・１対１でも可）

(2) 1本勝負勝ち抜き戦（シングルス）

5 ～ 6人のグループに分け、１本ゲームを行う。５人抜き、10人抜きなど予め決めておき、規定の人数を勝ち抜いたら、一度コートから外れて順番を待たせる。

(3) スマッシュによるゲーム（2人で行う）

スマッシュ打球側よりサービスを開始する。返球側より配球されたチャンスボールに対し、決められたコースにスマッシュを行い、返球側はスマッシュボールにラケットで触れることができたら得点、できなければ失点とする。打球側と返球側とを順次交替する（倉木常夫ほか、1989）。

(4) 3 ～ 5分間の時間制ゲーム

制限時間の中でポイントの多いほうを勝者とする。受講生は多くのゲームをこなせるため充足感が得られる。

(5) ショートゲーム

クロス方向、ストレート方向などコート半面を使用しゲームを行う。サービスは全て上回転系のボールのみとする。

4. 新しい授業展開を目指して

1 ラージボール

卓球の授業において、ラージボール（硬式に比べて約４mm大きく、0.5ｇ軽い）を導入することは、「ラリーの楽しさを味わうことができる」、「未経験者と経験者がプレーしても、相互に打球可能なボールスピードを体感できる」（小島武次ほか、2002）など技能差を緩和できる教材として適しているといえる。

2 多球練習法

短時間でたくさんのボールを打つことができる「多球練習法」は、初心者から経験者までレベルに応じた球種やコース、パターンなどを組み合わせることが可能であり、技術習得には効果的な練習法である。ボールの送り手が、自領コートにワンバウンド後、相手コートにいろいろなスピード、回転、コースのボールを送球する（図3-5-6）。

5. 種目の選択性を導入した単元計画について

卓球授業の単元計画（例）

【導入】（1時間）：

- 卓球の特性と歴史について
- ビデオ、DVDを活用し、学習への動機づけを高める。
- 卓球台のセット方法および配置の仕方
- 体ほぐしの運動（ボール操作）
- ラケット、ラバー、グリップの種類

【展開】（2時間～6時間）：

- フォアハンドドライブ
- バックハンドショート
- スマッシュ
- ショートカット（ツッツキ）
- 下回転サービスをドライブ

【展開】（7時間～11時間）：

- フォアハンドとバックショートの切り替え
- サービスとレシーブ
- ショートカットをフォアハンドドライブ
- サービスからの３球目攻撃
- レシーブからの４球目攻撃
- ダブルスのフットワーク

【整理】（12時間～15時間）

- フォアハンドドライブのラリーゲーム
- ハンディキャップ制ゲーム
- ダブルスのリーグ戦およびトーナメント
- シングルスのリーグ戦およびトーナメント
- チームに分かれての対抗戦
- 審判法やゲーム記録法、観戦の仕方

図3-5-6　多球練習法を用いた授業風景

□参考文献

小島武次・葛西順一・吉田和人編（2002）卓球の授業．三恵社・名古屋，p.121.

倉木常夫・湊勉・吉田和人・榊原浩晃編（1989）体育授業としての卓球．不昧堂出版・東京，p.32，p.51.

（竹内　敏子）

第5節 球技 7. テニス

【テニスの発祥】

古代エジプトで球を棒で打つ占いが、球を掌や板切れで打ち合う球戯となり、やがて、12世紀頃には既にフランスに伝来し、手の平のゲームという意味の「ジュ・ド・ポーム」という競技が行われるようになったのが、テニスのルーツといわれている。日本への伝来は、野球より古く1878年（明治11年）横浜外国人居留地の人々が、クラブとコートをつくったのが始まりとされている。当時の用具は高価だったため、国産ゴムまりを開発したことにより、以後の日本ではゴムまりを使った「軟式（現在のソフトテニス）」が盛んになり、本来のテニス（硬式）は、一部の限られた人々の間で続けられることとなった。高校野球の第１回が1915年に対し、テニスの高校総体の第１回はそれよりも古い1908年に「全国中学校庭球選手権大会」として開催された。

1. テニスの特性

海外では極めて人気が高いスポーツで、国内のテニス人口は1100万人、世界のテニス人口上位16カ国だけでも5000万人を超える。日本では学生時の部活動としてかなりポピュラーであり、多くの中学高校には硬式テニスかソフトテニス、もしくは両方を行う部活動が存在する。テニスは、瞬発力とスタミナの両方が必要とされる競技である反面、若年層から老年層まで幅広い世代で親しまれているため、生涯スポーツの代表といわれている。

自分以外に１人から３人の仲間がいれば、プレーすることができる気軽さが魅力の一つであるが、単独では行えず、必ず他者との関わりのなかでプレーすることが必要となるため、社会性・社交性に富んだスポーツだともいえる。

テニスにおける楽しさは、ボールを打つことで感じられる爽快感や狙ったとおりに打てたときの達成感、ラリーが続く中で味わう緊張感である。またプレーする人の技術レベルや体力に応じて楽しみ方が変えられることも魅力である。その技術的な難しさや試合での駆け引きの面白さから、様々な年齢層の人々に親しまれている。

テニスを運動特性からみれば、１ポイントは平均６ ～ ８球のラリーで構成され、時間は10秒以下である。これがプレー全体の70％を占めている。１ポイント単体で見れば無酸素性運動である。１試合で見れば、時間制限がないため、最短で15分程度、３時間超の試合も見られる。プレー全体からみれば有酸素性運動であり、打つ、走る、跳ぶ、判断する、など様々な能力を同時に用いて行う総合的な運動である。卓球のように“100m走をしながらチェスをするようなスポーツである”といえる。

一方、運動強度からみれば、瞬間的には最大心拍数70％超の高強度の運動であるが、ポイント間で20秒以内での休憩を挟みながら行う間欠的運動であるため、一般的に行われるダブルスでも平均50％前後の運動強度を確保することができ、健康増進にも適している。

2. 学習のねらいと内容

テニスは、用具を用いて複雑な動きを要するために基礎技術の習得が欠かせない。しかし、全ての技術を授業時間内に習得させるには時間が足らないばかりか、個人差が大きいので全体指導を行いにくい。とは言え、基礎技術があって初めて相手との駆け引きやペアとの連携が生まれてくるので、基本の習得が重要である。

ゲームに勝つための戦略・戦術を考え、その作戦を遂行するために必要な技術練習であるという視点を教師側が忘れてはならない。よって、授業では、試合が行える最低限の技術を身につけ、プレーする楽しさを伝えることに重点をおきながら、教材研究を行うことが大切である。

1 技術を身につける

正しいフォームは大切だが、形に気をとられ過ぎないようにしなければならない。技術面では次の項目に重点をおいて指導する。

①ラケットとボール、コートの大きさに慣れる

②サービスおよびストロークの習得

2 自分以外の人を考えてプレーする

テニスの社会性を学ぶ上で、ボールを媒体として相手とやりとりをすることが大切である。“ラリーを続ける”練習をしながら相手との一体感を学ばせる。常に相手のことを考え、打ちやすい打球を返すために、自分がどのような行動（打球）をすればよいか考えて行動することは、人としても大切な要素である。ダブルスでは、相手の２人に加え、パートナーのプレーも考慮に入れる必要がある。

3 知識、判断・思考

試合を行うにあたって、用具やコートの名称、試合のルールを知識として覚えることが必要である。そして、作戦を考える上で、自分の技量を知り、相手の作戦・技量を考慮しながら戦略を立てることが必要となる。長期の計画（試合）に見合った瞬時の判断（打球）と自分の技量との兼ね合いに、相手が絡む複雑さにテニスの楽しさが凝縮されているのである。この判断力を養う練習が、ゲーム形式の練習や試合である。教師は、生徒の判断が正しかったか常に目を配り、声をかけることを忘れず、次の課題を与えられるようにする。

3. 学習と指導の方法

これまで、テニス授業の実施内容については、教師が専門性を有することが少ないことによって、適切な技術指導があまり提供されていなかったことが推測される。種目主義によるテニスのカリキュラムから脱却し、テニスの技術ならびに戦術構造から系統的な学習内容を規定し、それに応じた教材の採択を行っていく必要がある。

1 グランドストローク

相手から打ち返されたボールをワンバウンドさせた後、打ち返す技術である。コース、回転（ドライブ、スライス）、長さ、速さ、高さをコントロールできるようにする。

(1) フォアハンド

利き手側のボールを手の平で打つ感覚で行う。テニスの技術の中で、一番マスターしやすい。

手関節をできる限り90°近くまで背屈させ、固定したままスイングし、腕が伸びた状態で体よりネット側に打点がくるようにする。この打点で打球面が地面と垂直に、ラケットが地面と平行になるように握らせる。

(2) バックハンド

近年は、ほとんどが両手打ちである。特に中学生や女子には両手打ちで指導する。フォアハンド同様に両手関節を固定したままスイングさせる。力は、非利き手がメインとなる。踏み込んだ足の前付近が打点となる。握り方は、フォアハンドと同様である。

2 サービス

全てのショットで一番重要である。コートに対し、ほぼ垂直に立ち、非利き手でトスを上げる。トスの位置は、振り上げたラケットが最高位に達するところになる。ラケットは、非利き手と連動して動かし、手を耳の横まで上げ、打球面が自分の頭に向いているように注意する。握り方は、ラケット面が地面と垂直になるように（ラケットの側面が見えるように）上から握ると応用が利きやすいが、面操作が難解なため、握手するような握り方が扱いやすい。

(1) フラットサービス

打球方向に対し、垂直に当てる。スピードが出やすい。バレーボールのフローターサーブのような感覚から始める。第1サーブに用いる。

(2) スライスサービス

フラットサービスに対し、やや横方向からボールに斜めに当てて、横回転をかける。野球でいうカーブ。第2サーブに用いることが多い。

3 ネットプレー（ボレー、スマッシュ）

相手の打ち返したボールをノーバウンドで打つ技術。初心者には距離感がつかみやすいことが多い。ダブルスのときの前衛が主に行う。ラリーの中での最終局面に使う技術なので、多用するものではないが攻撃的な戦術が行える。

(1) ボレー

ボレーではラケット面の中心にボールを当てることが重要である。一般的なラケットの握り方は、サービスと同様だが、ラケット面にボールを当てにくい場合は、正面を向いて面が相手に向いている握り方になっても構わない。ストロークラリーと比較して、時間・距離が約半分なので、ラケットを動かさないように心掛ける。初めは“打つ”というより“キャッチする”感覚で打球する。

(2) スマッシュ

打ち方は、サービスとほぼ同様であるが、自分が打球の下に素早く入って打たなければならない。成功すると非常に気持ちがいいショットである。

4. 新しい授業展開を目指して

ここでは、ほとんどが初心者（指導者も含め）であることを前提に話を進めたい。

テニスは、非常に場所効率の悪いスポーツで、ある意味授業には不向きな点がある。そこで、実際に授業を行う際は、①人数に対するコート面数②用具（ラケット、ボール）の数量を考慮しながら、授業計画を検討しなければならない。

安全性と運動量の確保の観点から、コート1面に対し、10名前後が適当と思われる。多数の場合は、補助ネットを用いるなどの工夫が必要である。ボールの数は、多いほどよいが、生徒1人に対して10球程度あれば十分である。数量が確保できない場合は、球拾いなどに工夫が必要である。

1 導入

ボールとラケットに慣れるために、様々なリフティングを行う。これによって、目と手のコーディネーション（協調性）を養う。手の平側、手の甲側、交互、足の間、背中側、ホールディングなどをその場で行う。次に、上記の動作をジョグ、スキップ、サイドステップ、バックステップ、クロスステップをしながら行う。これらを、毎時冒頭にウォーミングアップとして取り入れる。生徒同士の間隔を十分に取り、安全確保に留意する。

ストローク練習で、素振りを行う代わりに自分で手元にバウンドさせ打たせると、生徒はスイングの感覚をつかみやすく、教師側もボールの結果を見て指導できるので、わかりやすい。ただ打たせるのではなく、コートの反対側にターゲットを置き、一定時間内に当てた回数やターゲットに当てるまでの時間を競争するとよいだろう。

2 展開

ラリーを行う際に、ボールとの距離感と力加減、方向性、ネット、コートの広さが問題となる。この感覚を養う練習が必要である。

最初は、ネットと平行に向かい合って並ばせ、ラリーを行わせると多数が同時に行える。ラケットを短く持ち、近い距離から始める。次に、距離を少し伸ばし、サイドライン上に立ってラリーを行う。ラリーが継続しにくい場合は、コントロール練習として、互いに自分からラケット1本分くらい前にボールを置き、打ったボールで相手の前のボールに早く当てられるかを競わせる。そのうちに、方向が安定し、力加減も覚えるようになる。その後、ネットを挟み、サービスコート内でラリーを行う。5往復を目安にラリーができるようになったら、サービスコートでの簡易ゲームを行い、ゲーム性を養う。卓球のようにダブルスを行っても面白い。人数が多い場合は、縦1列に並び、1球交代でローテーションしながら、ラリーを行わせるとチーム意識をもてて一体感を得やすい。

徐々に距離を延ばし、ベースラインまで到達したら、縦半分（ストレート）でのラリーを行わせる。ラリーが続かない原因は、力加減がわからないことや距離感がつかめないためであることが多い。ボールとの距離感を養うために敢えてツーバウンドをさせてラリーを行わせてみるのもよい。最終的にワンバウンド、クロスで行う。

3 発展・応用

ここから試合を導入する際の注意点について述べる。授業で全員がコートに入り決着がつくまで試合を行うには時間が足らないので、簡略化して行う。まず、生徒に１ゲームの進め方を教える。この１ゲームという単位をもとに時間や人数に応じて、ゲーム数を調整した試合を行うことになる。

(1) 試合の種類

試合の種類は、コート面数、生徒の回転率を考えてもダブルスを行うほうが賢明である。しかし、フォーメーションを教える前に、ハーフコートでシングルスを行うと、レベル分けやルールの理解も容易になる。

(2) 陣形の練習

新学習指導要領ではボールを持たない動きに主眼が置かれている。ダブルスでは、ポジショニングやフォーメーションがそれにあたる。これを生徒が理解しやすい方法として、ラケットを持たないで、ボールを投げて試合をさせてみるとよい。ここでのポイントは、攻撃では、相手がワンバウンド以内で取れない場所を、守備では、ワンバウンド以内で取れる立ち位置を考えさせるようにする。空白地帯は、どちらが取るか声を掛け、陣形を崩さないように気をつけさせる。また実際の試合では、途中でも試合を中断し、即座に周囲の生徒も含めて考える時間をつくるほうが効果的である。

(3) 試合に入れない生徒への対応

導入段階では、シャドウラリーを行わせても面白い。まず、強弱、左右、高低、長短のコントロールをつけてボールを打っているように素振りをさせる。そして、ペア同士で見えないボールをイメージしながら架空のラリーを行わせる。その判定を他の生徒が行い、イメージ通りに素振りができているか、判定させる。判定のポイントは、素振りだけで、見えないボールで本当にラリーしているかのごとく振れているか、である。

通常、試合中はアドバイスできないが、チェンジコートのときにベンチコーチに入らせて、アドバイスをすることも作戦を立てる良い練習となる。

(4) マナーを覚え、理解させる

試合前には相手プレーヤーと挨拶を交わし、試合後はお互いの健闘を称え合い、ネット付近で握手をするのも大事なマナーの一つである。試合を観戦しているときも、よいプレーが出れば敵味方を問わずに拍手を送ることも大切であり、プレーの最中は静かにしているのが原則である。こうすることでフェアプレーを学び、テニスを通じてマナーを理解させることも授業の目的の大きな一つである。

図3-5-7　試合後の握手

5. 単元計画について

単元計画についての一例を表3-5-7に示す。授業時間数に応じて適宜行うが、進行状況によって、時間数を調整する。

表3-5-7　テニスの単元計画（例）

導入	**基礎技術Ⅰ** ラケットワーク、コーディネーション
	基礎技術Ⅱ　グランドストローク フォアハンド、バックハンド
展開	**応用技術Ⅰ** グランドストロークでのラリー
	基礎技術Ⅲ＋応用技術Ⅱ サービスの導入、サービスからラリー
	シングルスゲーム ハーフコートで行い、審判方法について学ぶ
	基礎技術Ⅳ　ネットプレー ボレー、スマッシュおよびロビング
発展・応用	**ダブルスゲームⅠ** ダブルスゲームの進め方について学ぶ
	ダブルスゲームⅡ ・ダブルスでの効果的なショットの選択 ポーチ、ロビング、ストレートアタック ・ダブルスの様々なフォーメーション 雁行陣、平行陣、Ⅰフォーメーション等

□参考文献

日本テニス協会編（2005）新版テニス指導教本．大修館書店・東京．

（松岡　大介、松本　孝朗）

第5節 球技 8. バドミントン

【バドミントンの発祥と歴史】

日本や中国で羽根つきのような伝統的なゲームがあるように、原型となるスポーツは世界各地で古くから認められる。英国でも日本と同様の羽子板とシャトルコックが14世紀後半の記録に残されている。「バドミントン」という名前は、1873年に最初にゲームが行われたとされる英国ボーフォート侯の屋敷の名前：Badminton Houseにちなんでつけられたとされる。

最もよく知られ、また格式高い試合とされている全英選手権バドミントン大会は、男子が1899年に、また女子は1900年に開始された。国際バドミントン連盟（The International Badminton Federation：IBF）は1934年に設立された。

個人戦の他、国別対抗戦である男子のトマス杯（1939年～）や女子のユーバー杯（1956年～）が行われている。オリンピックの正式競技となったのは1992年（バルセロナ）からである。男女シングルス、男女ダブルス、混合ダブルスの５種目が行われている。

日本は1966年から1981年の間にユーバー杯で５度の優勝を飾るなどし、オリンピックでは2012年ロンドン大会で銀メダル（女子ダブルス）、2016年リオデジャネイロ大会で金メダル（女子ダブルス）、銅メダル（女子シングルス）を獲得した。

1. バドミントンの特性

バドミントンはネットをはさんで相対し、ラケットを用いてシャトルコック（シャトル）を相手コートに打ち、得点を競い合うネット型のゲームである。シャトルは球形ではないが、球技に分類される。

支柱の高さは1.55m（ネット中央で1.524m）、またコートのサイズはダブルスで横6.1m×縦13.4m、面積は81.74m²である。英国発祥のためコートのサイズは当初フィート・インチ制で規定されており、このような端数のあるサイズになった。例えば、1.524mは５フィート（60インチ）の、また6.1mは20フィートの換算値である。

ネットの高さは小学校高学年ないし中学校１年生男女の平均身長にほぼ等しい。多くの生徒にとっては頭頂から肩くらいの高さで、ラケットを挙げればネットよりも高くなる。

またコートの広さはハンドボール（800m²）の約10分の１、バスケットボール（420m²）の５分の１、テニス（261m²）の３分の１、バレーボール（162m²）の２分の１である。他のスポーツに比べて狭く感じられるが、おおよそ50畳（25坪）に相当し、平均的な分譲マンションの広さである。

このコートの中でシングルスの場合には２人で、またダブルスの場合には４人で、重量約100gのラケットを用いて重量約５gの１個のシャトルを打ち合う。ラケットやバットを用いる他のスポーツでは、平均的な打具とボールの重量

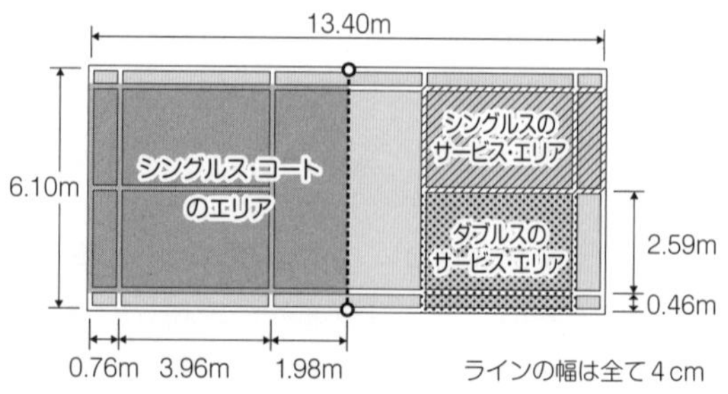

図3-5-8-1　バドミントンのコート

はおおよそのところそれぞれ、テニス：300ｇ／57ｇ、ソフトテニス：250ｇ／30ｇ、卓球：170ｇ／2.7ｇ、ソフトボール：750ｇ／190ｇ、硬式野球：900ｇ／145ｇ程度である。

他のスポーツに比べコートが狭く、また用具が軽量なため、初心者にもなじみやすいスポーツである。空振りなども比較的少なく、ラリーやゲームを早く楽しむことができるスポーツといえよう。

ただし、その一流選手のスマッシュのスピードは時速300kmを超えるといわれてきた。球技最速と考えられており、新幹線のスピードとよく対比される。国際バドミントン連盟は2005年の大会で計測したスマッシュの初速を公表した。それによれば傅海峰（中国）の時速332kmが最速であった。これはプロ野球投手の最速投球の２倍以上という驚異的なスピードである。

しかしその特異な形状と構造によって、重量のわりには空気抵抗が大きいためシャトルは飛行中に大きく減速し、レシーブ時には時速50km以下になる。トップレベルの混合ダブルスの試合でも男子選手のスマッシュを女子選手が難なく返球しているのを目にすることができる。

シャトルの飛び方、あるいは広く打球法をバドミントンでは『フライト』と呼ぶ。上達に従いネット際へのドロップやヘアピンといった多彩なフライトの打ち分け、あるいはフェイント（ディセプションとも呼ぶ）など、速さや強さだけではなく技術的な要素も重要になる。豪快さと繊細さをあわせもったスポーツといえよう。男女の別なく学校体育でも広く行われている。

2. 技術練習のポイント

最初の段階ではとにかくラリーが続きゲームに勝つことが楽しい。次に、他のスポーツと同様、技術の伸びとともにその楽しさの中身に変化が出てくる。はじめのうちは打球回数をなるべく多くすることに留意しながら、初歩的なゲームも行い、まず技能の向上を図る。バドミントンの競技特性と関連させて、ヒントになりそうなポイントをいくつか挙げる。

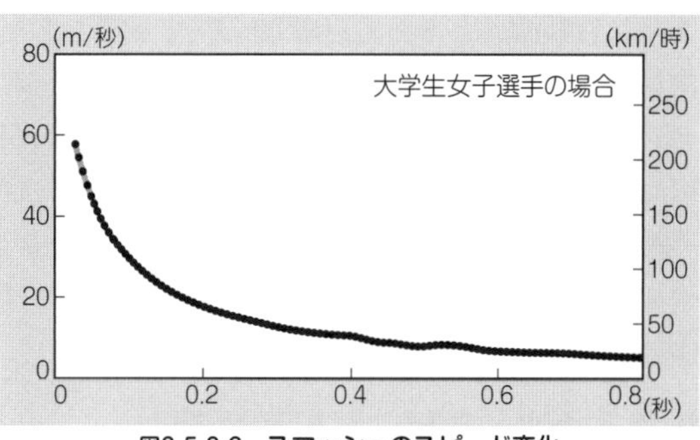

図3-5-8-2　スマッシュのスピード変化

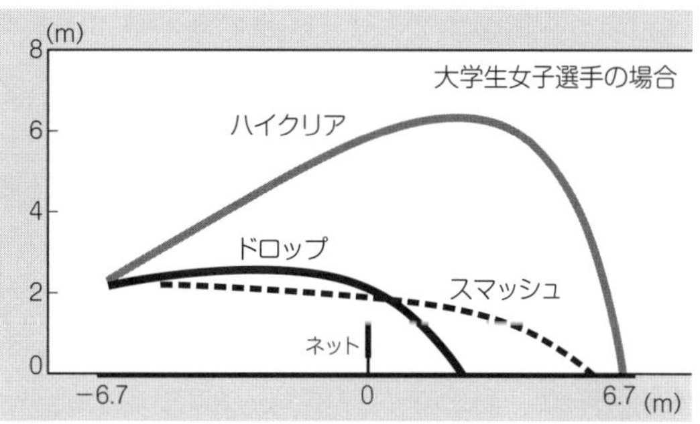

図3-5-8-3　ハイクリア、ドロップ、スマッシュの飛行軌跡

1 ラケットに慣れる

ラケットの全長は680mm以内、打球部の幅は230mm以内と規定されている。軽量ではあるが、最初はこのラケットの長さを持てあます者も多い。空振りやフレームショットの多くはラケットの先端ではなくシャフトに近い側で起きる。腕の長さが50cm以上伸びたと意識するように努める。

全員にラケット１本とシャトル１個ずつを与え、様々なラケッティングを行わせる。ラケット面上で連続してポンポン弾ませてみる、次第に高く真上に打ち上げ、またシャトルを打ち上げながら前後左右に歩き回る。さらに、落ちてきたシャトルをバウンドさせずにラケット面で受け止めたり、シャトルをラケットで床から拾い上げたりする。ラケット面を見ずシャトルだけを見て打てるようにラケットに慣れさせる。

2 グリップ

ラケッティングの段階では最初はグリップをあまり気にしないで行わせてもよい。ただし、深く、あるいは強く握りこまないよう注意する。シャトルを打ち上げる際に、フォアハンド（掌で打つ感じ）およびバックハンド（手の甲で打つ感じ）を交互に行わせ、どちらも無理なく打てる持ち方を次第に体感させる。最も一般的な握り方はイースタングリップと呼ばれ、ラケットのフェース面が床と垂直になるように左手でシャフトを支え、軽く握手するように右手でグリップを握る。大根の千切りをする際の包丁の持ち方をイメージすればよい。

3 ラケットスピードを高める

相手コートのエンドラインまで高く飛ぶハイクリアや速いスマッシュを打つためには、大きなラケットスピードが必要である。そのためにはインパクト前のラケットの移動距離を大きくする必要がある。シャトルを真上に打ち上げる前述のラケッティング時に、空振りを恐れてシャトルとラケットが同時に視界に入るよう顔の前でラケットを構えると、高く打ち上げることはできない。ラケットをなるべく低く構えラケットを見ずシャトルだけを見てでも連続して打てるよう練習する。

図3-5-8-4 フォアハンドのラケッティング

ラケットの移動距離を大きくするためには肩の運動範囲を広げる必要がある。脇を締めたままではラケットのスピードを高めることはできない。スマッシュやハイクリアなどオーバーヘッドのショットの場合には、肘を肩の延長線上かそれより高く挙上（外転）させて構えるよう意識する。

4 ラケットの角度を意識する

テニスや卓球と異なり、バドミントンの場合にはインパクト時にスピンをかけることはほとんどない。インパクト後のシャトルはほぼラケット面に直角な方向に飛行するとイメージし、様々なショット（フライト）の打ち分けではラケット面が向く方向を意識する。

ネットより高い位置で打たれることは攻撃されることを意味する。ヘアピンやドロップ、ショートサービスはネットの高さぎりぎりを越えさせる。スマッシュやドライブでは速さ以上に高さが大切である。ドライブはネット上縁の白帯すれすれを水平に飛ぶショットである。顔の前で打ったシャトルがネットすれすれを飛ぶためにはラケット面がほぼ垂直になっている必要がある。ドライブが山なりで高くなり相手に上から打ち込まれてしまうのは、インパクト時にラケット面が上を向いているからである。

また3種類のオーバーヘッドのフライトの中でも、ハイクリアではラケット面がやや上向きになるよう、ドロップではラケットがほぼ垂直になるように、またスマッシュではラケット面が下を向くように、インパクト時に意識する。スイング動作の途中で頭の真上にラケットヘッドがきたときには、ラケット面はかなり上を向いている。いずれのショットにおいても打球点は頭より前方になる。水平あるいは下向きにスマッシュが打てない場合は、もっと前方でインパクトできるよう、シャトルの落下点と打球位置の関係を修正する。

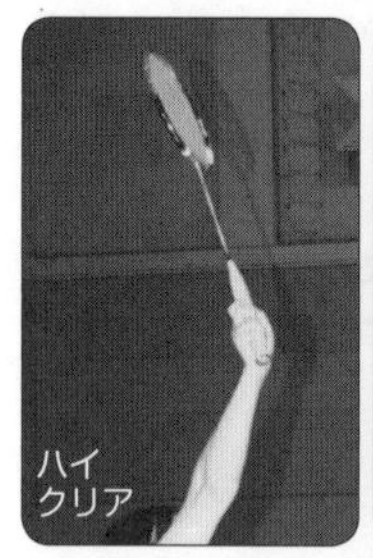

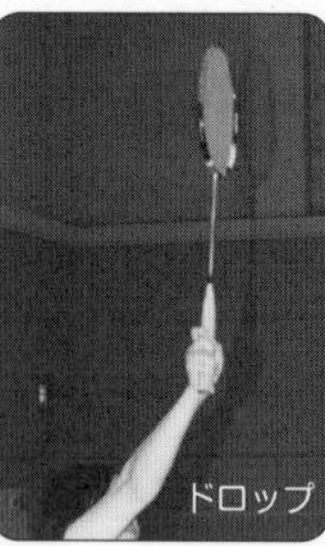

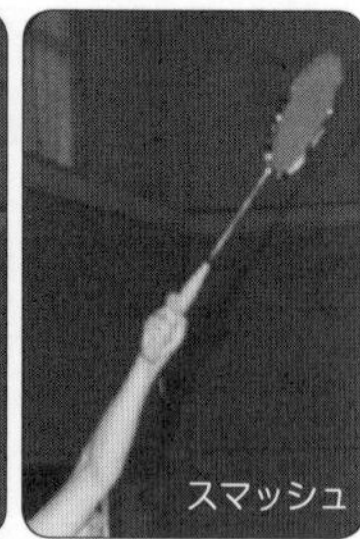

図3-5-8-5 オーバーヘッドのショットの打ち分け

5 シャトルをよく見る

スマッシュの初速がきわめて速いのに比べ、レシーブ時にはシャトルは大きく減速する。シャトルをよく見ていれば必ずラケットに当てることができる。スマッシュレシーブでは、ラケットを大きくスイングするのではなく、ラケットを身体の前に構え、まずラケットにシャトルを当てることから始める。ラケット面の角度さえ調節できれば必ず返球できる。

6 フライトの練習の順序

返すことだけを意識する初歩的なラリーに続けて、初心者についてはドライブから始めるのがよいだろう。ドライブでは前方から飛んでくるシャトルをラケット面越しに見ながら打球することができる。そのため空振りすることは少ない。ラケットを垂直にしてインパクトし、ネットの白帯すれすれを狙ってシャトルを水平に打ち返すことに意識を集中し、打球練習を数多く行う。

オーバーヘッド系のショット（スマッシュ、ドロップ、ハイクリア）やロングハイサーブでは、シャトルを見ながら打球の準備をするとラケットを視界外に構えることになる。初心者にとって意外に難しいショットである。

図3-5-8-6　視線とラケット位置の関係：
左からドライブ、スマッシュ、ロングハイサーブ

3. 練習やゲームの方法

①初期の段階ではラケットの操作能力を高めることを意図してなるべく打球回数を多くすることを目指す。

②正規のシングルスコートでは一般に広すぎてかえって十分に動けないし、また同時にプレーできる人数も少ない。基礎練習やシングルスゲームでは、１コートに４人が入り衝突の危険性に注意しながら１ペアが半面を用いて行う。

③トップレベルでも様々なプレースタイルの選手が存在する。いろいろな相手と練習したほうが上達は早い。試合を行う際にもくじ引きなどで多くのパートナーや対戦相手とプレーできるよう工夫する。

なお、バドミントンのルールは2006年に大きく変更された。この変更は、「サーブ権方式」から「ラリーポイント方式」へというゲームの進め方の根幹に関わる大きなものであった。これ以前の指導書ではルールも従前のものが紹介されている。最新の競技規則を知った上で、授業を行うべきである。

4. マナーと安全への配慮

ラケットが軽量のため、上肢へのストレスは比較的小さく、重大な傷害はそれほど多くは見られない。シャトルやラケットとの衝突によるけがもあまり多くない。至近距離からスマッシュされたシャトルが目に当たる危険性はある。練習時に故意に相手の顔に向けて打たない、あるいはダブルスの際に後ろを振り向かないなどの注意が必要である。

少し上達して動けるようになってくると、下肢、とりわけ足首周辺のけがが多く見られる。ラリーのテンポが速くなり、広い範囲のシャトルを素早く打ち返すよう機敏なフットワークや切り返し動作が要求されるためである。特にアキレス腱の断裂はバドミントン競技で特異的に多い重大なスポーツ傷害である。学校教育の対象者である児童・生徒の年代ではアキレス腱断裂は成人期以降に比べ比較的少ないとはいえ、足首の捻挫なども含め、ストレッチとウォーミングアップを十分に行うなど、予防に十分に注意しなければならない。

またテンションを強くかけてネットを張っている場合には、ネットをはずす際に急に支柱の止め金が緩み、金具の部分で手を挟んだりして思いがけないけがをする場合がある。準備および片づけ時でも、けがの防止に十分に気を配るべきである。

ゲーム前後に握手を交わすこと、あるいはラリー前に相手が受け取りやすいようにシャトルを渡すことなど、気持ち良くフェアにプレーできるよう心掛ける。

□参考文献

稲垣正浩編（1991）「先生なぜですか」ネット型球技編．大修館書店・東京．

日本体育協会監修（1988）最新スポーツ大事典．大修館書店・東京．

日本バドミントン協会編（2004）バドミントン教本 ジュニア編．ベースボール・マガジン社・東京．

（桜井　伸二）

第5節 球技 9. ソフトボール

【ソフトボールの発祥】

1887年アメリカのシカゴにおいて、ジョージ・ハンコックが野球の練習方法として考案した「インドアベースボール」が起源であるといわれている。我が国では、1921年（大正10年）、大谷武一によって紹介され、現在ベースボール型スポーツの代表種目として学習指導要領に例示されている。学校体育では、男子種目としての性格が強く、女子生徒の実技能力が乏しいのが現状である。

1946年に国際ソフトボール連盟（ISF）が設立され、現在120を超える国と地域が加盟している。1996年から2008年までオリンピックで女子の正式種目として採用され、日本代表チームは2008年の北京オリンピックで金メダルを獲得している。世界大会は男女共に毎年開催され、北南米、アジア・オセアニア、ヨーロッパを中心として人気のあるスポーツである。

1. ソフトボールの特性

ソフトボールは、ホームベースから正円型の平らなグランドで行われるベースボール型の競技である。競技場の規格はフェンスまで「男子68.58m、女子60.96m、小学生53.34m」、二本塁間「男女25.86m、小学生23.70m」、投球間「男子14.02m、女子13.11m、小学生10.67m」、塁間「男女18.29m、小学生16.76m」である。ゲームは守備、攻撃に分かれ、攻防を繰り返し行われる。守備は投手、捕手、一塁手、二塁手、三塁手、遊撃手、左翼手、中堅手、右翼手で9ポジションあり、攻撃は１番から９番までの打順を決め行われる。

ストライクゾーンは、ベース上を通過したボールで、且つ、打者がスイングしようとしたときの膝頭の上部から脇の下までのノーバウンドのボールをいう（㈶日本ソフトボール協会、2011）。

ソフトボールは老若男女問わず楽しむことができるスポーツで、継続して行うことで巧緻性、敏捷性、瞬発力、筋力などの体力が高まる。

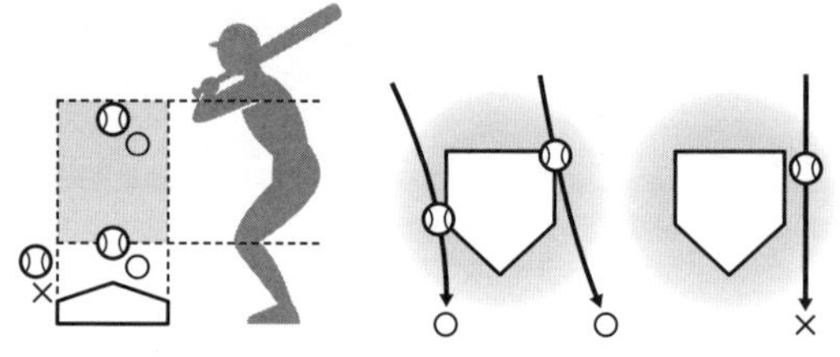

図3-5-9-1 ストライクゾーン

2. 学習のねらいと内容

ソフトボールの授業では、攻撃と守備の二つの異なる技能の習得とその練習方法、そしてゲームの進め方などが主な学習内容となる。

攻撃ではバットを使った打撃技術、走者としての走塁技術、また打撃技術と走塁技術を併せた技術、戦術の習得を求め、出塁、進塁、得点する楽しさを攻撃側における学習のねらいとする。守備では投手の投球技術とそれを受ける捕手の捕球、送球技術、そして打たれた打球に対する内野手、外野手のゴロやフライの捕球技術と各塁への送球技術の習得、さらに各戦術に対応したフォーメーションの理解を求め、出塁、進塁、得点をさせない楽しさを守備側における学習のねらいとする。

攻撃と守備の技術の実践は、「打つ･走る･捕る･投げる」と全身運動を必要とし、またゲームにおいては、各戦術を駆使し攻防することにより、考える楽しさを体験することができる。

3. 学習の指導と方法

1 バッティングの構え(右打者)

グリップの握り方は、左手が下位になり、右手が上位となる。グリップは長く持つとスイング速度は高まるがバットコントロールが難しく、短く持つとスイング速度は遅くなるがバットコントロールがしやすくなる。またグリップは強く握り過ぎず、右手は添えるくらいがよい。バットは、立てて構えると低めのボールを捉えやすく、バットをねかせて構えると高めのボールを捉えやすい。基本のスタンスは、投手方向に外踝(くるぶし)を向けるスクエアスタンスで、その他、投手方向につま先を開くオープンスタンス、投手側方向に踵(かかと)を向けるクローズドスタンスがある。

2 バッティング(右打者)

スイングの基本は、下半身の始動による運動連鎖にある。まず、左足をステップさせテイクバックをとる。このとき、グリップの位置は、右肩の前方、へその延長線上にあることが理想的である。スイングの始動は右膝が左足へ近づこうとしたときで、左膝、肩が早く開きすぎないことが重要となる。インパクトは、へその延長線上で、両肩とグリップの位置が三角形の形になるところが理想とされる。バットはヘッドを立て、水平に振るレベルスイングが基本で、インパクト後のフォロースルーは、投手方向に大きく投げ出され、扇型に広がるスイングが強い打球を可能とする。

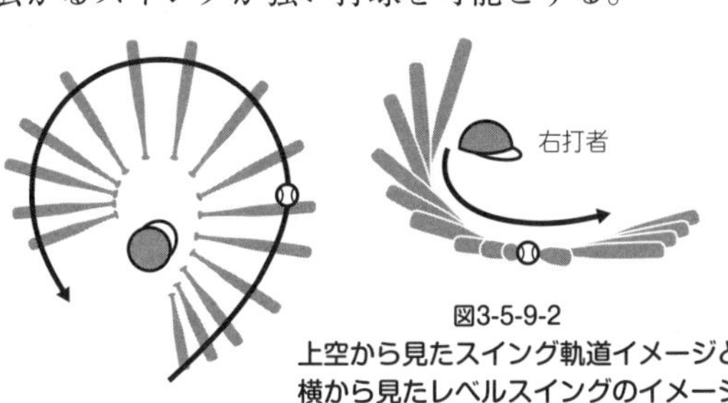

図3-5-9-2
上空から見たスイング軌道イメージと横から見たレベルスイングのイメージ

打撃方法の一つとして、スラップがある。これは主に左打者が打席上を走るようにして打ち、一塁ベースまで早く到達しようとするものである。

(1) インコース打ち

- 身体の回転で打つようにイメージ
- インパクトは左足の右斜め前方
- スイング後も目はインパクトを見ておく
- 右膝は投手方向を指す
- 右足の裏が捕手に見えるように

(2) アウトコース打ち

- 左肩を開かず右方向に押し出すようにイメージ
- インパクトは左足の内側前方
- 目線は右方向の押し出す方向に送る
- 右膝は右方向の押し出す方向を指す
- 右の足裏は、捕手に見えないように

(3) 高め打ち

- 右手で被せるように打つ

(4) 低め打ち

- 左手ですくうように打つ

3 バント(右打者)

バントは左手でグリップを持ち、右手でバットの約2／3辺りを持って、投手方向にバットを正対させる。特に右手で、バットのヘッドをグリップよりも高い位置に保ちインパクト時に抑えるイメージで行う。また目線はボールとバットとの延長線上になるように構えると、ボールが見やすい。低いボールに対しては、膝を屈曲させ対応する。スタンスは大きく開き、投手方向に正対する。

4 走塁

ベースランニングは、ベースを踏む前に多少膨らんで走り、ベースの内側の角を踏んで、身体を投手方向（左側）に倒し､減速しないようランニングする。スライディングは片方の膝を曲げ、膝から脛(すね)の外側と曲げた足の臀部(でんぶ)を地面にスライドさせるようにし、もう片方の足をしっかりと伸ばして行う（より早くスライディングする場合は、臀部を地面に着けないで行う）。

走者となったときの離塁のタイミングは、投手が手からボールを離した瞬間である。どちらかの足をベースの前に掛け、もう片方の足をベースの後ろに置くように姿勢をとり、投手が腕を振り下ろすタイミングと同時に後ろ足で前方に走りだす。

5 戦術説明

(1) 送りバント

〈0、1アウト、走者一塁、二塁、一二塁時〉

送りバントとは、前述したバントの方法で、確実に走者を次の塁に進める戦術である。送りバントは投手の前方にボールを勢いなく転がすようにする。走者は離塁後、リードを大きくとり、打者がバントをしてボールが転がってから、次の塁に走って行く。

(2) ヒットエンドラン

〈走者がいる全ての時（2アウト三塁以外）〉

ヒットエンドランとは、走者が離塁後走り、打者はどんなボールが来ても必ずボールを打ち、進塁させ、チャンスを拡大させる可能性がある戦術である。しかし、チャンスを潰す可能性もあるためリスクも高い。走者は打者が打つ瞬間を見て、打球とその方向を確認し、走らなければならない。

6 投球（右投げのスナップスロー）

投球の基本は、下半身の始動による運動連鎖にある。右足の内踝を投球方向へ向け、軽く膝、股関節を屈曲させて、右足に体重を乗せる。左の肩、肘を投球方向に向けて、その肩口から投球方向を見る。そのとき、右手のボールは、右耳の横に位置させ、手の甲を上方に向けておく。左肩、膝を開かないようにし、右膝、腰が投球側に正体すると同時に、体重を左足に移動させ、そして右腕を伸ばし内旋させ投球方向を指す。そのときグローブは胸に当てておく。

7 捕球（右投げのゴロ捕球）

バウンドは3段階に分かれ、バウンド後すぐの段階を①ショートバウンド、その後バウンドの頂点付近までを②ハーフバウンド、③トップ－ダウンバウンドといい、特に②ハーフバウンドを捕球することが難しいため、その他のバウンドに合わせて捕球することが必要である。ゴロの捕球方法は、右足－左足－捕球の順で行う。そのとき、グローブの左手首は背屈させ、ポケットがボール方向を向くようにする。また下から上へと使い、右手を添えて、卵を受けるように柔らかく捕球する。

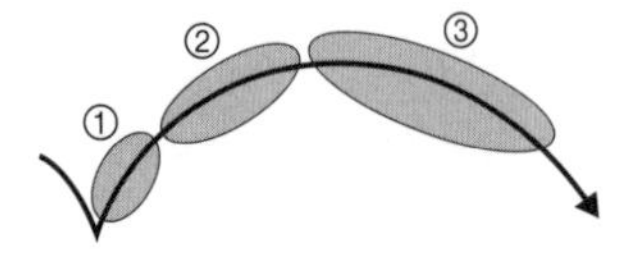

図3-5-9-3　バウンドの説明

8 捕手（右投げ）

捕手の基本姿勢は、腰を下ろし、足裏のつま先付近で立地する。右手はファールチップが当たらないように、身体の後ろ側に隠しておく。グローブはポケットの面を投手方向に向け、動かさないように捕球する。ワンバウンド処理の基本は、両膝を下ろし、股の間にグローブを添えて、あごを引いて、バウンドしたところを見るとよい。グローブと両肩をつなぐラインが三角形になるようにする。走者が盗塁時の送球は、捕球後速やかに右足を固定させて、スナップスローで送球する。

9 内野手（右投げ）

内野手の基本姿勢は、体勢を低くし、腰の高さ辺りまで目線を落とす。正面に入ることを意識してゴロを捕球し、捕球後は送球方向にストレート、フロント、バックステップを使って送球する。二塁、遊撃手は守備範囲が広いため、基本的にクロスステップでスタートを切り、打球に合わせないように直線的に捕球に行く。外野の間を抜かれた打球は、二塁、遊撃手が中継を行う。また二塁手はバント処理時のファーストベースカバー、遊撃手は盗塁時の二塁、三塁ベースカバーを行う。一塁、三塁手は早い打球が多いため、基本的に一歩目はサイドステップでスタートを切り、その後クロスステップに移る。バント処理は、一気に詰めて送球方向にステップしながら送球する。

10 外野手（右投げ）

外野手の基本姿勢は、内野手に比べてやや高くてよい。ゴロは左足を前にして捕球し、右足フロントステップと同時に持ち替え、スナップスローよりも大きなフォームで右腕を振り切るとよい。フライは落下地点よりも後ろから勢いをつけて入り、右足が後ろになるようにして捕球し、送球する。

図3-5-9-4　捕手（左）、内野手（中）、外野手（右）の構え

4. ゲームの進め方について

ソフトボールのゲームを通常のルールで実施するのは、学校体育では非常に難しいと思われるので、初心者で技術力が乏しくても実施できる、また段階的に学習でき、それに技術の習得を促すことができるソフトボールのゲームを紹介する。

内野想定線（スキンドインフィールド：投手位置から約18mの円形内）をフィールドとする（20m四方の場所でも可能）狭い場所でもできるゲームである。打球がその想定線をノーバウンドで超えた場合はアウトとし、打者にゴロ打撃を促すことでバットコントロールを学習させることができる（ワンバウンド以上で超えた場合はシングルヒット）。また通常のフィールド内で進塁をさせる・防ぐ攻防が活発になり、より実際のルールに近いゲームを学習させることができる。

（1）一塁とホームのみのゲーム

攻撃側の走者が、一塁と本塁を往復することによって得点できる。この際、ランナー同士の交錯を防止するため、本塁を違う場所（ホームベースの３m程度後方）に設ける。守備側には、走者の有無によってどちらで（一塁か本塁か）アウトを取るのか話し合わせながら守備位置を工夫させると学習効果が高い。

（2）二塁までのゲーム

攻撃側の走者が、二塁まで進塁することで得点できる。守備側には、走者の有無によってどちらで（一塁か二塁か）アウトを取るのか話し合わせながら守備位置を工夫させる。ダブルプレーを完成させる可能性も高まることから、フォーメーションの学習効果も高い。本塁からみて、二塁の左側に打球が飛べば二塁手が二塁ベースカバー、右側に打球が飛べば遊撃手が二塁ベースカバーをする。また一塁手が打球を捕球し、二塁に送球する場合は、二塁手が一塁ベースカバーをする。

攻守交代は、①攻撃側が全員打ったら（同人数でない場合は調整が必要）、②時間制（攻撃が３分程度）、もしくは③アウトカウント（３、４アウト）で交代させる等の方法が考えられる。またこのゲームの場合には、走者は打者の打撃後に離塁させるようにし、盗塁はなしで行うことが適切で、三振に関しては、ファールでもストライクとカウントしたり、逆になしとしたりしても良い。さらに投手を教員（指導者）にして打者に打たせやすくしたり、Ｔ台を利用（ホームベースを別に設置することが必要）したりすることも時間やゲームをコントロールするには有効である。

5. 種目の選択性を導入した単元計画について

ソフトボール授業の単元計画（例）

【導入】（1時間）：
- ソフトボールの特性と歴史について
- ルールの説明／道具の説明

【展開】（2時間～6時間）：
- キャッチボール
- トスバッティング
- Tバッティング（ロングTバッティング）
- バント練習（片手づかみ、片手バント）
- ベースランニング練習（身体の傾倒）
- スライディング練習（段ボールを敷いて）
- ノック（素手、グローブ有り、ボール回し）
- 内野だけのゲーム／スローピッチ・ソフトボール／Tボール・ゲーム

【展開】（7時間～12時間）：
- ケースノック／ケースバッティング
- 通常のソフトボールゲーム

【整理】（13時間～15時間）
- チームに分かれての対抗戦
- 審判法やゲーム記録法、観戦の仕方

□参考文献

船山健一（2007）確実に上達するソフトボール．実業之日本社・東京．

細江文利監修（2011）図説　新中学校体育実技．大日本図書・東京，pp.212-223.

㈶日本ソフトボール協会（2010）オフィシャル・ソフトボール・ルール．㈱日本体育社・東京．

（二瓶　雄樹）

第6節 武道 1. 柔道

【柔道の発祥】

柔道は、嘉納治五郎が1882年（明治15年）に講道館を設立し、創始したことにより始まる。天神真楊流と起倒流という二つの柔術を基礎として、整理体系化したものを柔道とした。嘉納は「精力善用」「自他共栄」の原理を説き、「己の完成」「世の補益」を柔道修行の究竟(きゅうきょう)の目的としている。

1951年（昭和26年）に国際柔道連盟が設立され、現在200の国と地域が加盟している。男子は1964年の東京オリンピック、女子は1992年のバルセロナオリンピックから正式種目となった。2016年のリオデジャネイロオリンピックにおいて、日本は金メダル３・銀メダル１・銅メダル８を獲得した。

1. 柔道の特性

1 機能的特性

柔道は、素手で相手と直接的に組み合って、投げる、抑えるなどの攻防をしながら自分の技を決める楽しさや喜びがある。したがって、全ての学習段階において安全を確保しながら、柔道のよさや楽しさに触れる学習指導を心掛けることが大切となる。

2 構造的特性

柔道は、投げる、抑えるなどの対人的技能と、その基礎となる受け身、崩し、体さばきなどの基本動作から成り立っている。学習指導のねらいを達成するためには、基本動作と対人的技能を関連づけ、受け身などの基本動作を習熟させながら、各自の得意技へと発展させていくことが重要となる。

3 効果的特性

柔道を行うことで、瞬発力、筋持久力、調整力など、総合的に体力を高めることができる。生徒の体力や運動能力の発達の段階や、男女の特性を考慮した段階的な学習指導により、体力と技能を関連づけて高めることが大切となる。

2. 学習のねらいと内容

武道は、武技、武術などから発生した我が国固有の文化であり、相手の動きに応じて、基本動作や基本となる技を身につけ、相手を攻撃したり相手の技を防御したりすることによって、勝敗を競い合い互いに高め合う楽しさや喜びを味わうことのできる運動である。武道に積極的に取り組むことを通して、武道の伝統的な考え方を理解し、相手を尊重して、練習や試合ができるようにすることをねらいとする。

柔道の学習過程は、礼法や基本動作（姿勢と組み方、進退動作、崩し、体さばき、受け身など)、対人的技能（投げ技や抑え技など）を関連づけながら身につけ、自由練習や試合に発展させるものが一般的である。特に、生徒の安全を確保するために初歩の段階では、受け身を確実に身につけることが重要となる。

授業方法は、技の習得を主とする「達成型」と、自由練習やごく簡単な試合のように身につけた技で競い合う「競争型」に分けられる。初心者が多い場合は、仲間と協力しながら基本となる技の習得を目指す「達成型」の指導が大切となるが、次第に「達成型」から「競争型」へと移行させていきたい。

3. 礼法

- **正座**：両足の親指を重ねて座る。両手は脚の付け根にハの字に置く、膝頭は握り拳ひとつ開ける。
- **座礼**：背筋を伸ばし背中と頭が畳と平行になるように体を倒す。両手はハの字に着く。
- **左座右起**：立ち方は、両足のつま先を立て、腰を上げて右膝から立つ。座り方は。左足を引き、左膝、右膝の順番で正座する。
- **立礼**：踵を着け、伸ばした指先が体側から膝頭にとどくまで約30度前に倒す。

礼法は、形を守ることから指導し、次第にその意義を理解して大切にできるようにすることが重要である。礼法を用いる場面は、授業開始時や終了時、相手との練習開始時や終了時、柔道場の出入りなどがある。

4. 基本動作

1 姿勢

- **自然体**（自然本体、右自然体、左自然体）
- **自護体**（自護本体、右自護体、左自護体）

投げ技の攻防に最も適した姿勢は自然体である。余分な力を入れずに自然に立った姿勢であり、安定していて変化しやすい。

2 組み方

- **右組み**（左手–相手の右袖、右手–相手の左襟）
- **左組み**（左手–相手の右襟、右手–相手の左袖）

右組みは互いに右自然体、左組みは互いに左自然体の姿勢で組み合う。授業では、右組みを基本として技能の指導を行うことが望ましい。

3 進退動作

- **歩み足**（左右交互に歩み出す普通の歩き方）
- **継ぎ足**（一方の足を追い越さない歩き方）

柔道は動きながら技をかけたり、相手の技を防いだりするので、自分の姿勢を安定させながら移動することが大切である。歩み足、継ぎ足の際に「すり足」を用いることで姿勢が安定する。

4 崩し：八方の崩し

- **前方向**（前、左前すみ、右前すみ）
- **横方向**（左横、右横）
- **後ろ方向**（後ろ、左後ろすみ、右後ろすみ）

相手を投げるためには、まず相手の体勢を不安定にする「崩し」が必要である。相手を崩すには、相手の力や動作を利用したり、自分の力で押したり引いたりして、八方向のいずれかに崩す。

5 体さばき

- **前さばき**（左足、右足）
- **後ろさばき**（左足、右足）
- **前回りさばき**（左足、右足）
- **後ろ回りさばき**（左足、右足）

相手の姿勢を崩しながら、投げやすい体勢になることを「体さばき」という。崩しと体さばきが一体となって作用することで、相手を投げることができる。

6 受け身

しっかり畳をたたく、ゆっくり回転させる、瞬間的に筋肉を緊張させる、この３要素を体得させ、受け身の基礎を身につけることが大切である。

- **後ろ受け身**

  後方に転がるように倒れ、後ろ帯が畳に着く瞬間にあごを引いた状態で、両腕で畳をたたく。
- **前受け身**

  前方に倒れながら、肘を曲げた状態で、指先から肘の部分で、両腕で畳をたたく。
- **横受け身**（投げ技を受けた際に使用）

  片方の脚を側方へスライドさせ、踵の近くに臀部を落とし、片腕で畳をたたく。
- **前回り受け身**（投げ技を受けた際に使用）

  右（左）脚を一歩前に出し、両手を畳に着いて、右（左）肘を前方に軽く曲げて右（左）斜め前へ体重をかけ、腰をあげるようにしながら右（左）前方へ身体を回転させ、左背中側面が着く瞬間に左（右）手と両脚で畳をたたく。

図3-6-1-1　前回り受け身

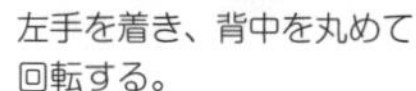

左手を着き、背中を丸めて回転する。

手と両脚で畳をたたく。

5. 対人的技能

「取」：技をかける人　「受」：技を受ける人

1 投げ技

「取」が「受」を投げた際、右組みであれば相手の右袖を握っている左手を離さずに保持すること（命綱）が大切である。また、力任せの技にならないよう「崩し」「作り」「掛け」を意識させる。

●膝車（足技：支え技系）

「取」は前さばきで「受」を右前に崩し、「受」の右膝に左足裏を当て、それを軸に車のように回転させて「受」を前方に投げる。

図3-6-1-2　膝車

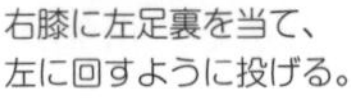
右膝に左足裏を当て、左に回すように投げる。

相手とぶつからないように自分の体をずらす。

●体落とし（手技：まわし技系）

「取」は後ろさばき（前回りさばき）で「受」を右前に崩し、「受」に重なるように回り込み、さらに右足を一歩、「受」の右足の外側に踏み出し「受」を前方に投げる。

図3-6-1-3　体落とし

両手で相手をやや前に崩す。

右足を軸に前回りさばきで体を回転して投げる。

●大腰（腰技：まわし技系）

「取」は前回りさばきで「受」を前に崩し、「受」の後ろ腰に右腕を回し、「受」を引きつけながら腰に乗せて前方に投げる。

図3-6-1-4　大腰

相手の腰に右腕を回して抱える。

前回りさばきで左足を回し込み、膝を伸ばしながら投げる。

2 固め技

●抑え技の条件

①「受」が仰向けである。
②「取」と「受」が向き合っている。
③「取」が足を絡まれるなど「受」から拘束を受けていない。

抑え技の条件を理解させた上で、抑え技を教えることが重要である。抑え技の条件を知らない状態で抑え技を教えると、形の真似だけになってしまう。

●けさ固め（抑え技）

「取」は「受」の右側に腰を着け、左脇の下に「受」の右腕を挟んで右袖を握る。右手は「受」の首を抱えて後襟を握る。両脚を大きく前後に開いて安定を保ち、右胸で「受」の胸を圧するように抑える。

図3-6-1-5　けさ固め

相手の右腕を抱え込み、袖を握る。

右腕を相手の首下に入れ、抑える。

●横四方固め（抑え技）

「取」は「受」の右側につき、右腕を「受」の股の間から下ばき、または帯を握る。左腕を「受」の首の下から入れて左横襟を握る。右膝を曲げて「受」の右腰に当て、胸を張るように「受」の胸を圧しながら抑える。

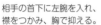

図3-6-1-6　横四方固め

相手の首下に左腕を入れ、襟をつかみ、胸で抑える。

股の間から右腕を入れ、下ばきの奥を握る。

6. 柔道の練習法

(1) かかり練習

投げ技や抑え技などを反復する練習方法のこと。打ち込みとも呼ばれる。

(2) 約束練習

相手と施す技を約束して、実際に投げたり投げられたりする練習方法のこと。

(3) 自由練習

実際の試合のように、相手を投げたり抑えたりする練習方法のこと。乱取りとも呼ばれる。

7. 安全な柔道の授業づくり

1 安全に活動できる環境の整備

・畳が破れていないか、穴があいていないか確認する。
・畳に隙間や段差がないか確認する。

2 指導計画や指導方法の工夫

・相手を尊重し、伝統的な行動の仕方を守ろうとする態度を育む。
・初歩の段階では、投げ技の自由練習や試合は行わない。
・取り扱う技を精選、厳選する。
・組み合う相手は体格差、体力差、技能差などを配慮する。

3 生徒の身なり

・清潔で規格に合った柔道衣を着用させる。
・腕時計、ミサンガ、ピアス、ヘアピン・指輪などを身につけていないか確認する。
・爪は短く切り、髪が肩より長い場合は１本に結わせる。

4 安全指導の基本原則

・低から高（低い位置から倒れる技から始める）
・遅から速（ゆっくりした動きから速い動きへ）
・弱から強（衝撃の少ない技から大きい技へ）
・易から難（簡単な技から難しい技へ）
・単独から相対（独りから相手に対する動きへ）
・止から動（止まった状態から動いた状態へ）

8. 単元計画

中学校第１学年の時間案の例

【1時間目】
・柔道の特性や成り立ち
・伝統的な考え方と行動の仕方
・柔道衣の扱い方

【2時間目】
・姿勢と組み方、進退動作
・後ろ受け身
・抑え込みの条件

【3時間目】
・横受け身
・抑え技の発表

【4時間目】
・崩しと体さばき
・けさ固めの抑え方と応じ方

【5時間目】
・横四方固めの抑え方と応じ方
・抑え技の約束練習

【6時間目】
・膝車の投げ方と受け方
・抑え技の自由練習

【7時間目】
・体落としの投げ方と受け方
・抑え技の自由練習

【8時間目】
・投げ技のかかり練習と約束練習
・抑え技の試合

【9時間目】
・投げ技の発表
・まとめ

□参考文献

公益財団法人全日本柔道連盟（2019）安全で楽しい柔道の授業ガイド．公益財団法人全日本柔道連盟・東京．

公益財団法人全日本柔道連盟（2018）：2018年～2020年国際柔道連盟試合審判規定．公益財団法人全日本柔道連盟・東京．

文部科学省（2013）学校体育実技指導資料集第2集　柔道指導の手引（三訂版）．東洋館出版社・東京．

（三宅　恵介）

第6節 武道 2. 剣道

【剣道の発祥】

剣道は日本刀の発現を起源とし、戦国時代に剣術として大きな技術の発展をみた。江戸時代に剣術は武士の表芸として奨励され、武士的人格形成の一役を担った。すぐれた剣客を排出し、技術が系統化されると流派が発生し、さらには芸道性をも求めるようになった。江戸時代中期に防具と竹刀が考案され、より実践的な競技性をもったものとなった。大正時代、これまでの剣術は剣道と名称を変え、現代に沿った人間形成を目的とするようになった。現在では老若男女問わず、日本の伝統的文化として礼法を重んじながら、スポーツとして、人間教育の手段としての一面を重視しつつ発展してきている。

学校剣道は、平成元年(1989年)に格技から武道へ名称変更をし、自己実現の道としての剣道を打ち出した。平成24年度(2012年度)からは中学校において武道必修化が実施された。

1. 剣道の特性

剣道は日本民族の創造による伝統的遺産スポーツである。したがって剣道の特性は伝統的な側面と技能的な側面の二つに分けて考えるのが妥当であろう。

1 伝統的特性(精神的・行動的)

①無心、無念無想、不動心、平常心などに表されるように精神集中を伴う人間最高の境地を会得すること。
②事理一致の修業を目指す。理論を知って技術を修錬する。自分で研究したことを表現すること。
③師弟同行、修錬者のみならず、指導者も自らを高める修業を行うこと。
④捨身の精神を尊び、ここぞという時には勇気と決断力をもって全身全霊で打ち込むこと。
⑤先の気を重んじ、旺盛な気力を養うこと。
⑥残心の精神を重んじ、油断なく備え、次につなげること。
⑦守破離の修錬過程に従い、教えを守りながら自己の研究工夫をすること。
⑧礼儀作法を重んじること。相手を尊重し伝統的な行動の仕方を守ること。

2 技能的特性

①剣道は形と剣道実技を併行して修錬することにより、正しい技能が習得できること。
②競技年齢が長いこと。
③間合いでの対人的攻防を楽しめること。
④一本を勝ち得た喜びがあること。
⑤動作が機敏になること。
⑥集中力が養われること。

*日本刀に由来する慣用句に下記のような言葉があり、武士(=日本刀)が日常生活に大きく関与していたことが窺える。

・切羽詰まる　・しのぎを削る
・反りが合う　・心身を鍛錬する
・あいづちを打つ　・なまくら
・身から出た錆　・抜き打ち

など、他多数ある。

2. 学習のねらいと内容

1 ねらい

剣道の形は、「木刀による剣道基本技稽古法」と「日本剣道形」の二つである。木刀による剣道基本技稽古法は初心者指導のためにつくられたものである。体育の授業での単元導入期のねらいは、剣道の礼法・所作動作から間合いの取り方、打突の要領まで基礎・基本を習得させようとするものである。

また剣道実技は、竹刀を用いて相手を攻撃したり、相手の攻撃をかわしたりして打ち合う格闘的な対人的スポーツである。したがって、これらの対人的技能を中心とした攻防の技能を身につけるとともに、相手との対応に必要な基本的動作ができるようにすることが必要である。このためねらいは、剣道の特性を考慮し次のように考える。

①基本動作や対人的技能を身につけ、技能の程度に応じた稽古や試合ができるようにすること。

②互いに相手を尊重し、公正な態度で稽古や試合ができるようにすること。得意技を身につけて稽古ができること。

③剣道用具（特に竹刀）や稽古場の安全を確かめ、危険な技を使わないよう留意して行うこと。

2 内容

(1) 稽古着・袴の着装

体育の授業でもできる限り稽古着・袴着用で行うようにする。防具装着も同様であるが、日本の紐の文化を踏襲し、正しい装着ができるようにする。稽古着は、襟を左前に重ね、背中の重ねが出ないよう余分なところは左右脇下に寄せる。袴は、裾を踝辺りとし、やや前下がりに着る。

(2) 防具の装着

防具の装着は正座をして行う。安全のためにもしっかりとした着装を行う。

垂の紐は袴の腰板の下の部分を回して締めること。胴の上紐は胸乳革に結ぶようにする。下紐は後ろで横結びになるように結ぶ。面紐は結んだ紐をそろえる。また垂らした紐の長さが４本同じ長さになるように整える。

(3) 礼法の学習

礼に始まり礼に終わる。

①立礼

直立の姿勢で、正面には上体を約30度倒して行い、相互の礼は、目礼といって相手の目を見たまま、上体を約15度倒して行う。いずれも心を込めて行う。

木刀を持った場合の立礼は、右手に提刀で行う。竹刀の場合は、左手に提刀で行う。

②正座

直立の姿勢から、左足を少し引き、左膝を床に着けて右足を引きながら膝を着き、足首を伸ばしながら、右足親指が上になるように親指を重ねて座る。立つときは、腰を上げながらつま先を立て、右足から立つ（左座右起）。

正座した膝と膝の間隔は、男子の場合、拳２握り程度空け、女子の場合はそろえるか１握り程度空ける。顎を軽く引き、背筋を伸ばす。肩の力を抜き、両手は指をそろえて内股の上に添える。両脇は軽く閉じる。呼吸を下腹に落とす。

木刀を持ったときの正座は、木刀を右側に鍔を膝頭の線にそろえ、刃を自分のほうに向け、体側に沿って置く。竹刀の場合は左側とする。

③静座

黙想のことである。正座から両手の人差し指から小指までをそろえ、右手を下に指の付け根まで重ね、親指の第１関節の腹を軽く合わせ、下腹の前に置く。目を軽く閉じるか瞼を軽く重ねる。呼吸を長く下腹に吐き、精神統一を図る。

④座礼

相対の場合は相手を、全体の場合は前を見て、両手一緒に膝前の床に送り、親指と人差し指で三角形を作り、顔をそれに埋めるように深く腰から礼を行う。このとき、両肘を床に着けると綺麗な礼ができる。

⑤蹲踞

相撲の蹲踞と同じである。つま先を立てて膝を深く曲げ、尻を踵の上に乗せる。上体は前かがみにならないように背筋を伸ばす。両膝を十分に開き安定した姿勢をつくる。このとき、左足を右足の半足引いたところに置く。

(4) 基礎動作

①構え（中段の構え）

姿勢は、歩くときの右足前の状態である。竹刀の握り（手の内）は親指と人差し指の中間が、弦の延長線上に来るように、左手は柄頭いっぱいを、右手は鍔元（つばもと）付近を小指・薬指を中心として握る。左手の位置は、親指付け根がへその高さとし、身体からこぶし１個分空ける。右手で剣先の高さを調節する。木刀の場合は、剣先を喉（のど）の高さとし、竹刀の場合は木刀より幾分低くし、胸の高さ程度とする。目付けは相手の目を見る（遠山の目付け）。

②足捌（さば）き

送り足、歩み足、開き足、継（つ）ぎ足（あし）、踏み込み足を習得する。

③素振り

上下振り、斜め振り、正面打ち、左右面打ち、跳躍正面打ちなどを時間の経過とともに展開する。足捌きを伴った素振りを行う。

④掛け声

大きな声を腹から出すように心掛ける。大きな声は、自己を励まし気力を充実させ、相手を威圧する。打突動作では、打突部位名を発声する。

⑤木刀による剣道基本技稽古法

木刀による剣道基本技稽古法９本を行うことにより、構え・足捌（さば）き・間合い・打突の基礎・基本を習得し、防具を着けた剣道実技へ移行しやすくする。

基本１：一本打ちの技
基本２：連続技（二・三段の技）
基本３：払い技
基本４：引き技
基本５：抜き技
基本６：すり上げ技
基本７：出ばな技
基本８：返し技
基本９：打ち落とし技

⑥一足一刀の間合い

剣道で相対したときの基本的な間合いで、一足踏み込んで一振りで相手を打突できる距離のことである。これより近いと近い間合い、遠いと遠い間合いという。また鍔と鍔が交差した状態を鍔迫（つばぜ）り合いという。

⑦基本打突

一足一刀の間合いから、正面・右小手・右胴を打突する。突き技は高度かつ危険を伴うので行わない。打突は、気・剣・体一致の打突を行えるようにする。構えから間取り、竹刀を大きく振りかぶり、物打ちで打突し、残心をしっかり取る。

⑧切り返し

正面打ちの後、連続して左右面を打ち、最後にまた正面を打ち、残心を取って終わる。

最初の正面打ちは、一足一刀の正しい間合いからしっかり打ち、相手が引くのに合わせて相手の左面から前進４本、相手が出るのに合わせて後退５本、合わせて９本を左右対称に大きく、刃筋正しく連続して行う。

元立ちは、左右面を受けるとき、竹刀を面横に立て気を入れて受ける。

⑨応用動作

基本技を基にして、しかけ技と応じ技を習得し、稽古から試合へと発展させる。

ア　しかけ技

二・三段の技、払い技、引き技、出頭技など

イ　応じ技

抜き技、すり上げ技、返し技、打ち落とし技

⑩稽古には以下のようなものがある

ア　元立ち稽古：上級者が元立ちになり、下級者が掛かる稽古。
イ　互格稽古：技能の同等の者同士の稽古。
ウ　試合稽古：試合要領の稽古。
エ　打ち込み稽古：元立ちの与えてくれた隙に思いっきり連続して打っていく稽古。
オ　掛かり稽古：元立ちに対して連続して一本を打ち込む稽古。激しい稽古である。

(5) 主たるルール

剣道は、相手の面、小手、胴を狙って一本を取得するスポーツである。正々堂々とした態度が要求され、相手を尊重して行わなければならない。

授業での試合は、２～３分の試合時間で、３本勝負で行う。２本先取した者、時間内に１本先取した者が勝ち。同取得本数なら引き分けとする。

主な反則は、場外に出ること、竹刀を落とすこと、相手の竹刀を握ること、不正な鍔迫り合い、などである。

3. 新しい授業展開を目指して

1 木刀を使用した授業を展開する

木刀による剣道基本技稽古法を基礎・基本として行う。剣道の礼儀作法を習得するとともに、基本技能の習得を簡易にすることができる。

2 相手を尊重する態度を育てる

対人的な行動様式はコミュニケーションの原点であると考える。相手を尊重する態度を育てつつ攻防動作を行う。

3 伝統的な礼法や行動様式を受け継ぐ

日本の伝統的な礼法や行動様式には古来からの合理性があり、大切に受け継ぎたい。

4 剣道の正しい用語を使用する

授業では、剣道の正しい用語を用いて指導することにより、武道への理解を深める。

4. 安全に関する指導

1 用具に関すること

①できる限り、剣道着（柔道着を代用しても可）・袴（はかま）（長すぎないこと）を着用する。
②防具の正しい着用を心掛ける（正しい位置に紐をしっかり結び、着装する）。
③木刀・竹刀の鍔（つば）と鍔留めがしっかり固定されているか確認する。
④竹刀について下記の項目を確認する。
・先革が固定されていることと破損がないこと
・中締めの緩みがないこと
・柄の緩みがないこと
・弦が適度に張られていること
・竹の割れ、ささくれがないこと（できればカーボン竹刀を使用する）

2 道場に関すること

①床面に配慮する（ささくれがないこと・体育館と併用のところは特に気をつける。弾力性のある床面を使用する）。
②周りに危険な用具がないか確認する。
③ガラス窓や天井の低い照明器などに気をつける。

3 技術に関すること

①危険な突き技は使用しない。
②むやみに竹刀や木刀を振り回さない。
③打つことと殴ることの違いを明確にする。
④最低限のルールを把握する。

4 傷害について

①剣道の傷害で多いのは打撲である。防具をしっかり着用し、防具以外のところを打たれても良いように厚手の物を着用する。
②次いで大きな傷害はアキレス腱断裂である。準備運動でしっかりストレッチしておく。さらに竹刀の不備による傷害では、目を損傷したりすることがあるので特に気をつける。

5. 単元計画

剣道の初心者向けの単元計画例は表3-6-2のとおりである。

表3-6-2　剣道の単元計画（初心者向け）

回	内容
1回	剣道の歴史・特性・日本刀・木刀・竹刀の説明
2回	稽古着・袴の着方、防具の着脱、立礼から正座・座礼
3回	正座と静座、中段の構え、足捌き、上下素振り、正面素振り
4回	木刀による剣道基本技稽古法（基本1） 基本1を、防具を着けて竹刀で打突して行う。
5回	木刀による剣道基本技稽古法（基本1 ～3） 竹刀での左右面素振り、踏み込み足による打突
6回	木刀による剣道基本技稽古法（基本1 ～6） 踏み込み足による打突、互格稽古
7回	木刀による剣道基本技稽古法（基本1 ～9） 竹刀打ち込み稽古
8回	木刀による剣道基本技稽古法の完成
9回	跳躍正面素振り、二・三段の技、互格稽古
10回	払い技、引き技、互格稽古
11回	抜き技、すり上げ技、返し技、互格稽古
12回	得意技の習得、互格稽古
13回	試合稽古
14回	試合稽古
15回	まとめ

□参考文献

百鬼史訓・氏家道男・大保木輝雄他（2008）剣道指導要領．財団法人全日本剣道連盟・東京．

（堀山　健治）

第6節 武道 3. 相撲

【相撲の発祥】

相撲の発祥は奈良時代に始まり、力競べの格闘技から次第にルールを決めて、文化的価値を有した武道へと整えられた。現在では国技として多彩な技の攻防の面白さに、日本的な風土と伝統的な礼法を伝えながら発展してきた。

かつては各地の神社の境内で、神事（お祭の催事）として、少年や青年相撲大会が開かれた。特に、昭和の中頃までは、奉納相撲と称して町内安泰、五穀豊穣を祈願した由緒ある行事として盛んに行われた。また、年４場所の大相撲（職業人相撲）の開催期となると、子どもたちは学校のグラウンドに円形を書いただけの土俵で、「力競べ、技競べ」の相撲をしていた。当時の体育は、授業で使う用具・器具の少ない時代だった。素手と素足で力強く全身を巧みに動かす相撲は、腕白少年の花舞台でもあった。

1. 相撲の特性

相撲は相手の動きに応じて、いろいろな技を使って攻防し勝敗を競う格闘技である。攻防は、両者の立ち合いから直接相手と組み合ったり、突き放したり、投げたり投げられたりするところに楽しさがある。勝敗の面白さは、円形の土俵（正式には直径455cm）にあり、攻防から足裏が土俵の外に出たり、先に体の一部が土俵の土に着いたほうが負けになる。

相撲は多彩な技を習得することによって楽しさが倍増していく。相手に対してどのような技が効果的な攻めになるか、また相手の攻めに対してどのように防ぐかを工夫しながら闘うという、作戦的な一面にも面白さがある。また、体力的・体格的なハンディキャップにも、大きいとはいえない円形の土俵が勝負の楽しさを盛り上げている。丸い土俵を機敏に動くことや、巧みにしかも体を柔らかく使うことにより相手の攻めをかわしたり、不利な場面を一気に攻めに好転させたりできる独特の楽しさを創り出している。

また、相撲は他の武道と違い、本来「まわし」だけを身につけ裸身で、「天地神明に誓って武器を持たずに素手で正々堂々と闘います」と宣言する。仕切りそのものが自己顕示であり、また、同時に相手を尊重しつつ勝敗を競うというところに特徴のある運動である。相撲に対する伝統的な考え方や行動の仕方を身につけること、相手に敬意を表すことなど、学ぶことの多い教材といえる。

2. 学習のねらいと内容

21世紀の日本は固有の文化や伝統が失われつつあり、子どもたちの生活行動や遊びにもそのような変化が生じていると警鐘が鳴らされている。

日本の文化に根ざした伝統的な考え方を積極的に取り入れた相撲は、独特な練習方法を楽しむことができるものである。特に、基本となる技から次第に得意技を磨き、相手と対戦するなかで駆け引きの楽しさを味わうことができる。しかし、相手と真正面から向き合う格闘技だけに、安全面に十分に考慮して、柔道と同じように段階的に練習する事が肝心である。

学習指導要領では中学校の武道領域に相撲が示

されているが、高校には相撲が位置づけられていない。柔道の授業時に「投げ技」練習の一環として相撲の技と連携させると効果的である。また、基礎的な体力づくりとしても有効であり、積極的に相撲の基本技を取り扱ってもらいたいものである。

1 準備運動（相撲固有な動き方を中心に）

(1) 運び足（すり足）

相撲は素足で固有な動きとしてすり足（運び足）が基本の移動法である。足の親指を地面から離さないよう中腰に構えて、両脇をしめて、顎を引き前後左右に動く。相手と向き合って行うもよい。

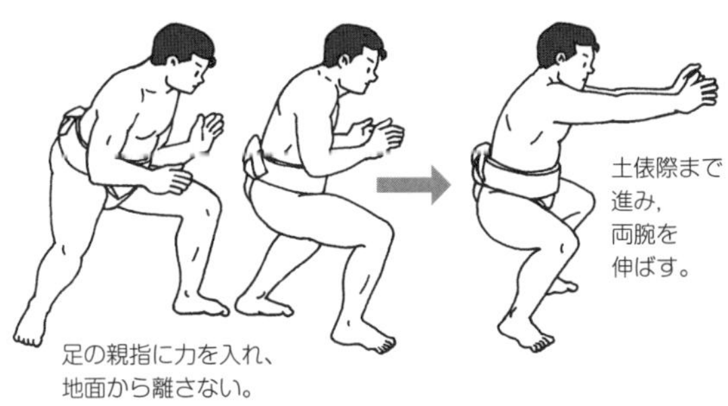

土俵際まで
進み，
両腕を
伸ばす。
足の親指に力を入れ、
地面から離さない。

図3-6-3-1　運び足

(2) 四股、伸脚、腰割り、蹲踞

四股や腰割りは相撲独特の準備（強化・柔軟）運動である。重心を下げたときに腰や股関節から力を発揮させるねらいがある。四股は中腰の姿勢（膝を直角に曲げる）から軸足に体重を移しながら片方の足を上げる。足を下ろすときには腰を引かず背筋を張ってつま先から下ろす。足腰のバネを確認するようにする。

図3-6-3-2　四股

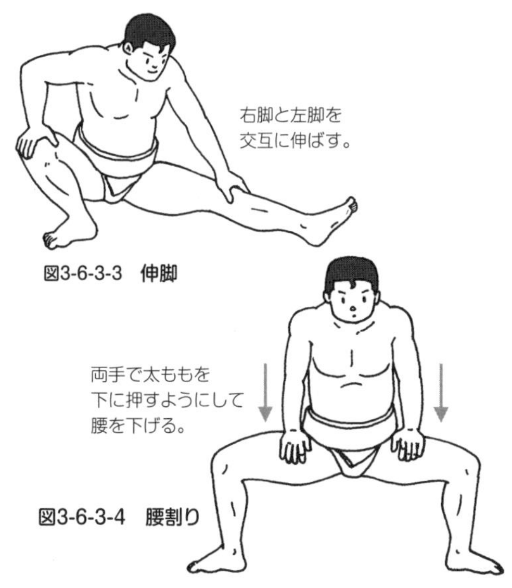

右脚と左脚を
交互に伸ばす。
両手で太ももを
下に押すようにして
腰を下げる。

図3-6-3-3　伸脚

図3-6-3-4　腰割り

(3) 調体（てっぽう）、押し、寄り

攻めの基本技能を養成する運動である。中腰、すり足で上肢と一体で力強い動きが求められる。

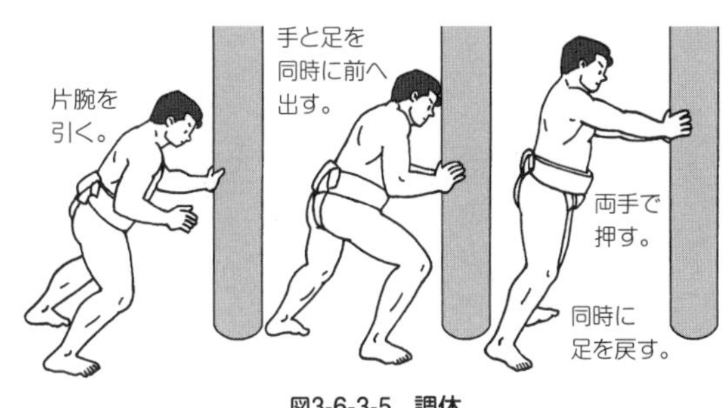

図3-6-3-5　調体

(4) 受け身

柔道場の畳やマットの上で、相手の投げ技の変化に応じて受け身を取る練習をする。

(5) 仕切りと立ち合い

相手と呼吸を合わせ、中腰の姿勢で重心を低くして一気に立ち合う。

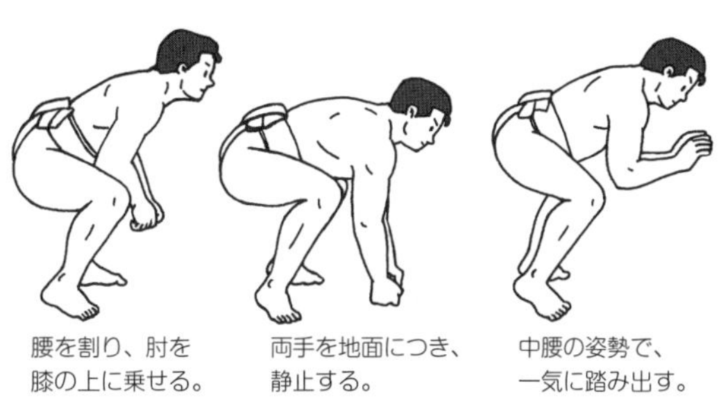

腰を割り、肘を
膝の上に乗せる。
両手を地面につき、
静止する。
中腰の姿勢で、
一気に踏み出す。

図3-6-3-6　仕切りと立ち合い

2 礼法の学習

相手に敬い尊ぶ心を込めて、礼に始まり礼に終わるようにつとめる。

図3-6-3-7　蹲踞

(1) 蹲踞（そんきょ）

礼の心を整え、つま先を立てて膝を深く曲げて、尻を踵の上に乗せる。上体は前かがみにならないように背筋を伸ばす。両膝を十分に開き安定した姿勢をつくる。

(2) 塵浄水（ちりじょうず）

相撲固有の礼法で蹲踞の姿勢から「ちりを切る」。

上体を前傾して

胸の前で両手を
すり合わせる。

返して下に向ける。

図3-6-3-8　塵浄水

3 基本動作

基本動作は準備運動に示した内容を毎時間反復して繰り返し練習することが大切である。最初は１人で、次いで２人が向かい合って攻めと受け手を交代しながら練習する。

特にすり足からの押し（寄り）、突き押し、押っつけは、基本動作として最重要である。

4 基本の技

相撲は押し出しや寄り切りなどの技があるが、四つ身に組んだ体勢から、相手の動きを利用して投げ技を決めたときに醍醐味がある。四つ身に組むとは右手で下手まわしを握り左手で上手まわしを握る「右四つ」と、逆に取り組んだ「左四つ」がある。どちらか得意な四つ身を会得することにより、得意技を仕掛けやすくなるので練習してみよう。

(1) 基本技

押し（突き）出し、寄り切り

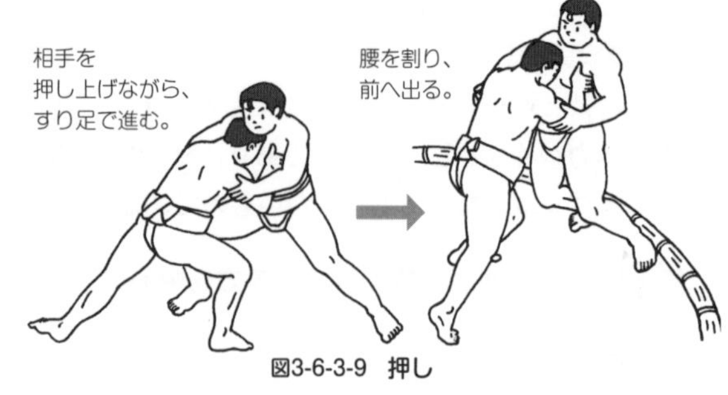

相手を
押し上げながら、
すり足で進む。
腰を割り、
前へ出る。

図3-6-3-9　押し

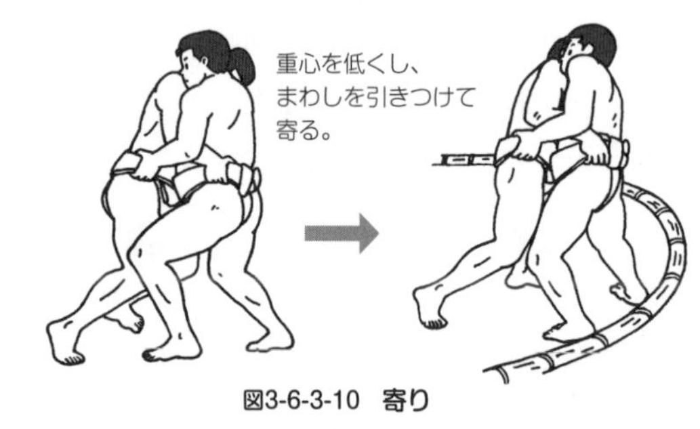

重心を低くし、
まわしを引きつけて
寄る。

図3-6-3-10　寄り

(2) 上手投げ

上手まわしを持ち上げるようにして引きつけ、相手の体を崩しながら投げる。

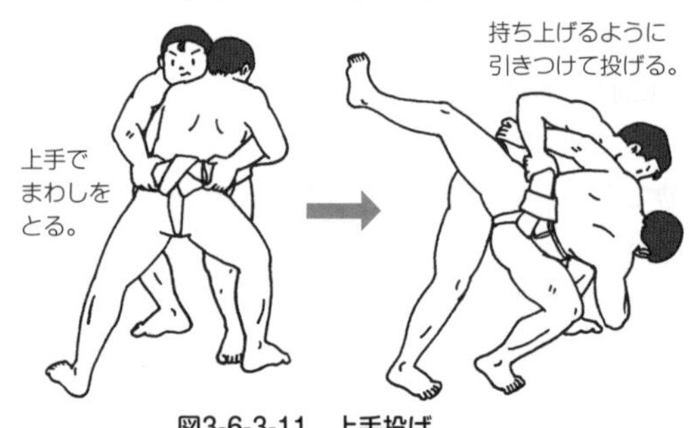

図3-6-3-11　上手投げ

(3) 下手投げ

下手まわしを取り、相手の上手を返すようにして腰を低く相手に差し込みながら投げる。

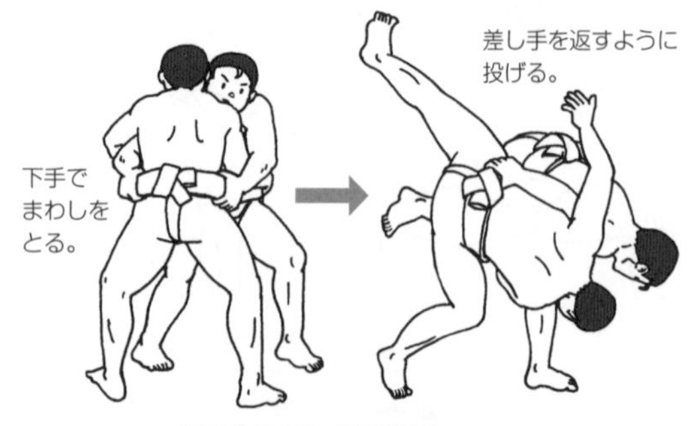

図3-6-3-12　下手投げ

(4) 掛け投げ

内掛け、外掛け等、足技は沢山あるが、授業では無理をしてけがをする恐れもあるので注意すること。

5 試合の進め方

行司を真ん中にして、実施者は両脇（東と西）に分かれて塵浄水をする。前に進み蹲踞の姿勢をとる。行司の指示で半歩下がりながら、仕切りの姿勢から両者呼吸を合わせて立ち合う。

3. マナーと安全

武道における礼法（マナー）は、その所作そのものが我が国の伝統であり、心を開く「お願いします」とか「お蔭様で」さらには「有難うございました」と相手に敬意を払うことを形に表したものである。

相撲は心と体を一体として、正々堂々とした塵浄水の姿勢で備え、相手と呼吸を合わせることから始まる格闘技である。技は豊富で、攻防は実に面白いが危険も伴うだけに基礎・基本から積み上げなければならない。

特に相手を土俵に投げつけるとか、押し出しのときに駄目押しをしたりしないように安全面に配慮した指導が大切である。

相撲場がない学校では、土のグラウンドで実施したり、柔道場の畳の上で相撲の基本を展開することもできる。いずれの場合でも素足、素手が基本である。場の安全確認をすることや、手足の爪を短く切り、相手を傷つけたりしないように注意を払うことが肝心である。

もちろん、禁じ手や禁じ技を最初から指導して、絶対に使わないように注意すること。

1 禁じ手

(1) 拳でなぐること。
(2) 胸部、腹部等を蹴ること。
(3) 目、みぞおちなどの急所を、拳または指で突くこと。
(4) 頭髪をつかむこと。
(5) 咽頭（いんとう）をつかむこと。
(6)「前ぶくろ」（前立褌（ふんどし））をつかむこと、または横から指を入れて引くこと。
(7) 2回以上故意に着衣をつかむこと。
(8) 一指または二指を折り返すこと。
(9) かむこと。

2 小・中学校の禁じ技

小・中学校の競技会においては、下記の禁じ技がある。

(1) 反り技（居反り、撞木（しゅもく）反り、掛け反り、たすき反り、外たすき反り、伝え反り）
(2) 河津掛け
(3) さば折り
(4) 極（き）め出し、極め倒し（かんぬき）

4. 新しい授業展開 →3年間の見通しをもって

①日本固有のスポーツである相撲の基礎・基本の運動を通して、相撲に適した体力づくりや柔軟運動に親しませる。
②中学校では 柔道、剣道そして相撲の同一種目を３年間選択させて、段階的に指導できるようにすることが望ましい。
③得意技を身につけさせ「自分の形」をつくれるように指導する。激しい運動だけに、役割を交代しながら安全に留意して実施する。
④伝統的な考え方、技の名称、練習方法については、個々の技能に応じて指導すること。
⑤相撲は、サッカーや野球のように日常的に練習や試合を観戦する機会が少ないので、ビデオなどを活用して、基礎的な礼法や技術の練習方法まで十二分に理解させると安全面からも効果的である。
⑥相撲は、左差し、右差し、両差し等、四つ身に組み合うと相手の技量や鼓動を感じることができる。こうした直接的に伝わってくる友人の躍動感を感じることが、相撲の楽しさに結びつく。
⑦練習段階には、受け手と攻め手を決めて練習すると効果的である。全身の力を出し合う約束練習は、相撲の基礎であることはもちろんのこと、体力トレーニングとしても有効である。

□引用文献

細江文利監修（2011）図説　新中学校体育実技（2011年版）大日本図書・東京，pp.256-263.
文部科学省（2018）中学校学習指導要領（平成29年告示）解説　保健体育編．東山書房・京都．pp.149-150,pp.159-161.

（長谷川　優）

第7節 ダンス

【ダンスの発祥】

人類の誕生とともに発祥したダンスは、人々の感情を乗せ、律動的な動きを伴う表現運動である。原始時代の人々にとって、踊ることは神に祈ることであり、生活の平和や子孫繁栄、作物の豊穣など、生活に密着した祈願を踊りに託したのがダンスの始まりといえる。そこから発展し、受け継がれてきた世界各地のフォークダンスをはじめ、クラシックバレエ、コンテンポラリーダンス、ストリートダンスなど、現在では多種多様な形式のダンスが存在している。日本では明治期、能や歌舞伎などの伝統舞踊に洋舞が加わると、学校教育でもダンスが導入されるようになった。

1. 創作ダンス

1 創作ダンスの特性

創作ダンスでは、自分の表現したいイメージや思いを、工夫した動きを使って見ている人に伝え、共感し合う特性がある。創作ダンスとしての決まったステップは特定されず、やってはいけない動きのルールもないため、教師は生徒自身が自由に発想し、創り出す動きを丁寧に見つめ、それを発展させながら作品づくりに向かわせるようにする。特に創作ダンスでは、イメージの世界に没頭し、そのものになりきって踊ることが表現の深まりにつながるため、その活動をしやすい学習の場づくりが大切である。時には教師自らが、イメージしたものになりきって動いてみることで、初めてダンスを学習する生徒も思い切って表現できるようになるだろう。また、生徒同士がどんな動きを生み出すのか、新たな表現に驚き、称賛しながら創作活動を楽しむことも重要である。

2 学習のねらいと内容（表3-7-1）

創作ダンスは、設定したテーマから表したい思いやイメージを捉え、それにふさわしい動きを発見、探求し、ひとまとまりの流れをもって踊ることが目標となる。動きを創り出す過程で、ダンスに初めて取り組む生徒は、どう捉えてよいのかわからずぼう然としたり、恥ずかしがってなかなか動き出せない場合がある。そこで教師が、具体的で表現しやすいテーマ例を上げ、生徒が抵抗なく活動に入っていけるように単元計画を工夫する必要がある。

クラスで使用する音楽は、始めは生徒が好む曲を選択することで、心が弾み、自然と踊りに入っていける環境となる。ただし、常に同じジャンルや、流行りの曲ばかりでなく、多種ジャンルから、違うテンポや雰囲気の曲を用意し、使用してみることで、曲から受ける感じの変化を楽しむこともできる。

体一つで踊ることに抵抗がある生徒が多い場合には、小道具を使用して表現に挑戦させることも可能である。小道具には、風船、ポリ袋、スカーフ、布、新聞紙、椅子などが考えられ、それらを何かに見立ててストーリーを展開することができる。ここにまた、創作ダンスの創造性と面白さが出てくる（図3-7-5 p.98）。

また、踊る環境は常に体育館である必要はなく、安全に注意すれば、校庭、屋上、廊下や階段、1階の窓の外と中、等で実施すると、いつもとは違う新たな表現が生まれる（図3-7-6 p.98）。

表3-7-1　創作ダンスの単元計画例

	ねらい	内容
導入	・みんなで踊る楽しさや喜びを味わう ・表現したいテーマからイメージを捉える ・即興的に表現する	①ダンスにつながる心と体ほぐしの運動 ・２人～複数人でストレッチ、リズムに乗って自由に踊る ②イメージを動きにする活動・２～３人組で、日常的な動きや身近な題材を取り上げ、動きにする(図3-7-1～図3-7-4)
展開	・動きに変化をつけ、誇張したり、繰り返して表現する ・テーマにふさわしい変化や起伏を創り出す	③イメージから創作した動きを深める ・即興的に表現した動きを繰り返し、リズムの変化や形の変化をつけていく ・様々な音楽を用いて、イメージに変化が出るか試してみる ・イメージを深めたり、表現効果をねらい、小道具を使用する ・踊る環境を変えて、イメージを掘り起こす
発展	・見る人に伝わりやすいように、イメージを端的に捉える ・動きの緩急や強弱をつけ、空間の使い方を工夫する ・はじめ－なか－おわりのひとまとまりの構成で表現する	④動きをつなげて作品化する ・自分が表現したいテーマの設定をする ・設定したテーマからイメージされる動きを１人～複数人で組み合わせていく ・発見された動きはどの順番でつなげると、より伝わりやすいか試してみる ・ひと流れで練習する
まとめ	・相手の作品理解に努め、互いの表現を称賛し、高め合う	⑤発表と評価 ・グループごとに発表する ・相手の作品を評価し、自分の作品も評価する

以上のような工夫を重ねながら、創作することに慣れてきた生徒には、抽象的なテーマに挑戦させてみたい。

(1) 2人組でのかけ合い例

図3-7-1 「わんこそば」

図3-7-2 「バドミントン」(その他のスポーツも表現しやすい)

図3-7-3 「かるた対決」

図3-7-4 「お風呂で背中流し」

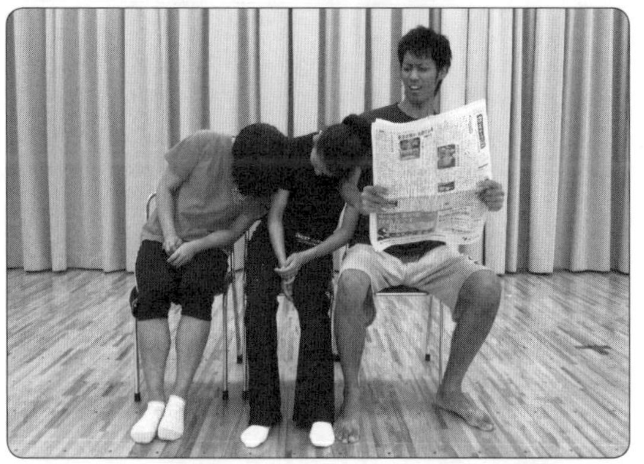
図3-7-5 道具（椅子、新聞紙）を使った表現 「迷惑車内」

図3-7-6 環境を変えて表現する（屋外で）「森の樹」

(2) 発展的テーマの例

- あの頃の思い出
- 移りゆく季節
- 天地創造
- 躍動
- 未来都市
- 曇り空
- 輝く命
- 間、など

2. フォークダンス

1 フォークダンスの特性

フォークダンスは、世界の国や地域で伝承されてきた踊りである。踊りは民族ごとの生活習慣や心情が反映され、様々な文化的影響を受けて発展してきた。また、皆で一緒に踊って交流することができるのが特徴である。自国の文化に誇りをもち、後世に継承していく意味で、日本の踊りについても理解し、踊ることは重要である。

表3-7-2 フォークダンスの単元計画例

	ねらい	内容
導入	・民族ごとの生活習慣や心情が反映されていることを理解する ・踊り方の特徴を捉える	①日本や外国のフォークダンスを知る ・踊りを映像鑑賞する ・踊りをおおまかに覚えて踊る ・見本に合わせて踊ってみる ・簡単なフォークダンスを取り上げ、1曲通して踊る
展開	・文化的背景と特徴を捉え、仲間とともに踊ることを理解する ・躍動的な動きや手振りの動きを強調して踊る ・特徴的なステップと組み方を覚え、音楽に合わせて踊る	②踊りの特徴を捉え、正確に覚えて踊れるようにする ・手足の動きを分解し、練習する ・難しいステップや動きを取り出して踊る ・一つのルーティーンを続けて踊る ・中程度のフォークダンスを取り上げ、1曲通して踊る ・動きを見せ合う
まとめ	・交流の場にふさわしい踊りの構成や衣装を工夫して踊る	③クラスの中で交流会をもったり、学校や地域で開催される交流の場と関連させて踊りを実施する

2 学習のねらいと内容（表3-7-2）

日本や外国で伝承されている踊りを身につけ、皆で一緒に踊りながら、その場にいる人々と交流することを重点にする。また、その踊りが生まれた地域の地理的条件や歴史、民族や文化の特徴を理解することで、学習を深めることができる。踊る際の衣装についても触れると、より楽しみも深めることができる。

フォークダンスには、それぞれに踊り方があるため、ステップや動きの隊形、組み方を身につけ、1曲通して皆で踊ることや、踊りの背景や特徴を捉えて感じを込めて踊ることが重要である。

周囲との直接的なコミュニケーションができるフォークダンスではあるが、抵抗ある生徒には、まずは1人で踊る曲から始め、徐々に触れ合いのある曲へ移行していくとよい。

(1) 簡単なフォークダンス例

・日本の踊り

ソーラン節、阿波踊り、春駒、炭坑節

・外国の踊り

マイム・マイム、オクラホマ・ミクサー、キンダー・ポルカ

(2) 中程度のフォークダンス例

・日本の踊り

よさこい節、越中おわら節、エイサー

・外国の踊り

オスロー・ワルツ、ハーモニカ、ドードレブスカ・ポルカ

3. 現代的なリズムのダンス

1 現代的なリズムのダンスの特性

現代的なリズムのダンスは、ロックやヒップホップなどの現代的なリズムに乗って、自由に弾み、楽しく踊るのが運動特性である。細分化され、カテゴリーに分けられたダンス・テクニックが多岐にわたって存在するが、学校で行う初期の段階では、難しいテクニックを目指すより前に、音楽を感じ、自由に体を動かす楽しみを味わいたい。現代ではメディアの影響もあり、リズムに乗ることに身近である生徒も多い。そのため、創作ダンスに抵抗がある生徒でも、現代的なリズムのダンスであれば、生き生きと取り組む場合もある。

2 学習のねらいと内容（表3-7-3）

それぞれの曲のリズムを捉え、体幹部を中心に全身で自由に弾んで踊ることを初期段階では重点とする。発展した段階では、リズムに変化をつけ、ダイナミックなアクセントをつけながら、連続し

表3-7-3　現代的なリズムのダンスの単元計画例

	ねらい	内容
導入	・自由に弾んで踊る ・リズムに乗ることに親しむ	①指導者のリードで、曲のリズムに乗って、自由に弾んで楽しく踊る ・生徒が好む曲を使い、自由に体を弾ませる ・簡単な繰り返しのリズムで踊る
展開	・特徴を捉え、変化をつけて踊る	②リズムを捉える ・ロックやヒップホップのリズムの特徴を捉え、体の中心部分を動かす意識で踊る ・仲間と動きを合わせたり、ずらしたりしてリズムに乗って踊る
発展	・変化とまとまりをつけ、連続して踊る	③グループでまとまりのあるオリジナルダンスを創る ・グループで選曲し、曲に合う動き方を発見する ・各自が得意な動きを出し合い、相互に教え合ってつなげてみる ・動きにまとまりをつけ、個や群、空間の使い方を工夫する
まとめ	・仲間との交流を楽しむ	④発表と交流をする ・グループごとにオリジナルダンスを見せ合う ・自分たちのダンスを教え、一緒に踊って交流し、仲間との関わりを楽しむ

て踊るようにする。また個と群の動きを強調してまとまりをつけ、仲間と様々な対応をして踊り、簡単な作品を見せ合う場も設けると意欲的に取り組める。自分たちの踊りを他のグループに教え合うのも良いだろう。

4. 評価の仕方

ダンスの授業で教師が戸惑うのが、評価法である。それはダンスが点数やタイムで競うような競技型スポーツではないからである。そこにダンスの面白さと可能性があることを忘れてはならない。

ダンスでの評価は、各観点から表3-7-4のような項目が、どのくらい到達できたかで判断する。生徒自らの評価や、生徒同士の評価も、教師は単元のまとめとして使用することができる。

表3-7-4　評価の観点

観点	項目
知識及び技能	・それぞれの踊りの特徴を理解する ・正確なステップを身につけ、全身を使って踊ることができる ・動きに変化をつけ、空間の使い方が工夫できる ・リズムに乗って、動きに変化をつけ、仲間と交流しながら踊ることができる
思考力・判断力・表現力等	・計画的に作品づくりを進め、練習を重ねて完成度を高める ・自己の課題を発見し、その解決に向けて活動を工夫する ・発表方法を理解し、工夫して他者に伝える
学びに向かう力・人間性等	・表現世界に積極的に取り組むとともに、仲間の学習を支援しようとする ・仲間のアイディアや意見を認める ・仲間と協力して、よりよいものを創ろうとする

5. 新しい授業展開を目指して

(1) 視聴覚機器の活用

ダンスそのもののイメージをもっていない生徒には、まずダンス映像を見せることが、学習の手掛かりとなる。ダンスには多種多様なものがあり、世界中で親しまれていることも理解できるように教師は説明を加え、学習への動機づけとする。

(2) 活動グループの人数

自らの動きを発見していく活動が多いダンスの時間では、個人の良さを引き出すために、活動しやすいグループづくりが大切である。最初の段階では２～３人の小さなグループで活動し、必ず個人の意見が反映されるような状況をつくる。次の段階では５～８人くらいのグループをつくり、各グループには創造性豊かで積極的な人材が存在するよう教師が調整するとよい。

(3) 発表会の工夫

ひと流れの動きや作品を創った後、発表会形式で見せ合いの場面をつくると生徒はより意欲的に踊ることができる。最初の段階では、クラスの半分のグループが残りのグループに一斉に発表するなどして、緊張感が高まりすぎない状況を設定する。発表に慣れた段階へ進むと、体育館内のステージで発表したり、鑑賞する側を少し暗くするなどして、劇場の雰囲気を出すと発表者の見せる意欲も高まる。

また、それぞれの踊りに合った小道具や簡単な衣装を用意すると、踊る側も見る側もより踊りの内容を感じとり楽しむことができる。発展的な段階では、可能な限り実際の劇場やホールで発表すれば、学習の集大成として生徒に強い印象を残すだろう。

発表会で重要なことは、鑑賞者が温かい雰囲気で拍手を送り、相手の表現を認め合うことである。発表と鑑賞を通して、仲間との交流ができるのもダンス学習の重要なねらいの一つである。

(4) 学習カード

作品を創る段階で、制作過程を記録しておくノートを準備する場合が多いが、毎時間を振り返る学習カードの活用も有効である。また仲間の作品を鑑賞する際には、ダンスの評価観点に則した項目を載せ、学習者同士が評価できるようにすることも、その後の活動に役立つものとなる（表3-7-5、表3-7-6）。

表3-7-5 ダンス学習カード　その①

今日の自分について　　月　日		
（3：よくできた　2：できた　1：あまりできない）		
知識・技能	・踊りの特徴を捉えることができた	
	・イメージをもって踊ることができた	
	・動きに強弱をつけることができた	
	・隊形や空間の使い方を工夫することができた	
	・仲間と関わって踊ることができた	
思考力判断力表現力	・時間内で計画的に進めることができた	
	・自分とグループの課題を見つけることができた	
学習態度	・恥ずかしがらずに取り組めた	
	・積極的に意見を出せた	
	・仲間の意見を取り入れることができた	
	・仲間と協力して完成度を高めようとした	

表3-7-6 ダンス学習カード　その②

今日の作品について （自チーム、または他チーム）　月　日	
<作品タイトル>	
（3：よくできた　2：できた　1：あまりできない）	
・イメージに合わせて表現していた	
・動きや空間使いの工夫があった	
・本時の表現に対するひと工夫があった （リズムの使い方・選曲・小道具・衣装）	
・完成度が高かった	
<他のグループを鑑賞した感想>	
☆本日のベストダンサー！　　さん	

図3-7-7 発表会にむけて練習

6. まとめ

2012年より全面実施された学習指導要領の中学校１、２年男女におけるダンスの必修化は、運動領域の一つの大きな特徴といえるだろう。体育分野で扱われる他のスポーツが記録や勝敗を目的とするのに対し、ダンスは模倣・変身、自己の思いの伝達、動きを通した共感と交流、等が目的となる。この特徴を理解すれば、他のスポーツ種目で苦手意識をもつ生徒でも活躍する場面が出てくる。またダンスで習得できるリズム感、柔軟性、巧緻性を他のスポーツに応用し、それぞれの技術を高めることができる。このようなことから、表現運動であるダンスを他のスポーツと分けることなく、重要な学習内容の一つとして丁寧に取り扱いたい。

また各種目の準備運動・整理運動として生徒の好む音楽を使用し、リズムに合わせて心と体をほぐす事も効果的である。

余暇を通し、ダンスの映像鑑賞、劇場鑑賞などで知的想像と創造活動を継続することは、健康的で豊かな人生を送ることにつながるだろう。

図3-7-8 劇場での発表

□参考文献

高橋健夫・岡出美則・友添秀則・岩田靖（2010）新版体育科教育学入門．大修館書店・東京．

細江文利監修(2011)図説　新中学校体育実技．大日本図書・東京．

片岡康子他（1991）舞踊学講義．大修館書店・東京．

高橋和子（2011）中学校・高等学校のダンス単元計画立案の考え方．女子体育58（8・9）：12-15．

文部科学省（2018）中学校学習指導要領（平成29年告示）解説　保健体育編．東山書房・京都．

文部科学省（2019）高等学校学習指導要領（平成30年告示）解説　保健体育編　体育編．東山書房・京都．

（和光　理奈）

第8節 野外活動

【野外活動の発祥】

「野外活動」は読んで字の如く、「野外（屋外）」で「活動する」という意味がある。「野外活動」という用語は、戦後になってから広く使われるようになり、教育的な意味合いが当初から強かった。用語そのものが、文書の中で使われ始めたのは、昭和26年（1951年）に文部省（現文部科学省）から刊行された「社会体育指導要領」からであるといわれている。

1. 野外活動と教育

1 野外教育

野外活動を媒体とし、教育を行っていくことを野外教育という。学校で行われる林間学校やスキー教室は教育目的で行われるため、野外教育に該当する。野外教育は大きく「冒険教育」と「環境教育」に分かれる。プリースト（1986）はその二つの教育と野外教育の関連性について、野外教育の木を用いて説明している（図3-8-1）。

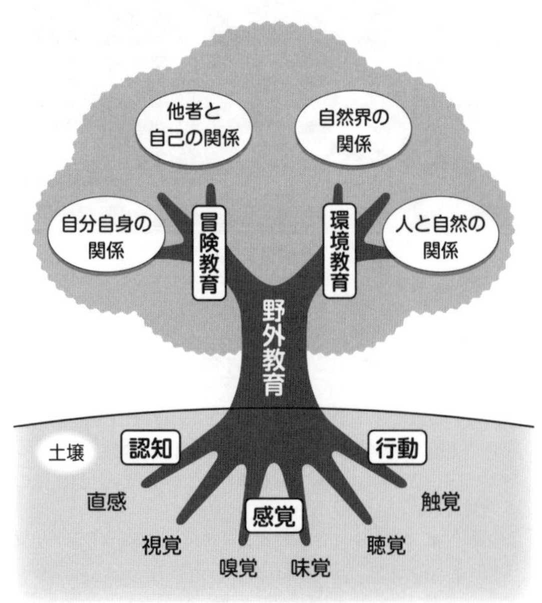

図3-8-1　野外教育の木
（Priest1986を参考に筆者が作成）

幹として野外教育があり、大きな枝として「冒険教育」、「環境教育」がある。「冒険教育」は他者と自己の関係、自分自身との関係、「環境教育」は人と自然との関係、自然界の関係という違った視点から活動の設定がなされ理解される。その理解の根源となるのが土壌である「認知」「行動」「感覚」の３学習領域、「視覚」「聴覚」「味覚」「嗅覚」「触覚」「直感」の六感である。すなわち、活動をすることにより土壌から養分を吸い上げ、幹と二つの大きな枝を通り、様々な関係の理解につながっていき、それが葉っぱとなり、大きく成長していくというモデルとなる。

このモデルに沿って、目的に合わせた野外教育が行われる。なお、冒険教育と環境教育は完全に分けられるものではないため、オーバーラップして成果が現れることもある。

2 学校教育における野外活動の位置づけ

野外活動は学習指導要領には以下のように記されている。

小学校：「自然の中での集団宿泊活動などの平素と異なる生活環境にあって，見聞を広め，自然や文化などに親しむとともに，人間関係などの集団生活の在り方や公衆道徳などについての望ましい体験を積むことができるような活動を行うこと。」（第６章：特別活動、第２：各活動・学校行事の目標及び内容「学校行事」遠足・

集団宿泊的行事）

中学校・高等学校：「平素と異なる生活環境にあって，見聞を広め，自然や文化などに親しむとともに，集団生活の在り方や公衆道徳などについての望ましい体験を積むことができるような活動を行うこと。」（第５章：特別活動、第２：各活動・学校行事の目標及び内容「学校行事」旅行・集団宿泊的行事）

以上のように野外活動は学校教育の中で特別活動の集団宿泊的行事として位置づけられており、行うことが定められている。その形態は様々であるが、青少年教育施設を利用して「林間学校」やゲレンデを利用した「スキー教室」が多く行われている。

2. 野外活動の計画と運営

1 野外活動の計画

野外活動を教育目的で行うとき、計画に必要なことは「5W1H」をはっきりさせることである。

When：いつ行うのか（季節、時間帯など）
Why：なぜ行うのか（目的、達成目標など）
What：何を行うか（プログラムなど）
Where：どこで行うか（山、海、雪上など）
Who：誰を対象として（年齢、属性など）
How：どのようにして行うか（運営体制など）

以上の６点をよく考えた上で、野外活動を行うことで、野外活動の持つ教育的効果を十分に発揮できる。また、野外活動は自然環境下で行う活動が多いため、突然雨が降る、土砂崩れの危険性が増す、急な気温上昇などの変化が起こる。最初に考えた計画を必ず実行する必要はなく、「５Ｗ１Ｈ」をよく考えながら、プログラムを途中で変更できる体制を整えておくことが重要である。

2 林間学校（キャンプ）

学校教育の中で行われる野外活動では、前述したように「林間学校」が多い。この「林間学校」で行う内容は自然の中で寝食を伴う「キャンプ」活動である。「キャンプ」は大きく分けて二つに分類される。一つは、レジャーやレクリエーションを目的としてキャンプ自体を楽しむために行うキャンプ（一般人が登山や旅行の時、イベントなどでの宿泊手段として使用する時など）である。そして、もう一つは、ある明確な教育目的、目標があり、それを達成するために行われるキャンプ（学校教育の中で行う時、民間団体が青少年の育成を目的として行う時など）である。

以上のように林間学校としてのキャンプは後者の分類に属し、ある一定の教育目的を達成することが求められることから、運営をする際には組織的に運営していく必要がある。そのようなキャンプは「組織キャンプ」と呼ばれ、以下のように定

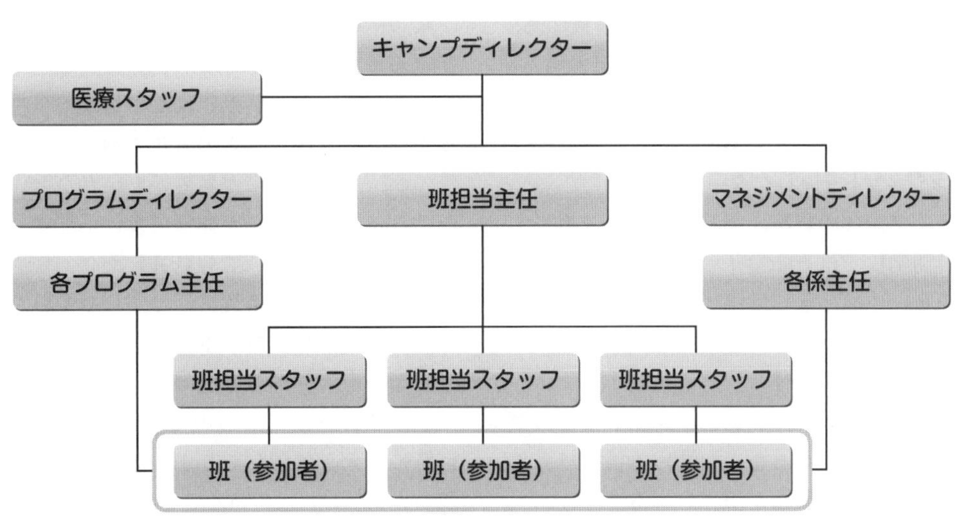

図3-8-2　組織キャンプの組織図

義されている。

「組織キャンプとは、社会的に責任のある組織、団体が何らかの教育的意図、目的を掲げ、その目的が効果的に達成できるように十分な計画と準備を行い、計画から実施にいたるプロセスにおいて、キャンプの組織、責任、指導体制を明確にし、キャンパーの正しい把握と理解にもとづいて、プログラムを展開し、それらすべてを統合してよりよく機能しているキャンプのことである。」

定義に基づき、林間学校としてのキャンプの組織モデルを示すと図3-8-2のようになる。

また、それぞれの役職について説明すると以下のようになる。

（1）キャンプディレクター

キャンプの総責任者。キャンプ全体の統括を行い、最終的な判断を下し、円滑に進むようにコントロールする。参加者（学校現場では生徒）には直接関与せず、スタッフに指示を出す。主に林間学校では学年主任が行うことが多い。

（2）医療スタッフ

学校医、外部委託の看護師など、医療資格を持ったスタッフである。指示系統上では並列の関係にあり、病気、けが等の際に対応を行う。また、養護教諭もこのカテゴリーに入り、簡単な応急処置や心のケアなども行う。

（3）プログラムディレクター

キャンプにおけるプログラムを統括する。キャンプディレクターが掲げるキャンプの教育目標を達成するためにプログラムを構成する。主に林間学校では担当主任の教諭が担当する。青少年教育施設に委託する場合は、施設の職員と一緒に担当することもある。

（4）マネジメントディレクター

キャンプ全体の総務、庶務的な仕事を担当する。林間学校ではその学年の教諭が担当し、あまり児童・生徒の前には出ず、裏方の仕事を行うことが多い。

（5）各プログラムの主任

登山、クラフト、レクリエーションなどのプログラムごとに中心となって進める役割である。施設の職員や学校教諭が担当をする。

（6）各係の主任

装備係、食事係、会計係などの係の統括を担う。学校教諭が主に担当し、施設の職員などの外部との窓口となる。

（7）班担当主任

それぞれの班を担当するスタッフを統括する。キャンプディレクターから受けた指示を班担当スタッフに伝えたり、班担当スタッフから得た情報をまとめてキャンプディレクターに伝えたりする。

（8）班担当スタッフ

各班の世話役となる。直接、児童・生徒の相談を受けたり、指導したりすることでキャンプが円滑に行えるようにする。野外活動の経験がある大学生などのボランティアスタッフが担当することが多く、事前に教育目的等を伝えて、指導しておく必要もある。

（9）班（参加者）

林間学校では児童・生徒にあたる。１つの班が６～10人で構成され、プログラムや野外生活を班単位で行う。

以上のように組織を構成し、運営していくことが望ましい。しかし、人員が限られていることが多いため、１人が役割を兼任したりすることもあるがどの役割を誰が担当しているのかをはっきりとさせて、指示系統が十分に機能することが重要である。

3 水辺活動

水辺活動では、それぞれの活動に応じた場所の選定が重要となってくる。例えば遠泳をする場合は水温が低すぎないか、淡水か海水か、舟艇を使う場合は海流がどちらの方角で強さがどのくらいなのか、船舶の往来があるかないかなど、配慮しなければならない点が非常に多い。配慮しなければならない点を一つでも見逃したり、妥協したりするだけで重大な事故につながりやすいため、指導者が水辺活動に対する知識と経験を十分に有し、その知識と経験から場所の選定をする必要がある。

危険を伴うが、その中で仲間と助け合ったり、自然の壮大さに触れたりする機会が水辺活動では多いため、「生きていること」を身近に実感することができる経験として貴重である。

4 雪上活動

雪上活動はスノーボード、クロスカントリースキー、バックカントリースキー、スノーシューハイクなどがあるが、学校現場で行われる雪上活動はゲレンデでのアルペンスキーを行う「スキー教室」が主流である。アルペンスキーの楽しさを体験、実感するためには滑走技術の向上が必須であり、「スキー教室」では滑走技術の向上を目指す必要がある。

効率的に安全に指導するため、スタッフ（教諭）の配置やゲレンデの選定に注意を払う必要がある。

（1）スタッフ配置

まず１つの班を10人までで構成し、班担当の指導者（有資格者の教諭・現地スキー学校のインストラクター）を１人つける。次に事故や問題があったときに柔軟に対応できる教諭をゲレンデおよび宿舎に配置する。このように配置することで班担当の指導者は班の指導に集中することができ、児童・生徒の学習効果を高めることができる。

（2）ゲレンデの選定

「スキー教室」では、初心者から上級者までレベルにばらつきがあることが多く、様々なバーンがあるゲレンデを選ぶ必要がある。初心者にとっては、少しの傾斜、少しの起伏が恐怖であり、ほぼフラットなバーンがあり、段階的に斜度を変えることが可能であるゲレンデが良い。一方、上級者にとってはスピード感を味わうことが楽しさにつながるため、斜度が大きいバーンがあったり、ある程度のスピードで滑走しても危険の少ない広いバーンなどが良い。

また、ゲレンデで事故に遭遇することもある。FIS（国際スキー連盟）は未然に事故を防ぐためにゲレンデにおけるスキーヤー、スノーボーダーとしての責任をまとめた「10 FIS RULES」を提言しており、多くの日本のスキー場でも導入されている。この「10 FIS RULES」を守ることにより、児童・生徒・教論の身の安全だけでなく、事故の際に法的責任を免れることもあるため、事前に安全教育としてゲレンデでのルールを説明し、理解させることが必要である。

3. 野外活動と安全管理

野外活動は自然の中で行うため、必ず危険を伴う。そのため「危険を予知する力」と「危険を回避する力」が求められる。その二つの能力により危険を発見し、事故を未然に防ぎ、被害を最小限に抑えることができる。

また、危険の要因としては「環境要因」と「人的要因」がある。「環境要因」は野外活動のフィールドである自然環境の状況・状態等に由来するものであり、「人的要因」は野外活動に関与する人間に起因するものである。特に野外教育では活動中に生じる不安や葛藤を自分の力で乗り越えさせることで自己成長を促すため、あえて危険が高い活動も行う。そのため、活動自体が過度なストレスとなりやすいことから、指導者は環境要因と人的要因をよく考え、細心の注意を払う必要がある。

□参考文献

Priest.S (1986) Redefining Outdoor Educatino:A matter of Many Relationships,The Journal of Environmental Education,17(3) .

太田博 (1989) キャンプテキスト. 杏林書院・東京.

太田博 (2001) 野外活動ーその考え方と実際ー. 杏林書院・東京.

星野敏男 (2006) キャンプディレクター必携. 公益社団法人日本キャンプ協会・東京.

星野敏男、金子和正 (2012) 水辺の野外教育. 杏林書院・東京.

星野敏男、金子和正 (2011) 野外教育における安全管理と安全学習. 杏林書院・東京.

星野敏男、金子和正 (2014) 冒険教育の理論と実践. 杏林書院・東京.

文部科学省 (2017) 小学校学習指導要領　特別活動.

http://www.mext.go.jp/a_menu/shotou/new-cs/youryou/syo/toku.htm (2019年3月25日アクセス)

文部科学省 (2017) 中学校学習指導要領　特別活動.

http://www.mext.go.jp/a_menu/shotou/new-cs/youryou/chu/toku.htm (2019年3月25日アクセス)

文部科学省 (2018) 高等学校学習指導要領.

http://www.mext.go.jp/a_menu/shotou/new-cs/1407074.htm (2019年3月25日アクセス)

（井上　望）

第4章

体育の内容と新しい授業づくり（体育理論の領域）

第1節 運動やスポーツの意義や効果と学び方や安全な行い方

【概要】

運動やスポーツの合理的な実践を通して、生涯にわたり豊かに運動やスポーツに親しむ資質・能力を育てるとともに健康の保持増進を図るためには、その意義や効果、学び方、安全に運動やスポーツを行う必要性やその方法について理解できるようにする必要がある。ここでは、運動やスポーツを行うことは、心身の発達や社会性を高める効果が期待できること、運動やスポーツに応じた合理的な高め方や学び方があること、運動やスポーツを行う際は、健康・安全に留意する必要があることについて詳述する。

1. 体育理論の内容

体育理論の内容は、体育分野における運動の実践や保健分野との関連を図りつつ、豊かなスポーツライフを実現するための資質・能力を育成するため、第1学年では「運動やスポーツの多様性」、第2学年では「運動やスポーツの意義や効果と学び方や安全な行い方」、第3学年では「文化としてのスポーツの意義」の3単元で構成されている。また、これらの内容は、主に、中学校期における運動やスポーツの合理的な実践や生涯にわたる豊かなスポーツライフを送る上で必要となる運動やスポーツに関する科学的知識等を中心に示している。したがって、体育理論で学習したことを基に、思考し、判断し、表現する活動を通して、体育の見方・考え方を育み、現在および将来における自己の適性等に応じた運動やスポーツとの多様な関わり方を見つけることができるようにすることが大切である。

なお、運動に関する領域との関連で指導することが効果的な内容については、各運動に関する領域の「知識及び技能」で扱うこととしているため、体育分野の他の運動に関する領域との関連を図りつつ、「思考力，判断力，表現力等」、「学ぶに向かう力，人間性等」を育成する必要がある。

体育理論の授業時数

中学校では各学年で3単位時間以上を、高等学校では各学年で6単位以上を、各々配当することとしている。

2. 運動やスポーツが心身および社会性に及ぼす効果

運動やスポーツは心身両面にわたって多くの効果をもたらすことが期待されるが、それらは何よりも、安全かつ適切に行われてこそもたらされるものであることを理解できるようにする。したがって、運動やスポーツが心身の発達に与える効果の学習と合わせて、運動やスポーツを行う際には、自らの健康に配慮し、また運動やスポーツを行う場の安全に留意することも理解させる必要がある。

1 運動やスポーツが体に及ぼす効果

運動やスポーツには心身両面への効果が期待できることを理解できるようにすることが必要である。

(1) 体に及ぼす効果

適度な運動やスポーツには、正常な身体発達を保つ働きがあると考えられる。まず、発育に関する基本として、身長の発育曲線や１年間の発育量などを図に示し、中学生期が思春期と呼ばれる時期であること、ヒトは生まれてから大人になるまで急に身長が伸びる時期が２回あり、小学校高学年から中学生くらいの時期は２回目の「第２発育急進期」にあたることを理解できるようにさせたい。また、発育には個人差が見られるため、可能であれば個々に発育曲線を描かせたり、発育測度を算出して作図させ、個人の発達段階を踏まえさせるのも効果的である。

(2) 身体機能と体力への効果

運動やスポーツを発育・発達の段階に合わせて適切に行うと、骨や筋肉、呼吸循環器系、神経系など、身体の様々な機能が刺激をうけて発達する。また、骨の強さの指標とされる骨密度は、30歳頃にピークを迎えることが知られている。したがって、若い時期は最大骨量をできるだけ高めておくことが必要であり、そのためにはカルシウムやビタミンＤの摂取、日光浴（紫外線）に加えて、骨に縦への刺激を加える運動（ジャンプ運動など）が効果的とされている。

適切な運動やスポーツによって、防衛体力も行動体力も維持・向上することができる。また、運動やスポーツを継続すると、筋線維が太くなり、パワーの源となる筋力の向上が期待できるし、肺や心臓などの呼吸循環器系の機能の向上により、全身持久力の指標である最大酸素摂取量を高めることができる。さらに、行動体力の３要素は、それぞれ発達のピーク時期が異なるため、トレーニングを効果的に行うためには運動の種類や強度に加え、タイミングも考慮する必要がある。

体力

体力には、大きく分けて、防衛体力と行動体力の２つがある。

行動体力の３要素

・調整力
・持久力
・筋力

(3) 心に及ぼす効果

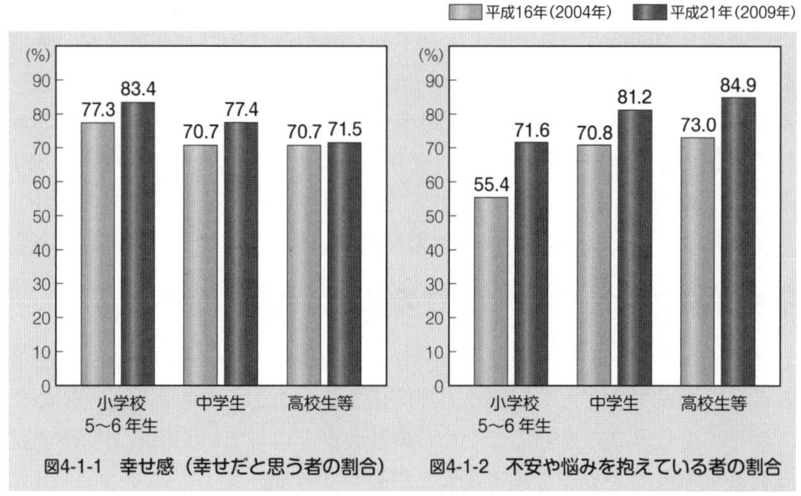

図4-1-1　幸せ感（幸せだと思う者の割合）　図4-1-2　不安や悩みを抱えている者の割合

ニコニコペース走

運動の強さを調整するのに、心拍数も目安になり、%最大酸素摂取量と%心拍数がほぼ同じであることから、最大心拍数と安静時心拍数の中間にあたる50%心拍数が、ニコニコペースの心拍数にあたる。

目標心拍数＝138−年齢／２

例えば30歳の人なら138−30年齢／２で123、40歳なら118、50歳なら113、60歳なら108が目標心拍数になる。目標は週３回以上、30分から１時間を目安に走ることが推奨されている。

今、幸せだと思うかどうかの状況をみると、小学校５～６年生、中学生、高校生等のいずれでも幸せだと思うとする者の割合は、平成16年（2004年）と比べ平成21年（2009年）は上昇しており、小学校５～６年生の83.4%，中学生の77.4%，高校生等の71.5%が幸せだと思っており、幸せだと思う小学生・中学生・高校生等の割合は上昇している。

その一方で、不安や悩みを抱えている小学校５～６年生、中学生，高校生等の割合は、平成16年（2004年）と比べ平成21年（2009年）は上昇している。小学校５～６年生の71.6%，中学生の81.2%，高校生等の84.9%が何らかの不安や悩みを抱えており、不安や悩みを抱えている小学生・中学生・高校生等の割合も上昇している。また、不安や悩みの内容をみると、いずれの年齢層でも「勉強や進路」が最も多く、特に中学生と高校生でその割合が高いと報告されている。

発達段階を踏まえて、適切に運動やスポーツを行うことで達成感を得たり、自己の能力に対する自信をもったりすることができること、物事に積極的に取り組む意欲の向上が期待できることを理解させる必要がある。

(4) リラックス効果

フォアフット着地で楽なペース（ニコニコペース）で走るスロージョギングが注目されている。スロージョギングはウォーキングの２倍もエネルギーを消費できるため、肥満予防に効果的で、血圧や血糖値を下げ、認知機能が向上する可能性も期待されている。このような軽い運動やスポーツにはストレス解消やリラックス効果があり、気分転換をしたり、勉強の効率を上げることができる。したがって、長時間の勉強で疲労を感じたときに導入することで、心身の調子を整えることができる。

(5) 感情のコントロールに及ぼす効果

運動やスポーツを長時間行ったり長期間続けるには、強い意欲や意志が必要である。明確な目標を掲げ、目標を達成するために計画を立てて継続的に練習に取り組むことにより、意欲や意志を強くすることができる。意欲は運動技能の向上にも関係し、上達しようとする意欲が強ければ、体の動きが同じでも、結果もそれだけ良いものになることが予測される。練習や試合で豊かな経験を繰り返すことで、感情のコントロールができるようになることが期待される。もし、勝ち負けや記録にこだわり過ぎて、感情をコントロールすることが難しい場合には、状況に応じて感情がコントロールできるよう、事前に活動の見通しを立てたり、勝ったときや負けたとき等の感情の表し方について確認したりするなどの配慮をする必要がある。そして、運動やスポーツを通して得た意欲や意志の強さ、感情をコントロールする力は、日常生活における忍耐力や我慢強さにも活かされるはずである。

2 運動やスポーツが社会性の発達に及ぼす効果

運動やスポーツを行う際に求められる社会性は、ルールやマナーに関する合意を形成することや適切な人間関係を築くことであると捉え、運動やスポーツを行うことを通してそれらの社会が発達していく効果が期待されることを理解できるようにすることが必要である。

図4-1-3
ルールやマナーを遵守

(1) 運動やスポーツを様々な人と楽しむ工夫

全てのスポーツには遵守すべきルールやマナーがあること、そのルールやマナーを犯した場合には、厳しい罰則が規定されていることを理解させることも必要であるが、それ以上に、フェアな環境下でプレーすることの必要性を理解させることのほうが重要である。しかしながら、体育の授業や仲間とスポーツを行うときに、正規のルール通りに行おうとするとうまくいかない場合もある。したがって、生涯にわたって豊かなスポーツライフを実現する資質・能力の育成に向けては、体力や技能の程度、性別や障害の有無等の他者理解を深め、それらに関わらず、運動やスポーツの多様な楽しみ方を共有することができるように工夫を図ることが重要である。例えば、アダプテッド・スポーツは、年齢や性別、障害の有無に関わらず、その人に合ったルールや用具を適応させることにより、誰でもスポーツを楽しむことができるように、様々な工夫が施されている。

(2) スポーツの価値を基盤とした教育の展開

「する・みる・支える・知る」といった生涯にわたる豊かなスポーツライフを実現していく資質・能力の育成に向けて、運動やスポーツの価値や文化的意義等を学ぶ体育理論の学習の充実はもとより、学習する領域が有する特性や魅力を理解すること、運動実践につながる態度の形成に関する知識を理解することが必要である。我が国でも、体罰や大麻問題、野球賭博、スポーツ団体の不正経理などの問題が起こり、スポーツの価値を守るという意味から「インテグリティ（integrity）」という言葉が用いられるようになってきている。インテグリティとは、誠実性・健全性・高潔性を意味し、スポーツにおけるインテグリティとは、「スポーツが様々な脅威によって欠けることなく、価値ある高潔な状態」を指し、スポーツ庁では、日本アンチ・ドーピング機構と連携し、「スポーツの価値を基盤とした“価値教育”」を展開している。例えば、ドーピングはスポーツのインテグリティを脅かすものの１つで、一般には「ドーピング＝検査」のイメージとして捉えられているが、ドーピングの目的は、検査で悪い人を捕まえることではなく、アスリートがフェアな環境下でプレーできるようにすることであり、アスリートがドーピングをしないで正々堂々と戦うからそのスポーツに価値が生まれ、そのアスリートがリスペクトされるのである。そのような環境づくりを推進するために、スポーツの価値をアスリートだけでなく、学校教育の中でも、「スポーツにはルールがあるから楽しい、ずるいことをしないから仲間になれる、ずるいことをしないことはスポーツ以外の場面でも大切」と伝えていくことが肝要である。

□引用文献

内閣府（2015）平成27年版　子ども・若者白書（全体版）（PDF版）. https://www8.cao.go.jp/youth/whitepaper/h27honpen/b1_06_02.html

田中宏暁（2011）スロージョギングで人生が変わる.　廣済堂出版・東京. pp.70 - 84.

星　香里（2017）「スポーツの価値を基盤とした教育」の取組からみたスポーツ推進の価値　スポーツ教育学会37（1）. pp.33 - 37.

□参考文献

文部科学省（2018）中学校学習指導要領（平成29年告示）解説　保健体育編. 東山書房・京都.

（柿山　哲治）

第2節 余暇社会とスポーツ

【概要】

余暇活動（レジャー活動）は「遊び」を基本とした自由な活動として定義されるが、社会環境や人々の志向の変化により、時代とともに多様化・個性化・細分化されてきた。特に少子高齢、日本経済の動きは人々の余暇に対する余暇の価値観に影響を与え、余暇活動としてスポーツを行う事が重要視されてきている。ここでは、現代の余暇社会における余暇活動のあり方について説明し、余暇活動としてのスポーツの意味と重要性について述べる。

1. 余暇およびスポーツを取り巻く社会環境

1 少子高齢化時代

我が国における人口動態を見ると少子高齢化が進んでいる。2017年現在では総人口が１億2,671万人である。少年人口（０～14歳）、生産年齢人口（15～64歳）、高齢者人口（65歳以上）はそれぞれ1,559万人、7,596万人、3515万人となっており、総人口に占める割合は、それぞれ12.3％、60.0％、27.7％となっている。一般的に総人口の７％を高齢者人口が超えると「高齢化社会」、14%を超えると「高齢社会」と定義されるため、日本は「高齢社会」であることがわかる。また、「少子化社会」には数値として定義はないが、年少人口が高齢者人口を下回り（1997年から）、合計特殊出生率が人口置き換え水準をはるかに下回っていることから、我が国は「少子化社会」であることがわかる。

このような「少子高齢」は社会に及ぼす影響は非常に大きく、「高齢社会」は定年退職後の生活の充実化や医療費の問題などを引き起こし、「少子化社会」は学校行事や課外活動の縮小化、親の過保護、過干渉、子どもの競争心の希薄化などを引き起こす。この問題を解決するために高齢者には「生きがい」の発見、積極的な体力づくり、子どもには学校・家庭・地域をつなぐ手段として、余暇・レジャー活動やスポーツが貢献できる部分は大きい。

合計特殊出生率
15歳から49歳までの女子の年齢別出生率を合計したもので、１人の女子が仮にその年次の年齢別出生率で一生の間に産むとしたときの子どもの数に相当する。

2 日本経済とお金の動き

世界経済の回復や情報関連財需要の高まりなどを背景にして、我が国でも2012年末から始まった景気回復がより進んでいる。そのため、日本経済としてはバブル後の不景気から脱却しつつある。しかし、パートタイムの増加、消費税の増税、高齢者の医療費の増加などにより、支出も増えたた

労働時間について
年間の総実労働時間は2008年までは約1800時間前半で推移をしてきたが、2009年以降は約1700時間後半で推移しており、減少傾向にある。しかし、減少に伴い、パートタイマーの労働者の割合が上昇（2005年12.9%→2015年35.2%）であるため、正社員だけの総実労働時間は2000時間前後となり、大幅に下がっているとは言えない。

め、可処分所得（自由に使えるお金）は減りつつあるのが現状である。つまり、余暇・レジャー活動に支出を行う事が困難な状況であり、バブル期のような脱日常型レジャーや金銭享受型レジャーよりも支出が大きくなく、ゆったりとした時間を楽しむ時間享受型レジャーが好まれるようになった。また、この状況を受けスポーツにおいても、身近なスポーツ、日常生活に結びついたスポーツ、地域に結びついたスポーツの重要性が再認識されている。

2. 余暇の現状と余暇価値観

1 近年の傾向

我が国の余暇活動参加人口はバブル期後の数年間にピークを迎えており、近年では減少傾向である。余暇市場については近年ではほぼ横ばいであり、大きな変化は見られない。

余暇活動の参加人口は2017年度の１位は「国内観光旅行（避暑、避寒、温泉など）」であり、2011年～2017年まで７年連続の首位となった。上位種目（外食、読書、ドライブなど）に大きな変動はないが、順位が上昇した種目としては、音楽鑑賞、カラオケ、温泉施設、テレビゲームなどがあり、これらの種目は参加人口も前年を上回った。全体としては減少傾向にある中で音楽関連の種目やゲームなどが参加人口を増やしている傾向がある。

余暇活動への参加人口の上位
１位：国内旅行　5240万人
２位：外食　3980万人
３位：読書　3870万人
４位：ドライブ　3810万人
５位：映画　3420万人

一方、余暇市場については、市場規模の大きいパチンコ・パチスロを除くと2013年から５年連続でプラスの成長をしている。これはインバウンド効果で、観光・行楽部門が伸び、スポーツ部門もプラスになったことが要因である。スポーツ部門は、ランニング、アウトドア、卓球、自転車関連、ウェア、シューズが堅調で、用品市場が伸び続けており、スポーツサービスについてもフィットネス、スポーツ観戦、スキー場が好転した。このようにスポーツは余暇市場を支える役割を果たしており、スポーツへの参加が市場の活性化をもたらすと考えられる。

2 余暇価値観・ニーズの変化

余暇はレジャーを日本語に訳したものであり、余った時間や自由になるなどの意味がある。C･K･ブライトビルは１日を「必需時間（睡眠、食事、洗濯など生命の維持、生活をするために必要な時間）」、「労働時間」、「レジャー時間」に分けてレジャーを説明していた。この「レジャー時間」に当たる所で私たちは余暇活動を行う事となるが､時代背景によって余暇（レジャー）や労働に対する価値観が異なるため、余暇にどれだけ時間を費やし、どのような活動をするのかは常に変動してきた。

余暇に求める楽しみや目的としては従来「心の安らぎを得ること」、「友人や知人と交流を楽しむこと」、「身体を休めること」であったが、現代では「友人や知人と交流を楽しむこと」よりも「健康や体力の向上」が目的として挙げられるように変化した。また､将来に向けた価値観としては「健康や体力の向上を目指すこと」、「ぜいたくな気分に浸ること」、「実益（収入）に結びつくこと」などの傾向となっている。しかし、高齢者層だけを見ると余暇に求める今後の目的や楽しみとして「社会や人のために役立つこと」、「健康や体力の向上を目指すこと」が多いため、年齢層によって、はっきりと価値観が分かれていることが現代の特徴である。

このような傾向から今後の余暇価値観は従来の余暇のもつ「遊び」や「気晴らし」「娯楽」といったイメージとは異なるものとなっていくと思われる。この背景には労働時間が長いことや余暇活動の多様化、価値観の変化により、「必需時間」「労働時間」「レジャー時間」を区別することが困難となり、余暇が生活の一部として捉えられるようになったからである。

3. 余暇社会におけるスポーツの重要性

1 健康・体力の維持向上

健康であることは充実した余暇社会の実現のために必要不可欠な条件であるとともに今後の余暇に求める価値やニーズとしても重要である。少子高齢が進む社会の中で、医療や福祉分野の充実は最優先課題ではあるが、人々の健康・体力の維持向上によって医療や福祉を必要とする人を減少させることも重要視されている。

その健康・体力の維持向上としてスポーツをすることが推奨されている。しかし、学校現場において、体育の授業でスポーツを行うが、高校を卒業するとスポーツに親しむ機会は激減し、19歳以上の人は意識的に自分からスポーツに取り組むようにしなくてはならない。また、子どもの体力低下も懸念がされており、学校外で体を動かすことが必要となる。そのため、余暇活動としてスポーツを行える機会（時間、場所、人）を提供する必要があり、継続的なスポーツ活動やスポーツを楽しむ姿勢につなげることが重要である。

2 地域とのつながり

教育の学校偏重により、地域や家庭が子どもと関わる割合や、子どもへ向ける関心が相対的に減少し、子どもたちをめぐる地域環境・家庭環境が悪化している。また、仕事を引退したり、子育てが終了した人々が「自己の社会的・経済的役割が低下した」という意識から、自己の存在理由への精神的危機に見舞われたり、独居高齢者が孤独死をしたりと地域では様々な問題が起こっている。その大きな要因として考えられているのが、「つながり」の希薄化である。「つながり」の希薄化を改善するために、地域を拠点としたスポーツ活動が注目されている。1990年代中盤から設置された総合型地域スポーツクラブは、他の地域スポーツ団体・組織（学校の部活動、スポーツ少年団、地域体育協会等）との調整や運営する人材不足などの問題を抱えているが、全ての年齢層のスポーツ活動の地域拠点として機能していくことが期待されている。

総合型地域スポーツクラブの育成

地域スポーツの活性化を目指し、スポーツ庁は総合型地域スポーツクラブの育成に取り組んでいる。全国の設置数は2002年では541しかなかったが、2018年には3599となっている。（スポーツ庁：平成30年度総合型地域スポーツクラブ育成状況調査より）

3 レジャーの多様化・個性化・細分化とスポーツ

これまで述べてきたように、レジャー活動は多様化・個性化・細分化し、個人のスタイルや好みを重要視する傾向が強くなっている。最近のスポーツも多様化の傾向を見せており、現代のレジャーに対応できる活動であるが、逆に考えるとスポーツの多様化がレジャーの多様化につながった一面もある。例えばウインタースポーツとして以前はスキーが主流であったが、その後スノーボードが登場、さらにはスキーでは「アルペンスキー」「クロスカントリースキー」「テレマークスキー」「バックカントリースキー」などに細分化され、スノーボードも「ハーフパイプ」や「スノーボードクロス」などに分かれ、それぞれの愛好者が増えている。

スポーツの一つの特徴として「一定のルールに従って競うことを楽しむ」という点が挙げられるが、レジャー活動としてのスポーツには目的、能力、ニーズなどによって比較的容易にルールや形式を変えて実行できる利点もあり、個人のニーズや好みが多様化する今後の余暇社会では特に重要視されることとなるであろう。

ゲレンデでの安全

スキーとスノーボードがゲレンデに混在するようになってから、対人の衝突事故も増えた。また、外国人がスキーやスノーボードを目的に来日するケースも増えている。余暇市場としてこれから伸びる可能性は高いが、安全について行う側、提供する側双方が考える必要がある。

4 今後の課題

多様化する我が国の余暇社会において、スポーツの意味や役割は重要なものである。現代に見られる余暇意識の変化にスポーツは対応できる活動である。

しかしながら、私たちが留意するべき点は、手段としてスポーツを利用することで、そのスポーツの本来もつ価値や楽しさを失われる可能性があることである。「健康のためにスポーツをする」、「コミュニケーションづくりのためにスポーツをする」などといった「◯◯のためにスポーツをする」のではなく「スポーツを行うこと自体を楽しむ」といったスポーツ本来の意味を忘れてはならない。

□参考文献

内閣府（2018）平成30年版高齢社会白書　第１節高齢化の状況. https://www8.cao.go.jp/kourei/whitepaper/w-2018/gaiyou/pdf/1s1s.pdf（2019年３月25日アクセス）

内閣府（2018）日本経済2017-2018 第１節日本経済の現状. https://www5.cao.go.jp/keizai3/2017/0118nk/n17_1_1.html（2019年3月25日アクセス）

澤村博,近藤克之,加藤幸真（2012）これからのレジャー・レクリエーションー余暇社会に向けて. ポラーノ出版・東京.

公益社団法人日本レクリエーション協会（2007）レクリエーション支援の基礎ー楽しさ・心地よさを活かす理論と技術ー. 公益財団法人日本レクリエーション協会・東京.

（井上　望）

第3節 スポーツ心理学の活かし方

【概要】

体育は身体運動を通しての「経験」ができる唯一の教科・科目である。しかしその反面、他教科では勉強の成果を本番（試験）で出しやすいが、体育では十分に練習したにも関わらず本番（実技試験や試合）で練習通りに動けずに失敗する場合が多々ある。そして、その失敗経験が体育嫌いを生む一要因となっている。またその際、「メンタル」が弱いと心理面に原因があると考える場合が多い。そのような場で体育教師は、生徒にどのように助言し次回に活かす手助けや指導ができるのであろう。実は、ここにスポーツ心理学の知識が生きてくるのである。

1. はじめに

体育の本番ばかりでなく、試合後の一流選手のインタビューや解説者のコメントからも、「メンタル」という語を頻繁に耳にする。そこでは、練習で努力を重ねて試合中のプレッシャーを跳ね除け成功した人は「メンタルが強い」、うまくいかずに失敗した人は「メンタルが弱い」などと表現される。しかし、このように「メンタル」という便利な一言で曖昧にしてしまうと、成功・失敗の本質的な原因に迫ることができず、どうしたら本番で最高のパフォーマンスを発揮できるかがいつまでたってもわからない。そこで、本番に向かって練習していく過程と本番という二つの局面に分けて、スポーツ心理学の役割について説明する。

2. 本番に向かって練習をしていく過程1　目標設定法

動機づけとは、人の努力の方向とその強さを決める行動のエネルギーであり、目標設定はこの動機づけと深く関係している。すなわち、自身の現時点の能力と目標とすべき能力との間に差異を生じさせ、それを解消するように動機づける方法が目標設定法である。実際に、スポーツ場面で適切な目標を設定すると、練習内容や運動課題に注意を向けるようになり，動機づけを維持することができ，目標達成のために練習方法を工夫するようになることが知られている。目標は、主観的目標（例えばベストを尽くす）と客観的目標（試合でシュートを何本入れる）という分け方、あるいは、結果目標（勝敗やタイム）と行動目標（練習の質や量）という分け方があるが、一般的には、主観的よりも客観的、そして結果目標より行動目標のほうが有効であるとされる。そしてそのような目標を立てるコツとして、以下のような５つの要素を含ませると良い。すなわち、①明確で具体的な（=Specific）、②挑戦的な（=Challenging）、③現実的な（=Realistic）、④達成可能な（=Atteinable）、⑤測定可能な（=Measurable）であり、この方法はそれぞれの英単語の頭文字をとってSCRAM（スクラム）とも呼ばれている。まとめると、現在の実力の110％くらいの具体的な目標が良いといわれている。実際に、立ち幅跳びの測定を練習と本番の２回に分けて行った研究では、練習で得られた距離を元に各自の目標を決め、本番にその目標に線を引いて実施したところ、練習時の110％の距離に線を引いたグループがもっとも良い成績が得られたという実験結果が報告されている（図4-3-1）。

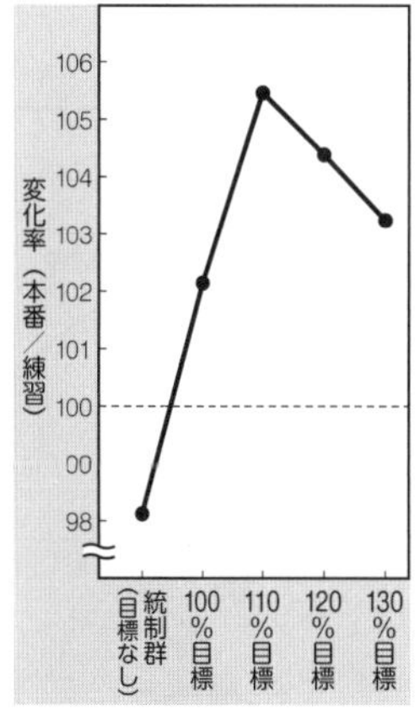

図4-3-1
立ち幅跳びの目標に対する目標の効果(杉原 1976 から作成)

3. 本番に向かって練習をしていく過程2
イメージトレーニングと観察運動学習

運動をイメージする際の脳の活動を計測することから、自身の動きをイメージしている時と実際に運動している時では、脳の活動部位が似ているということが明らかにされてきている。よって、運動をイメージすることは、実際に身体を動かしてトレーニングするのと同等に重要であるといえる。特に、この運動イメージは、自身の運動を思い出しお手本と比較して運動を修正する際や、これから実施する運動を思い描き、動きの目標を設定するときに役に立つ。この運動イメージは、あたかも自身が行っている運動イメージである一人称的な運動イメージと、自身の運動をビデオを見ているような映像である三人称的な運動イメージに分類され、両者をうまく使い分けることが重要である。またこの運動イメージは目に見えないためにそのイメージ能力レベルを評価するのは困難であるが、いかに鮮やかに描くことができるか、描いた運動イメージを自由に動かすことができるか、そしてそれらがいかに正確かという観点から評価すると良い。その具体的方法として、動きをイメージしながら時間を測定してその動きの実際の時間と比較する方法がある。例えば、スケートの一流選手が500mの自己最高記録の滑走をスタートからゴールまでイメージすると、その時間（イメージング・タイム）は自己記録と数秒の違いしか生じないこと、そして心の中で「イチ、ニ、サン・・・」と自己記録をカウントする時間（カウンティング・タイム）より正確なことが報告されている。この方法はすぐに簡単な実験で検証できる。ストップウォッチを片手に持って目を閉じて自身の50m走をスタートからゴールまでイメージしてみよう。自身の記録と近い値でストップウォッチを止めることができるだろうか？

さらに、近年の脳科学の発展により、サルの脳でミラーニューロンと呼ばれる神経細胞が発見されている。これは、自身が実際に運動するときだけでなく、他者の運動を観察する際にも同様に活動する神経細胞である。特にこの神経細胞は、模倣を目的として注意深く他者の動きを観察することで大きく活動するという報告がある。すなわち、練習中に自身が動かなくても他人の動きを注意深く観察することは動きの学習に非常に重要なのである。

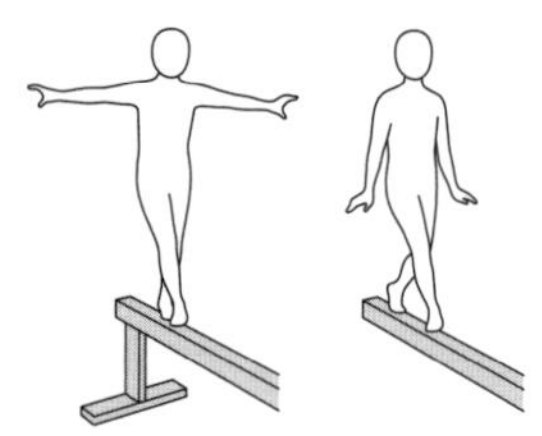

図4-3-2
高さ1.2mの平均台を歩く人(左図)と床に置いた平均台を歩く人(右図)

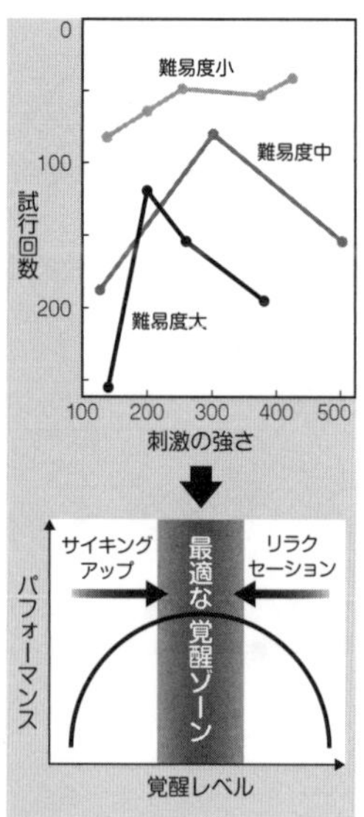

図4-3-3
ヤーキーズとドットソンの実験結果(1908)から作成(上図)と、覚醒レベルとパフォーマンスの逆U字の関係(下図)

4. 本番で必要な「メンタル」の技能

図4-3-2の右図は平均台を床に置いて台上で歩行練習をしている状態であり、左図は実際の高さで得られた動きである。このように、同じ平均台上を歩行するにも関わらず高さが変化するだけで動きが変化している。これは、台の幅という物理的な運動の難易度は同じでも、落下できないという心理的なプレッシャーが加わるだけで動きが変化する例といえる。このように、本番では、様々な心理的プレッシャーが加わりいつもの動きができない場合が多々ある。それでは、いつも通りの動きをするにはどうしたら良いのだろうか？

1 最適な覚醒状態

ヤーキーズとドットソンは、ネズミに電気刺激を与えて二つの部屋への道順を覚えさせる行動実験で、行動のパフォーマンスを最適にする刺激の強さがあることと、行動の難易度によってその最適値が変化することを発見した（図4-3-3上図）。この実験結果はヤーキーズ・ドットソンの法則と呼ばれている。さらに、昏睡状態から極度な興奮状態まで連続的に変化する神経系の活動状態を覚醒と呼ぶが、この電気刺激の強さに伴いネズミの覚醒レベルも上昇すると考えられ、この実験結果の難易度大と中のグラフの特徴を簡易的に示すと、図4-3-3下図に示すように逆U字の形をとることから、覚醒レベルと行動パフォーマンスに関する逆U字仮説と呼ばれるようになった。その後、様々なスポーツで覚醒状態とパフォーマンス成績が検討され、スピードや持久力を必要とする大筋運動は高い覚醒水準が、供応性や集中力が必要とされる複雑な技能には低い覚醒水準が適切であることが明らかにされている。よって選手は、現在の覚醒状態を自身で確認し、それを最適な覚醒ゾーンへ変化させる心理的技能が必要となる。しかしこの覚醒状態は、試合という環境で生体が無意識で反応し生じているものであり、意識的に変化させることは非常に困難である。よって、呼吸の速さを意図的に変えたり、筋肉の緊張と弛緩を繰り返したり、そして音楽などをうまく使い覚醒レベルを最適な状態へもっていく心理的トレーニングが必要となる。その際、覚醒を低い状態から引き上げることをサイキングアップ、高い状態から下げることをリラクセーションという。この技能を獲得するトレーニングが「メンタルトレーニング」の主要なものであり、今や体力トレーニングや技術トレーニングと並び重要なトレーニングと考えられている。

2 注意の向け方とプレ・パフォーマンス・ルーティン

自転車に乗れるようになったときを思い出せばわかるように、運動を学習していくと、最初は意識しなければできなかったぎこちない動きが、徐々に意識しなくてもスムーズにできるようになる。フィッツとポスナーはこの運動の学習過程を、認知相、連合相、自動化相の3段階に分けた。 最初の認知相は身体の個々の動きに注意を向け理解しながら動く段階であり、連合相はそれら個々の動きが結合されて目的に適った新たな動きが生まれる。そして自動化相では動きに対する認知的な制御が非常に少なくなり、自転車に乗りながら話すことができたり、デコボコ道でも運転できたりするように、他の継続的な活動や環境からの干渉を受けにくくなる。このように、練習中は上達することを目的に自身の動きを言語化したり意識化したりして自身の動きに注意をおくと良い。これを注意の内的焦点化と呼ぶ。これに対して、練習を積んで試合に出るレベルではすでに運動は自動化相に達しており、自動化した動きを意識すると逆に失敗する原因にもなる。このときは、注意を目標やボールなどの運動の環境や他者の動きへ向けると良い。これを注意の外的焦点化と呼ぶ。

さらに、本番の動きを実施する直前に行う計画的で連続した動作はプレ・パフォーマンス・ルーティンと呼ばれ[*1)]、自動化された運動の発現の準備として有効である。なぜなら、自分で決めた動作をすることだけに集中することで、これから行う本番の動きを考えることをせずに済み、結果的にいつものパフォーマンスが発揮できる効果があることと、これから行う運動を行為的にそして心的にシミュレーションする準備動作となるからである。

＊1）
ルーティンは、試合当日の行動パターンなどその時間範囲は試合直前に限定されていないが、直前の動作のみに限定したルーティンはプレ・パフォーマンス・ルーティンと呼ばれ、ドリブルや足踏み、セルフトーク（自己会話）やイメージなど、課題に関連した行為や思考の一連のまとまりと定義されている。

□参考・引用文献

Fitts,P.M., and Posner,M.I.（1967）Human performance. Wadsworth publishing company.

Fuosso,W.E., and Troppman,R.J.（1981）Effective coaching: A psychological approach. New York:Wily.

永田直也, 猪俣公宏（2008）Preperformance Routine 研究の動向. 中京大学体育学論叢, 49（2）, 45−51.

大石和男（2006）運動イメージと自律反応. 専修大学出版局・東京.

杉原隆（1976）運動心理学研究の実際. 松田岩男(編),運動心理学入門 (pp. 247-269) . 大修館・東京.

リゾラッティー , シニガリア（2006）ミラーニューロン(柴田裕之訳）. 紀伊国屋書店・東京.

山田憲政（2015）スポーツ情報論の試み. 運動学習研究会報告集, 23, 52-59.

Yerkes, R.M., and Dodson, J.D.（1908）The relation of strength of stimulus to rapidity of habit-formation. Journal of Comparative Neurology and Psychology, 18 (5), 459-482.

Wulf, G., Höß, M., Prinz, W.（1998）Instructions for motor learning: Differential effects of internal versus external focus of attention. Journal of Motor Behavior, 30(2), 169-179.

（山田　憲政）

第4節 バイオメカニクスの活かし方

【概要】

「バイオメカニクス：Biomechanics」は、Bio + Mechanics、すなわち生命、生体、生物を表す「Bio」と、仕組み、手順、力学を表す「Mechanics」の合成語である。生理学（体のはたらき）、解剖学（体の仕組み）、力学（動きの仕組み）などの基礎的な知識を総動員して身体運動そのものの仕組みを明らかにしようとする学問領域である。なぜバイオメカニクスを学ぶ必要があるのだろうか。バイオメカニクスの知識は体育教育に役に立つのだろうか。

1. 体育教育の目指すものとバイオメカニクス

キネシオロジー

バイオメカニクスが扱う領域の旧名。kinesisは「運動」を意味する言葉。北米の大学では、体育学に相当する用語としてキネシオロジーが学部名に広く用いられている。

日本では大学体育教員を中心メンバーとしてキネシオロジー研究会が1950年代に設立された。1978年にそれを引き継いだ日本バイオメカニクス学会の会員にも、体育学・スポーツ科学関係者が半数以上を占める。

時代により、また大学により、キネシオロジー、身体運動学、運動学、運動力学、運動方法学、生体力学、などと名称は異なるが、ほとんど全ての保健体育教員の養成課程では、バイオメカニクスに相当する授業を必修かそれに近い形で履修する。諸外国においても体育教員になるための大学の教育課程にはバイオメカニクスの授業が開講され、しかも必修である場合が多い。バイオメカニクスは保健体育教員にとってなぜ必須なのだろう。

体育という教科が目指すところはいくつかあるだろう。例えば、子どもの運動の技術を向上させ、誰もがうまくなれることを知らせ、子どもの身体を強くたくましいものに変え、そして自分の身体は変えられることを自覚させることなどである。

そのような観点に立つと、体育の指導者の重要な能力とは、まず第一に子どもの動作や体力を効果的に向上させられることである。次に、その向上したこと、およびその向上のさせ方を子どもに発見させてやれることである。子どもの動作や体力の効果的な向上のさせ方をデザインして、その向上を評価し、さらにそれを子どもに提示できることが望まれる。

そのためには身体の構造や機能の基礎的な学問である解剖学や生理学の知識に加え、運動を観察しそこで作用している力をも含めて客観的に伝達する能力が必要である。バイオメカニクスにはそのような能力の涵養が期待されているのである。

2. バイオメカニクスの視点

具体的な動作についてバイオメカニクス的なものの見方を整理することにしよう。例として「投げる」という動作を取り上げる。

思春期が到来する小学校高学年期まで、走能力や跳能力にはほとんど男女差が認められない。しかし投能力には小学校入学時に既に大きな男女差が認められる（図4-4-1）。「女投げ」という蔑称に示されるように、男女間では一般に非常に早い時期から明らかな動作の違いが認められる。

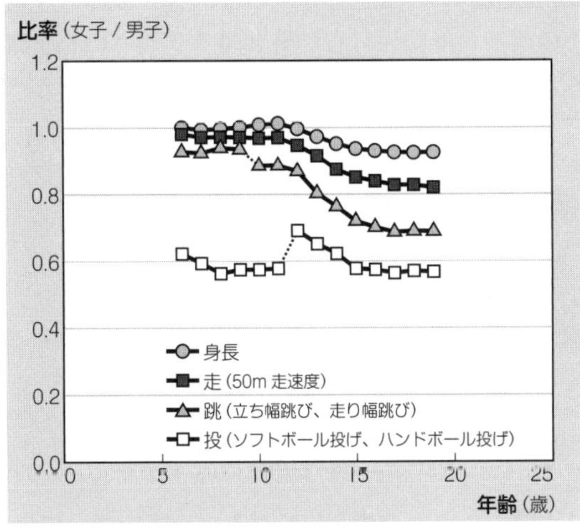

図4-4-1
身長および運動能力に認められる男女差の年齢に伴う変化
他に比べ、投能力には小学校入学時に既に大きな男女差が認められる。

大きな初速を得る良い投げ動作とはどのような動作かを考えるために、物体が投げ出されるまでの加速について力学的な原理をまず整理してみよう。物体の速度の変化は加えられた力積に比例する。大きな力を長時間にわたって加え続ければ投げ出されるボールの速度を大きくすることができる。また、物体を大きな速度で投げ出す、つまり物体に大きな運動エネルギーを与えるためには、物体に対してなす仕事量を大きくすればよい。すなわち、大きな力を長い距離にわたって加えれば、大きなボールスピードが得られる。筋力トレーニングなどにより動作の各段階でボールに加える力が10%ずつ増加したとすれば、ボールに与えられる仕事量が10%増える。それに伴い初速は約５%、飛距離は10%伸びることになる。トレーニングによって筋力やパワー発揮能力を伸ばすことは、このように投球のパフォーマンスに直接的に影響を及ぼす。

またボールを保持しているのは確かに手や上肢なのだが、上肢に付着している筋肉の量は多くない。全身の筋群、特に体幹部や脚部の大筋群を動作に参加させることにより全体としてのエネルギー発揮量を増加させ、初速を増加させることができる。ギプス固定や椅子に座らせることによって脚の踏み出しや胴体のひねりを制限すると、ボール初速は通常の投げ方の約半分にしかならない。

さらに、動作の初めの段階では脚や腰といった体幹部に近い身体の大きな部位から動かし始め、徐々に指先に至る動作の連続性が必要である。「ムチ動作」と呼ばれるこのような動作の理由は「筋力発揮の力－速度関係」に関係している。つまり低速の収縮で筋肉はより大きな力を発揮することができる。中枢に近い部位のゆっくりした動きの中で大きな力を発揮する。いきなり肘や手首といった末端の小さい部位を動かすと、リリースの前に肝心のその部位の動作が終了して十分な加速ができないことになる。

力積と運動量
物体の質量と速度の積を「運動量」と呼び、運動の勢いを表す。運動量の変化を「力積」と呼び、力と作用時間の積で表される。

エネルギーと仕事
物体を動かすことができる能力を「エネルギー」と呼ぶ。エネルギーの変化を「仕事」と呼び、力と移動距離の積で表される。単位時間当たりの仕事が「パワー」である。パワーは「仕事率」とも呼ばれる。

ムチ動作
「運動連鎖」「キネティックチェーン」などとも呼ばれる。投動作などで、身体の近位部から遠位部にかけて速度が順々にピークを迎え、しかもその値が大きくなる現象を指すことが多い。

3. 動作の比較・観察から

一般の大学生男女のソフトボール遠投距離を測定したところ、男子の平均遠投距離はほぼ50m、女子は21mと、男女間には2倍以上の投能力の違いがあった。実際の優れた投球動作の特徴を知るために、肩や腰という胴体の向きや、肩や肘、手首の関節角度に注目して男女間でその平均的な動作を比較してみる（図4-4-2)。

図4-4-2　大学生男女の典型的な投球動作の比較（遠投距離＝男子：50m、女子：21m）

まず平均的に男子では肩や腰、つまり上半身が投球方向から大きくひねられていることが特徴である。さらに肩と腰の間の胴体のねじれが大きくなる時期もある。上肢で最もはっきり違うのは肩関節の動きである。肘が両肩の延長線を越えて後方に引かれ(水平外転)、再び前方に加速されて(水平内転）ボールが投げ出される。一方、女子では肘が肩より後方に引かれることはない。肘は常に胴体の前にある。また平均的に女子ではリリースの直前に肘が下から上に押し上げられるようにして（上腕部の外転）ボールが投げ出される。男子ではテークバックで手先が真後ろを向くほど強く肩の外旋や前腕の回内が起きていることも特徴的である。

投球動作のスキルを伸ばすためには、まず胴体の向きを投球の逆方向に大きくねじることが大切である。そのためには投球腕と反対の足を投球方向に踏み出して横向きになり、後ろ足から前の足へ大きく体重移動するようにする。このとき、両腕を大きく横に開き、ボールを持つ手の側の肘を両肩の延長線上まで挙げて構えるように注意する。ボールが小さく軽いとどうしても小手先の動作になりがちなので、体重移動を意識するために大きくて重いボールを投げる練習をするのも良いことである。

さて投球動作はほとんどヒトに固有の動作で、人間のようにオーバーハンドで投げることは他の動物には不可能である。男女の平均的な投球フォームの違いを検討するとその理由がわかる。良い投動作の特徴は、胴体が十分にねじられること、両肩の延長線上に肘があり、また上腕部が肩でよくひねられることと言えよう。このような動作は人間の解剖学的な特性を十分に生かした動作だといえる。四足動物は腕が肩や胴体に対して前向きについており肘を両肩の延長線上まで引くことができない。また前肢でも体重を支えるので、各関節は柔軟性がなく十分にひねることができない。ウエストと呼ばれる長い胴体部分もヒトの身体的特徴の一つである。

このように、「投げる」という動作を考えただけでも、「力と仕事の関係」

のような力学的原則、「筋力発揮の力－速度関係」のような生理学的事実、そして直立二足歩行に由来するヒトの解剖学的な特徴の全てが関係していることがわかる。

筋力発揮の力ー速度関係
軽いものは速く動かせても重いものはゆっくりしか動かせないように、筋のコンセントリック活動において短縮速度が大きいほど小さな力しか発揮できなくなること。

4. 科学的な考え方を養う

体育の授業でも、あるいは運動部活動の指導でも、他人の行っている優れた実践をまねることはとても有効な方法であろう。しかしながら、場所や用具などの様々な環境諸条件の違いが存在し、いつも同じように指導できるわけではない。また教える対象によっては同じ指導法を用いても期待できる効果が得られないことも多い。さらに部活動などでトップレベルの指導を行う場合を考えてみると、ジュニアの選手が一流選手に育つまでには10年～15年が必要である。現在の一流選手のみをイメージし、その技術や練習法をまねしているだけなら、一流選手に育つ頃にはその指導法自体が時代遅れになっているかもしれない。

インターネットで「Biomechanics」と検索すると約1670万件、また「バイオメカニクス」という日本語にも470万件のページがヒットした。しかしこれらの中にはインチキな情報や他からの単なる受け売りが多く含まれているだろう。テレビや雑誌の情報も同様である。テレビの健康番組で「科学的」と紹介されていればそれが「科学的」だとそのまま抵抗なく受け入れてしまう人が多く存在する。「コンピュータを用いて」、「スポーツ科学」という言葉だけで、何の疑いもなくそれがそのまま通用する現状だ。

体育教育においてはどうか。吟味や改善の試みもなく形式的に他人の指導法をまねようとすることは、インターネットやテレビ、雑誌などからの全ての情報を疑いもなく鵜呑みにしてしまう指向性に似ていないだろうか。

体育やスポーツという活動にあっては、人間は生物なので、その動作は必ずヒトの解剖学的および生理学的な原則に従って行われる。同時に人間の身体も物体であることに間違いはないから、その動作は力学の法則に拘束される。スポーツの実施や体育の指導においても、そのような基本的な知識と、科学的な思考法を獲得しておくことが絶対に必要である。

身体・運動・スポーツについてよく勉強し、常識にとらわれることなく、本当に大切なことは何かを考えながら練習や指導をすることが望まれる。人間の身体の特質や動きの法則を学び、その本質を理解した人だけが教員、そして指導者になる資格がある。

□参考文献

桜井伸二（1993）投げる科学．大修館書店・東京．

（桜井　伸二）

第5節 運動生理・体力科学の活かし方

【概要】

運動生理学とは、運動を可能にする身体の仕組みや運動によって身体に生じる変化を研究する学問である。身体の各器官系の機能(生理)はその特異的な形態(解剖)によって初めて可能となり、両者は分離できない。運動に直接関与する筋系、骨格系、神経系などの動物性機能のみならず、それらの機能を可能にする心血管系、呼吸器系、消化器系、内分泌系、体温調節系などの機能を理解し、運動やスポーツあるいはトレーニングに活かすことが重要である。一方、体力には、身体の活動能力(行動体力)あるいは心身ともに健康に生きる能力、つまり健康に関連した体力(防衛体力)の2つの捉え方があり、これらの概念を理解し、運動生理学の研究成果を活かして、疾病予防、健康増進、生活の質の向上、さらに運動パフォーマンスの向上を追究する学問が体力科学である。

1. 体育授業に活かしたい運動生理学の知見

1 エネルギー供給系

運動時のエネルギー供給系は、その持続時間(競技時間ではなく、一つの動作の持続)と運動強度によって決定される(図4-5-1)。30秒以内で終わるような種目をハイパワー、30秒～3分の種目をミドルパワー、一つの動作が3分以上続くような種目をローパワーと表現し、表4-5-1のような種目に分類される。

表4-5-1 エネルギー供給機構から見たスポーツ種目

運動時間	エネルギー獲得機構	スポーツの種類	パワーの種類
30秒以下	非乳酸性機構(ATP-PCr系)	砲丸投げ、100m走、盗塁、ゴルフ、テニス、アメリカンフットボールのバックスのランニングプレー	ハイパワー
30秒～1分30秒	非乳酸性機構+乳酸性機構(解糖系)	200m走、400m走、スピードスケート(500m、1000m)、競泳100m	ミドルパワー
1分30秒～3分	乳酸性機構+有酸素性機構	800m走、体操、ボクシング、レスリング	
3分以上	有酸素性機構	競泳1500m、スピードスケート10000m、クロスカントリースキー、マラソン、ジョギング	ローパワー

(樋口 満、2007)

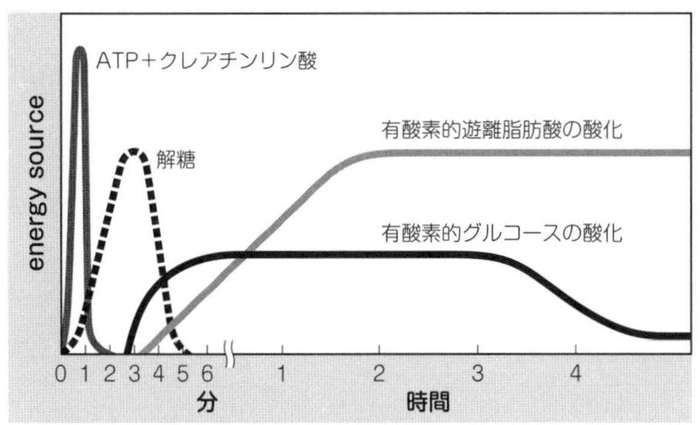

図4-5-1　運動とエネルギー供給機構との関係（大地陸男、2003）

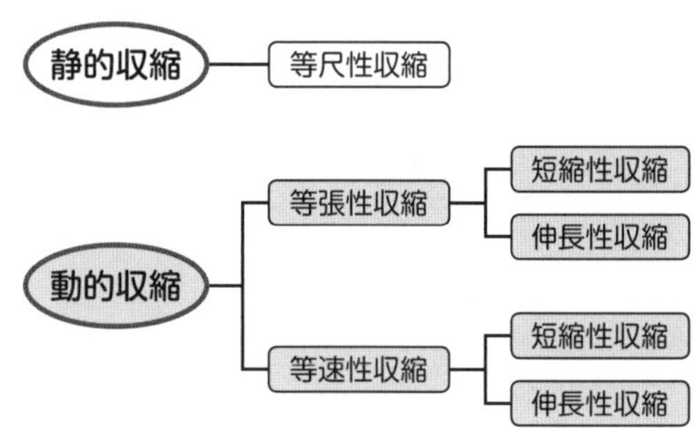

表4-5-2　筋収縮の種類

2 筋収縮の仕組み

対側の一次運動野（大脳皮質）の錐体細胞の電気的興奮がその軸索内を下行し、延髄で交差（錐体交叉）し、さらに脊髄の皮質脊髄路（錐体路）を下行し、脊髄前核の運動ニューロンに至る。運動ニューロンの電気的興奮は支配する筋線維まで軸索内を伝わる。神経筋接合部ではアセチルコリンが伝達物質として働き、筋細胞表面に活動電位を惹起し、その結果、筋小胞体からカルシウムが放出されることで筋収縮が起こる。１個の運動ニューロンとそれが支配する筋線維の集団を運動単位と呼ぶ。

筋は関節にまたがって付着しているため、通常、筋が収縮（短縮）すると関節の動きが生じる（動的収縮）。また、関節の動きを伴わない筋収縮を静的収縮と呼び、この場合は筋長が変化しない等尺性収縮である。動的収縮のうち、一定の重さの抵抗に力を発揮している収縮を等張性収縮、収縮速度が一定の収縮を等速性収縮と呼ぶ。このような動的収縮には、筋が短縮しながら収縮する短縮性収縮と引き伸ばされながら収縮している伸長性収縮とがある（表4-5-2）。

筋線維には、収縮速度が遅く、収縮力も弱いが、有酸素性代謝能力が高いため疲労しにくい遅筋線維〔SO（slow twitch oxidative）線維、タイプⅠ線維〕と収縮速度に優れ解糖系の代謝能力が高いために大きな収縮力を発揮でき、形態的にも太いが、疲労しやすい速筋線維〔FG（fast twitch glycolytic）線維、タイプⅡa線維〕とがある。速筋線維の中にはある程度高い有酸素性能力をもつものもあり、FOG（fast twitch oxidative glycolytic）線維、タイプⅡb線維と呼ばれる。

筋力と筋パワー

筋力と筋パワーを混同しないよう、注意が必要である。

一般的に、筋力（kg）は等尺性収縮で測定されるため、筋の長さは一定であり関節の動きはない。

一方、パワー（W：J／sec、kg･m／sec）は単位時間当たりの仕事量であり、パワー＝仕事量／時間＝力×速度となる。

筋持久力は一定の重りを保持し続ける静的筋持久力とある負荷を繰り返し何回持ち上げることができるかで評価される動的筋持久力があり、筋の有酸素性代謝能力が高いほど筋持久力は増す。

3 循環器系の構造と機能

安静時の心拍出量は約５Ｌ／分であるが、最大運動時には20Ｌ／分にも増加する。１回の拍出で送り出される血液量を、１回拍出量（mL）と呼び、安静時の１回拍出量は約70 mLである。心拍出量（mL／分）＝ １回拍出量（mL）× 心拍数（拍／分）。持久的トレーニングを積んだ選手では１回拍出量が増加（スポーツマン心臓）するため、安静時・運動時の心拍数が減少する。最大運動時の心拍出量は40Ｌ／分にも達する。運動を開始す

心臓

心臓はおよそ拳大の大きさで、胸骨と脊柱との間、つまりほぼ正中線上にある。心臓は血液を全身に送り出すポンプであり、血管はそのためのパイプである。

ると１回拍出量は比較的初期に約100 mL程度にまで増加するが、その後は頭打ちとなる。さらに運動の強度が増すと、心拍数が増すことで心拍出量を増加させる（図4-5-2）。

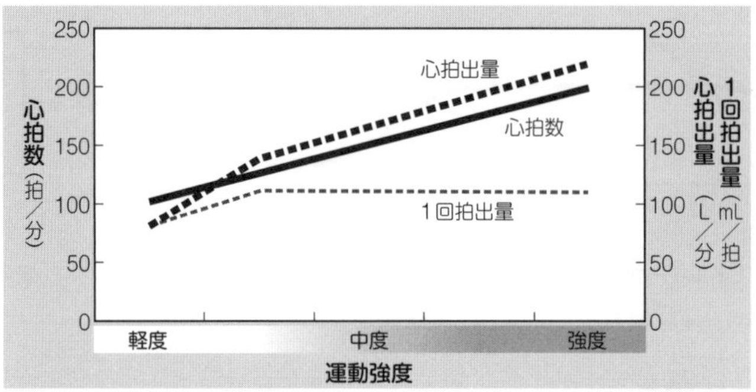

図4-5-2　運動強度が心拍数、１回拍出量、心拍出量に与える影響
（ホフマン，J. 著・福林徹監訳、2011）

4 呼吸器系の構造と機能

左右の肺の末梢部は、ブドウの房状の構造になっており、一つずつを肺胞と呼び、肺胞内の空気と肺胞を裏打ちする肺毛細血管との間でガス交換（酸素の取り込みと二酸化炭素の排出）が行われる。ガスが移動する呼吸膜（肺胞上皮細胞と基底膜と毛細血管内皮細胞）が0.3 μmと非常に薄いことが、拡散によるガスの移動を可能にしている。また、全肺胞の総面積は約70m²とテニスコート４分の１もの面積があることで、運動時の酸素需要の増大にも応えうる。

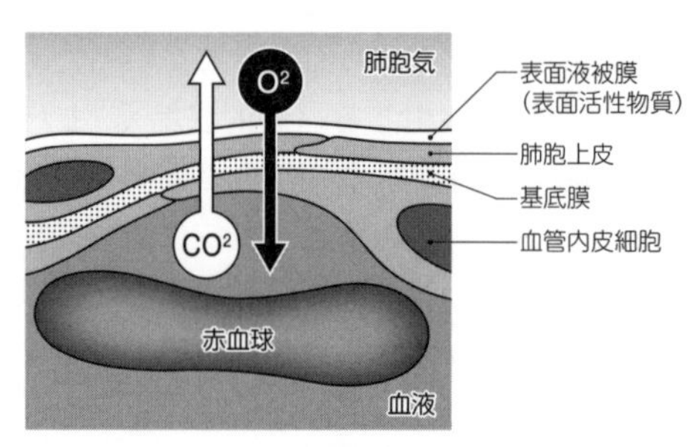

図4-5-3　肺胞毛細血管関門(呼吸膜)　（大地陸男、2003）

表4-5-3
BMIによる肥満の評価基準

BMI	判定
＜18.5	低体重
18.5～25	普通体重
25　～30	肥満(1度)
30　～35	肥満(2度)
35　～40	肥満(3度)
40　＜	肥満(4度)

表4-5-4
体脂肪率の正常参考値

一般人	スポーツ選手
男性 12～18%	男性 5～13%
女性 18～24%	女性 12～22%

表4-5-5
タンパク質の摂取基準
(推奨量　g／日)

年齢	男性	女性
12～14	60	55
15～17	60	55
18～29	60	50

(2010年度版日本人の食事摂取基準)

5 肥満、身体組成、体脂肪率

肥満の評価には、体重(kg)／身長の２乗(m²)で求めたBody Mass Index (BMI) が広く用いられている。特殊な装置を必要とせず、身長と体重の測定のみで評価でき、BMIと疾病の有病率との間に、BMI＝22のときに有病率が最も低く、BMIが増えても、減っても有病率が増すＪ字状の曲線関係がある。しかし、体重の中身が脂肪であるか筋肉であるかを評価できない点が問題である。肥満の評価法としては、体脂肪率のほうが優れている。また、BMIによる評価からは普通体重であっても「自分は太っている、やせたい」と考えるゆがんだボディーイメージ(理想体型)をもつものが多く、中学生・高校生には正しいボディーイメージを教育する必要がある。特に、女子では体脂肪率が20%以下になると月経異常の頻度が増すため、過度の減量やダイエットは避けるべきである。これは女性ホルモンの一部が脂肪組織で産生されるためである。

2. 中学生·高校生のためのスポーツ栄養学

成長期にある中学生・高校生では、成人と異なり身体を維持するための栄養に加えて、成長（身長、体重の増加）のための栄養が必要であり、常に摂取カロリーが消費カロリーを上回る必要がある。したがって、この時期の減量は極端な肥満の場合を除いて、推奨できない。また、運動によって消耗した筋グリコーゲンを補充するためには、消費したエネルギーに見合うエネルギーを糖質で摂取することが望ましい。運動選手の食事の基本は高糖質食（糖質60%、タンパク質15%、脂質25%）であり、これは伝統的な日本食中心の食事に相当する。筋肉（からだ）づくりのためには、タンパク質の摂取が重要である。1日当たりのタンパク摂取基準（推奨量）を表4-5-5に示した。

アスリートでは、トレーニングの実施とともにタンパク摂取量を一般人の基準よりも増やす（持久系種目では1.5g／kg体重、パワー系種目では2g／kg体重程度まで）ことで筋量増加につながるが、これは成人から得られた結果であり、青少年期のデータは乏しい。

3. スポーツ医学的配慮

体育授業やその他のスポーツ活動において、指導者は事故防止・安全の確保に最大限の注意をはらう必要がある。運動時に命にかかわるような事故が発生することは稀であるが、以下の病態は、知識があれば防止（救命）できる点から、よく理解しておくことが望ましい。

1 脳震とう

頭部外傷のうち、頭蓋骨骨折、脳挫傷、脳出血、硬膜下・硬膜外血腫などを除いた軽症の頭部外傷を脳震とうと呼ぶ。表4-5-6に脳震とうの症状を示した。1回目の脳震とうによる症状が消失しないうちに、2回目の脳震とうを起こすと、脳内のうっ血が急激に起こり死亡することがある（セカンドインパクト症候群）ため、注意が必要である。脳震とうが疑われる選手は、「直ちに競技を中止」させ、速やかに医学的検査を受けさせなければならない。時間とともに悪化することもあるので一人にしたり、自動車等の運転をさせたりしてはならない。

表4-5-6
脳震とうを疑う症状

意識障害	音過敏
けいれん	集中できない
記憶障害（健忘）	疲労感（無力感）
頭痛、頭重感	眠気
嘔気、嘔吐	精神錯乱
めまい	思い出せない
頸部痛	感情的
かすみ目	易興奮性
ふらつき	悲嘆
光過敏	神経質・不安

「ゆっくり動いている」感じ
「霧の中にいる」感じ
「なんとなく変な」感じ

2 心臓震とう

胸に軽い衝撃を受けただけで、心室細動を起こし「突然死」を誘発することがあり、心臓震とうと呼ぶ。骨が軟らかい中学生（13～15歳）に多くみられる（表4-5-7）。救命には素早いAEDが有用である。

表4-5-7
心臓震とうの発症年齢
（国内22例）

4～6歳	2例
10～12歳	4例
13～15歳	11例
16～18歳	2例
19～20歳	1例
21歳以上	2例

（2007年9月現在）

3 熱中症

熱中症については、第5章第4節pp.149～150を参照。

□引用・参考文献

大地陸男（2003）生理学テキスト　第4版．文光堂書店・東京，p.340.
樋口満（2007）新版　スポーツ栄養学．市村出版・東京，p.3.
ホフマン，J. 著・福林徹監訳（2011）スポーツ生理学からみたスポーツトレーニング．大修館書店・東京，p.53.

（松本　孝朗）

第6節 スポーツとコンディショニング

【概要】

コンディショニングとは、「より良い心身の状態へ整える働きかけ」である。スポーツにおいては、目標とする試合に最高の状態（コンディション）で挑めるようにすることだといえる。一流アスリートは、日々の生活の中であらゆるコンディショニング理論・方法を活用し、体調を自己管理している。それにより、オリンピックなどの最大のプレッシャーがかかる試合でも、最高のコンディションをつくり、最高のパフォーマンスを発揮する。体育の授業においても、日常生活で体調を自己管理する理論・方法として重要といえる。ここでは、スポーツにおける様々なコンディショニング理論・方法について紹介する。

1. 健康の三原則（運動・栄養・休養）

コンディションの良し悪しは波のように時々刻々と変化する。トレーニングを行い身体が疲労するとコンディションは落ち目となり、だるさを感じたりする。反対に、バランスの取れた栄養を摂り、十分な睡眠をすることで体は回復し、コンディションは右肩上がりに良くなる。このコンディションの波をより良い状態に保つために、健康の三原則（運動・栄養・休養）を意識することが大切である。適度な運動の実施、バランスのとれた栄養の摂取、十分な休養（睡眠）といった自己管理をすることが、コンディショニングの第一歩といえる。

ピリオダイゼーション

ピリオダイゼーションの大きい区分から順に、オリンピック・パラリンピック等に合わせた4年計画や、1年単位の年間トレーニング計画がある。次に、マクロサイクルとして、数か月～1年の区分、メゾサイクルとして、2～6週間の区分、ミクロサイクルとして、数日～2週間の区分がある。そして、1日のトレーニング計画があり、数時間のトレーニングセッションがある。これらの区分は必ずしも明確に統一する必要はなく、各競技や選手の状況に合わせて、柔軟に計画することが大切である。

2. ピリオダイゼーション

トレーニングによって身体に刺激を与え、その後、回復させることでトレーニング以前よりも身体機能が向上することを超回復という。この超回復によって生じるコンディションの波をコントロールし、目標とする試合に調子を合わせていくことがスポーツの現場では一般的である。目標とする試合を基準とした期分けによって、トレーニング計画を立てる方法をピリオダイゼーションという。1年間は大きく3つに期分け（準備期、試合期、移行期）することができる。準備期では、試合期に向けての基礎体力をつけることが主な目的となり、トレーニング量（時間や頻度）が多くなる。それゆえ、身体に合わない過度なトレーニング負荷をかけてしまうオーバートレーニングになりがちである。オーバートレーニングになってしまうとトレーニング刺激に対して回復が追いつかないため、超回復も起こらず、けがのリスクが高まる。また、トレーニング負荷は、「体」だけではなく「心」にもかかるため、「心」のオーバートレーニングにならないように注意することも大切である。次に試合期では、準備期に培ったトレーニング成果を最大限発揮することが目的となり、試合に近い全力で行う運動など強度の高いトレーニングが多くなる。強度の高いトレーニングは、瞬間的にかかる負荷が大きくなるため、突発的なけがの防止や高い集中力が必要となる。最後の移行期では、次の試合シーズンに向けて身体的にも精神的にもリフレッシュする期間である。緊張感のある試合期ではできなかった趣味の時間を過ごしたり、専門と違うスポーツをレクリエーション的に楽しんだりすることで、身も心もリフレッシュすることが目的である。

上述のように、ピリオダイゼーションでは、期間ごとに設定された目的をトレーニング量や強度を調整することで達成し、計画的にコンディショニングすることが可能となる。

3. ウォーミングアップ

体育の授業では、ウォーミングアップとして校庭のジョギングや準備体操などが行われている。これは競技スポーツの現場においても同じである。まず、ゆっくりとした有酸素性運動（ジョギング、スキップ、自転車など）から始め、心拍数や血流量、筋温を上昇させる。次に、ストレッチングをすることで、筋の柔軟性や関節可動域を大きくする。最後に、目的とするスポーツに類似した運動を行う（野球であれば、キャッチボールなど）。それにより、筋力やパワーの向上、酸素運搬能の向上、筋における粘性抵抗の低減（筋がしなやかになる）、傷害予防、運動に向けた心理的準備が整うなどの効果が表れる。

4. クーリングダウン

運動後は単に休養をとるよりも、ゆっくりとした有酸素性運動を行うことで、身体の血液循環を促進し、身体の回復を早めることができる。このように、より積極的に身体の回復を目指すことを積極的休養（アクティブレスト）という。様々なストレッチングやアイシング、軽運動などの組み合わせによって回復を図り、次のトレーニングや試合へ向けてのコンディショニングすることが目的である。

5. ストレッチング

ストレッチングにより、筋、腱、関節を引き伸ばすことで、筋肉の緊張をやわらげ、柔軟性を向上させ、関節可動域を大きくする効果がある。上述のとおり、ウォーミングアップやクーリングダウンに取り入れることで、その日のパフォーマンス向上、または翌日の疲労低減など、コンディショニングに役立つ。主なストレッチングは以下の４つである。

柔軟性

ストレッチングなどによって、関節の動作範囲（関節可動域：range of motion：ROM）が大きくなることは、柔軟性が向上することと同義である。柔軟性について注意が必要なことは、関節可動域が大きければ大きいほどパフォーマンスの向上につながるとはいえない点である。適切な関節可動域は、それぞれの競技や動作によって異なり、その範囲から外れている場合、選手が最大限パフォーマンスを発揮できないばかりか、けがのリスクを高めることとなる。選手、指導者は、柔軟性が適切な範囲内であるのかどうか定期的に確認することで、より良いコンディショングが可能となる。

1 スタティックストレッチ(静的ストレッチ)

反動をつけずにゆっくりと筋肉や腱を引き伸ばし、その状態で15秒～60秒間静止する方法である。深呼吸を行いつつ、不快な痛みを感じない程度に引き伸ばされている筋肉を意識して行うと効果的である。

2 バリスティックストレッチ

弾みのある反動を利用したストレッチングで筋肉や腱が引き伸ばされた状態を保持しないのが一般的である。急激に組織が引き伸ばされるためけがのリスクがある。しかし、スタティックストレッチの後に行うと効果があるという報告もある。

3 ダイナミックストレッチ(動的ストレッチ)

目的とする運動に類似した動作を用いて、身体をあらゆる方向へ引き伸ばし、身体を整える機能的なストレッチングである。例として、100m走のウォーミングアップの場合、足を前後に大きく振りながら、歩行するなどが挙げられる。

4 PNF(固有受容性神経筋促通法)

固有受容器であるゴルジ腱器官の機能（張力が増加している筋を弛緩させる）を利用し、筋の緊張をとる手法である。基本的にパートナーを必要とする。パートナーは選手のターゲットとなる筋をスタティックストレッチの要領で静止させ、10秒程度保持する。その後、選手は引き伸ばしている筋の力発揮をし、パートナーはそれに対して抵抗をかける。見かけ上、動かないようにして6秒間程度保持する。最後に、引き伸ばした筋をリラックスさせる。このような手順を繰り返すことで可動域を広げることができる。

6. アスリートのコンディショニング

アスリートは、狙った試合を最高の状態で臨むために、常日頃からコンディショニングに努めている。筆者（青戸）が、どのようなコンディショニングを行い、狙った試合で結果を出してきたのか、試合の1年前から順に紹介する。

【1年前】 1か月単位の期分け（ピリオダイゼーション）を行い、大まかな練習計画を立てる。1年前でもしっかり狙うレースを意識し、毎日を過ごす。そうすることにより、生活そのものがトレーニングとなる。例えば、普段の座位、立位の姿勢が猫背のように悪くなりそうな時でも、レースを意識できていれば、自戒し修正することができる。そうした日々の心掛けが、狙った試合で極限の集中状態（ゾーン）を起こすきっかけとなり、技術的な意識をせずとも身体が自然に反応し、ハイパフォーマンスを発揮することにつながる。

【半年前】 春先の競技シーズン開始時の目標タイムを具体的に立てる。ウォーミングアップから試合を想定した内容で練習し、タイムも意識して行う。最高のレースを実現させるため、メンタルトレーニング（自律訓練法、メンタルリハーサルなど）を取り入れる。

【1か月前】 2日間練習し、1日休養のサイクルを取り入れるなど、練習に強弱をつけ､筋肉を休めることを積極的に実施する（アクティブレスト)。睡眠時間を十分に確保し、規則正しい生活を行う。

【1週間前】 バランスの良い食事をする中でも、生ものは避け、消化の良いものを摂取する。マッサージ、鍼灸を積極的に活用する。

【3日前】 練習内容は、決めた本数よりも増やすことはしない。不安な気持ちから練習量を増やしてしまいがちだが、一つ一つの練習の質を高めて行うことが大切である。食事面では、繊維質のもの、脂っこいものを避け、炭水化物を多めに摂取する。

【前日】 練習を完全に休み、体のバネを蓄積するよう意識する。移動日の場合は、極力歩き回らないように注意する。

【試合当日】 自信をもって落ち着いて試合に臨む。集中力を切らさないように、視神経が疲労するスマホ、ゲームなどを控える。レース直前には、糖質のエネルギーを摂るとともに、試合のルーティンを意識し、集中力を高める。コンディションが良くもっと記録が出せるのではないか、もっと良くなるように技術的に動作を変えてみようかなどと欲張ってはいけない。欲張ってしまうとこれまで積み上げてきたことに集中できず、動作が固くなり結果が出せないばかりか、けがをする場合もある。反対に、結果が出せなかったらどうしようなどと考えてしまう時は、これまでの練習や日々の生活で積み上げてきた努力や成功体験を思い出し、自信を取り戻す。このように、ポジティブシンキング（プラス思考）を忘れず、結果を恐れずに試合に臨む。

メンタルトレーニング
スポーツにおけるメンタルトレーニングとは､「競技者や指導者が競技力向上のために必要な心理的スキルを習得し、実際にそれらを活用して、自己の潜在能力を最大限に競技の場で発揮できるようになることを目的とした訓練」といえる（2016，最新スポーツ科学辞典)。メンタルトレーニングの内容としては、目標設定、リラクセーション、集中力のトレーニング、自律訓練法などが挙げられる。自律訓練法とは、特定の四肢や筋群で温かさや重さをイメージさせることによって、筋の過度な緊張をとる方法である。

□参考文献

山田雄太、室伏広治（2012）スポーツとコンディショニング.（勝亦紘一、家田重晴編）. 新しい体育の授業づくり、pp.128-131. 大日本図書・東京.

篠田邦彦総監修（2018）NSCA決定版　ストレングストレーニング＆コンディショニング　第4版. ブックハウスHD・東京.

トレーニング科学研究会編（1996）トレーニング科学ハンドブック. 朝倉書店・東京.

テューダー･ボンパ著･尾縣貢･青山清英監訳（2006）競技力向上のトレーニング戦略. 大修館書店・東京.

日本体育学会監修（2006）最新スポーツ科学辞典. 平凡社・東京.

（青戸　慎司）

第7節 文化としてのスポーツ

【概要】
文化としてのスポーツの重要性は、いくつかの国際憲章や国内のスポーツ基本法に示されている。2030年までの国際目標を示した国連SDGsの達成に関しては、スポーツの文化的・社会的な機能が重視されている。様々な国際的競技会の中でも、特にオリンピック大会は、文化としてのスポーツにとって重要な位置づけを持つ。その理由は、オリンピック大会が単なるメダル争いではなく、オリンピズム（オリンピック精神）に基づき、スポーツ・文化・環境を柱として進められているオリンピック・ムーブメントの一部だからである。IOCが2014年に採択した中長期目標「オリンピック・アジェンダ2020」には、多様な人々が共生する国際社会におけるオリンピックを目指すための方針が示されている。

1. 文化的重要性を認められたスポーツの責任

スポーツの文化的重要性は、1978年にユネスコ総会で採択された「体育およびスポーツに関する国際憲章[1]」に端的に示された。前文には、人々の権利が効果的に行使されるための基本的な条件の一つとして、「すべての人が肉体的・知的・道徳的能力を自由に発達させ保持すべきであること」が記され、そのためにはスポーツが欠かせないとされた。また、国内では2011年に制定された「スポーツ基本法」の前文の冒頭に「スポーツは、世界共通の人類の文化である」と記され、「他者を尊重しこれと協同する精神や公正さと規律を尊ぶ態度や克己心を培い、実践的な思考力や判断力を育む等人格の形成にも大きな影響を及ぼす」とされている。

ユネスコの憲章は、2015年に全面改定され「体育・身体活動・スポーツ国際憲章」へと名称も変更された。2015年版[2]は、改定前の憲章の基本的な考え方を継承しつつ、変化する国際社会に対応し、スポーツの文化的・社会的重要性をより強調したものになっている。

特徴的な改正内容として、人権に対する配慮がある。この例を「誰もが安心して体育やスポーツを安全に行う環境」という観点から考えてみよう。これまでは「スポーツを安全に行う環境」とは、傷害や疾病が発生しないこと、自然環境に配慮することなどに注意が払われてきた。これらに加え、2015年版では、排除される人がおらず、暴力・性暴力・虐待・差別などの人権侵害がないことを「安全・安心」な環境であるとしている。

近年は、体育やスポーツの現場で発生する差別や体罰が大きな社会問題となっている。こうした問題を解決するためには、何よりも、教師と生徒

1）教育に関する国際的な条約・宣言・勧告等
文部科学省のサイト「教育に関する主な国際条約・宣言・勧告等」が参考になる。

2）体育・身体活動・スポーツ国際憲章（2015）
2015年に改正された憲章の日本語訳は、文部科学省のサイトに公開されている。
http://www.mext.go.jp/unesco/009/1386494.htm

あるいは指導者とアスリートが、お互いを信頼し、尊重しあった関係性の中で、教育的な活動が進められる必要がある。

差別や格差のないスポーツが社会に文化として根づくことにより、社会全体が違いを尊重し、多様な人々が共に生きる場となることが目指されている。それは、文化として社会から大切にされているスポーツが果たすべき責任だといえる。

2. オリンピックの文化的な役割

国際的な競技会は、世界の人々がスポーツの価値やスポーツの発展について考える好機となる。メガ・スポーツ・イベントと呼ばれる大規模な大会は、世界中の人々の交流や経済活動に大きな影響を与えている。中でもオリンピック大会が社会に与える影響は大きい。その背景には、オリンピックが単なるメダル争いではなく、個人と社会に関する理想を追求する「オリンピック・ムーブメント」の一環だということがある。

オリンピック・ムーブメントは、スポーツと他の文化や教育を融合させることによって、スポーツを通じ世界平和に貢献しようとする国際規模の教育的・社会的運動である。その理念はオリンピズムと称され、近代オリンピックの創始者であるピエール・ド・クーベルタン[3)]の考えに基づいている。彼は「スポーツによる教育改革を世界に広め、世界の平和に貢献すること」を構想した。オリンピック大会が始まってから120年以上が経過する中で、オリンピズムは時代に見合った内容へと変化してきた。その変化は、オリンピック憲章の「オリンピズムの根本原則」をたどることで理解することができる。

現在の根本原則では、**1)** スポーツが肉体・意志・知性の調和のとれた総体としての人間の発達に不可欠な文化であること、**2)** 結果よりも目的に向かって努力することも価値とそこで見出される喜びの大切さ、**3)** 社会生活においても欠かせない連帯・友情・フェアプレーの精神を重視すること、**4)** 上記2）や3）を追求する中で、いかなる種類の差別もなく、他者を尊重し、相互に理解を深め、ひいては平和な世界を目指すこと、などが唱われている。

2014年にIOCはオリンピック・ムーブメントを改革するための中長期方針「アジェンダ2020」を採択した。その内容は2015年以降のオリンピック憲章[4)]にも反映されている。中でも、オリンピズムの根本原則において、オリンピックやスポーツが認めることのできない差別の形態に「性的指向」が含まれたことの意義は大きい。これにより、国際的なスポーツ界ではLGBTの人々に対する差別を解消しようとする動きが活発になっている。

オリンピックの文化的な役割は、大会そのものが担うものと、それ以外のオリンピック・ムーブメントにおける恒常的な活動が担うものに大きく区別することができる。この二つが相互に作用することによって、社会により大きな影響を与えることが期待されている。

3) ピエール・ド・クーベルタン (Pierre de Coubertin, 1863-1937)

フランス貴族の三男として生まれた。近代オリンピックの着想は、古代ギリシャへの関心、イギリスのパブリックスクールにおけるスポーツ教育、教育学等に対する深い教養、戦争の多かったヨーロッパで育ったことなどに影響を受けている。

4) オリンピック憲章
(Olympic Charter)

オリンピズムとそれに基づくオリンピック・ムーブメントの活動内容、国際オリンピック委員会（IOC）、国内オリンピック委員会（NOC）、国際競技団体（IF）の位置づけや役割、オリンピック大会に関する諸規程などが記されている。現在ではスポーツ界の憲法とも呼ばれている。日本オリンピック委員会（JOC）のサイトに日英対訳版が公開されている。

1 オリンピック大会が担う文化的な役割

オリンピック大会において、最も重視されるのは、勝敗の結果ではない。「結果がすべて」という思考とは、一線を画している。オリンピックのモットー（標語）は「より速く、より高く、より強く」である。この言葉は、自分自身の競技力を可能な限り高めようと努力することを通じ、調和のとれた人間を目指すことを意味している。クーベルタンは、努力を続ける人（アスリート）の励みになるようにとメダルの授与をはじめたが、メダルを得ること自体を目的だとは考えていなかった。

一般的な国際交流と異なり、スポーツでは身体的な奮闘や努力を通じて交流する。スポーツのこの特徴は、身体活動を通じ、「同じ人間は誰一人いない」ということと同時に、「異なる人々が同じ目標を目指して共に努力することができる」と感じさせる。このようなスポーツによる交流がもたらす文化的な意味は、「私たち一人ひとりは、人類という偉大なオーケストラの一員なのだ」というクーベルタンの言葉に象徴的に示されている。

大会では、スポーツと他の文化との融合の場として、開会式等における文化プログラム[5)]が実施されている。現在の文化プログラムの形式は、バルセロナ大会（1992年）からのもので、人々の相互理解を深めるために、芸術や開催地の文化の紹介が行われている。

5）文化プログラム
クーベルタンは、古代オリンピックでも詩の朗読や音楽などの芸術競技が行われていたことに着目し、調和のとれた人間を目指すために、近代オリンピックでも芸術は欠かせないと考えた。1912年ストックホルム大会から1948年ロンドン大会までは、スポーツをテーマとする建築・彫刻・絵画・文学・音楽の５部門の競技が正式プログラムとして含まれていた。

2 大会以外の活動が担う文化的な貢献

オリンピック・ムーブメントにおいてIOCが力を注いでいる活動の一つに「オリンピック・ソリダリティ」がある。この活動は、1971年に専門委員会が設置され、開始された。放送権収入をはじめとするマーケティングが成功した1990年代以降、収益の一部はこの活動に用いられている。ソリダリティ（solidarity）は「連帯」と訳され、主に世界のオリンピック関係組織や国際組織に対する支援が行われている。具体的には、オリンピズムの理解促進、大会参加が困難なNOCへの支援、スポーツ途上国における指導者や組織者の専門知識の向上、選手やコーチへの奨学金制度、支援が必要な地域におけるスポーツ施設の建設など、10項目のいずれかに貢献する活動であることが求められている。

3 国連などの国際機関との連携

国連は2015年９月に「持続可能な開発のための2030アジェンダ」を採択した。このアジェンダには2030年までの国際目標として「持続可能な開発目標（SDGs）」が記された。SDGsでは、貧困、教育、ジェンダー平等、健康などに関する17の領域に対し、スポーツの文化的社会的機能を活かすことができると考えられている。

1993年の国連総会では「オリンピック休戦」決議を採択するなど、IOCとの連携が具体化した。さらに、2009年にはIOCは国連総会のオブザーバー資格を付与されている。このように国連をはじめとする国際機関とIOC等のスポーツ組織が連携することにより、スポーツの文化的社会的機能が活かされる場は拡大している。

なお、オリンピック休戦決議は古代ギリシャ時代のオリンピア競技会における「エケケイリア[6)]」にちなんだものである。クーベルタンは、この制度に強い影響を受け、近代にオリンピックを復興させたといわれている。2000年7月、IOCは国際オリンピック休戦財団と国際オリンピック休戦センターを設立した。このセンターでは、オリンピック休戦を遵守し、平和を求める文化を国際規模で促進するための支援を行っている。具体的な活動には、オリンピック休戦に関する子ども向けの絵本の出版、スポーツと平和に関する作文コンテストや絵画展などの開催がある。

オリンピックを通じての教育である「オリンピック教育」は、IOCだけでなく、NOC、国際オリンピック・アカデミー（IOA)、国内オリンピック・アカデミー（NOA)、さらには大会組織委員会（OCOG）などのオリンピック関連組織によって、推進されている。この教育の本来の目的は、オリンピックやスポーツを題材に、調和のとれた人間の発達を促したり、社会の課題を発見し、解決に向けて行動する能力を身につけることにある。

6）エケケイリア
古代ギリシャのオリンピック競技会における休戦制度。当初、大会をはさむ1ヵ月が休戦期間とされたが、大会規模や参加者の出身地域の拡大とともに3ヵ月に延長された。武器を使用し戦争をすることや、死刑や争いが禁じられた。これにより当時のギリシャ全体が平和になるほどの影響はなく、休戦制度が破られることもあった。その一方で、アレキサンダー大王がこの制度を破ったために多額の罰金を支払ったとする記述もみられる。

3. オリンピックの新しい動き—ユースオリンピック（YOG）

IOCは、2010年以降、14～18歳までのアスリートを対象としたユース五輪を開催している。勝利至上主義や商業主義の影響により、オリンピック大会では、理念からかけ離れた出来事が発生している。そこで、本来の理念により近い大会を開催し、若年層のアスリートに向けた教育的な機会を設けようとしたのが、ユースオリンピック（YOG）である。

この大会では、新たな施設を建設しないなどの制限が設けられ、多様な人々が地球上で共に暮らす時代に適した競技のあり方が模索されている。例えば、各国から参加した選手が入り混じったチームを現地で新たに結成し、実施する競技がある。こうした競技では、スポーツを通じ、国や地域の様々な違いを超え、同じ目標に向かって互いを理解し、尊重するための場を形成する経験をすることができる。また、女性と男性が協力し、チームとして競技する「男女混合種目」の採用を様々な競技で増加させている。若い世代のアスリートたちは、これらの試みを通じ、多様な人々の協力は「あたりまえ」のことなのだと感じるようになる。そのような感覚を身につけた若者たちが社会に巣立っていくことの影響は、非常に大きいと考えられる。

YOGでは、アスリートたちが文化・教育プログラム[7)]を体験することが必須となっている。また、ヤング・アンバサダー（大使)、ヤング・レポーターといった役割を担って派遣された若者が主体的に活動するなど、競技だけでなく、文化としてのスポーツを発展させるための多様な取り組みが行われている。

（來田　享子）

7）YOGの文化・教育プログラム
プログラムには、①オリンピズム、②能力の開発、③幸福で健康的なライフスタイル、④社会的責任、⑤豊かな表現、という5つの教育テーマが設定されている。夏冬あわせて5回開催された各大会のプログラムは、JOCのサイトhttps://www.joc.or.jp/games/youth_olympic/cep.html）に紹介されている。

第5章

体育授業の指導法

第1節 運動技能を高める指導法

【概要】

運動技能を構造的に捉えると、技術、戦術、体力、精神力などの要素から成り立っていることがわかる。技術は長い時間をかけ、様々な変遷を経て、今日の形にまで発展してきた。技術にはオープン・スキルとクローズド・スキルがあり、スポーツ種目によって主要な役割がある。運動技能を効果的に高める方法については、いろいろと知っておかなければならない知識がある。そして、実際の指導場面では、それらの知識を単純に当てはめるのではなく、臨機応変に応用していく能力が求められるのである。

1. 運動技能の仕組み

運動技能と運動技術

技術とは合理的な体の動かし方であり、技能とは技術を練習によって身につけた能力である。技術は理解し習得するものであり、技能は発揮するものである

運動技能を説明するときに「心・技・体」の大切さはよくいわれるが、肝心の運動技能の中身については説明されない。「心」は精神的能力、「技」は技術と戦術、「体」は身体的能力すなわち体力を指し、これらの総合した能力が運動技能であるというのが構造的に捉えた説明である。

また、スポーツの独自性を示す技術は、各スポーツの特性に応じて合理的に身体を巧みに操作する「技」であり、戦術と合わせて体育の授業で発達段階に応じて適切に学ぶのである。

この技術を獲得していく過程がスポーツの本質的な面白さであり、そこにスポーツの文化的な価値を見出すことができる。すなわち、楽しさや喜びと同時に、汗を流し、技術を習得していく道筋に精神的な人間力が培われていくからである。また、そのスポーツ技術の発展には、それぞれ歴史があり、その歴史が継承されて「教材」として体育の中心的な位置を担っている。

走り高跳びの技術

古くは腹側でバーをクリアしていたベリーロール跳びが主流だった。1968年のメキシコ五輪では背中でバーを越える選手が現れ、大観衆を驚嘆させながら見事なジャンプで優勝した。

以来、背面跳びと命名され、意外と技術の習得も簡単で大流行し、現在では走り高跳びの合理的な技術として定着している。

走り高跳びの背面跳びや、スキーのジャンプ競技のV字飛行の誕生といった技術の変遷は、ほとんど現場（選手とコーチ）からの発想によるもので、実践的な練習により試行錯誤を繰り返した結果、記録の向上に大きな貢献をしたといえる。

このようにスポーツ技術の開発や発展は、実験室からよりはむしろ現場からといったほうが良いだろう。そうした意味では「現場に知あり」と言うことができ、スポーツに関わる者として、指導者から研究者まで現場を大切にすることの重要性を唱えていかなければならない。

2. 各種スポーツと運動技能の特徴

スポーツの特性を明らかにするとき、技術論が中心となる。その特徴的な技術要素を分析すると、一つひとつの技術が複合されて技能を構成していくことが理解できる。例えば、走幅跳びの技術には、助走、踏み切り、空中フォーム、着地といった各局面の技術がある。

これらの技術は、体力と精神力とが連動されてスポーツの技能として発揮されることになる。「心・技・体」である。そして、その技能をさらに大別すると、使われている技術の違いによって、次のように説明できる。第一には、敵対する相手やボールが動いて常に変化するような状況下で発揮されるような技術であるオープン・スキルである。次いで、外的条件に左右されることのない状態で発揮される技術であるクローズド・スキルである。柔道、剣道、テニス、卓球などのように、常に相手の動きに対応しなければならないような対人的な技能は、全てオープン・スキルによるものである。一方、器械運動、水泳、陸上競技などのような個人的なスポーツは、直接相手と向き合って競技するわけではないので、クローズド・スキルによっている。チームプレーが求められる球技はオープン・スキルが主体となるが、例えばネット型の球技では、サーブの技能は完全にクローズド・スキルである。このように、実際には両者の技術が複合してゲームがつくられていることも承知しておこう。

クローズド・スキルとオープン・スキルでは、練習の仕方が異なる。単に、前者が基礎で後者が応用といった単純な問題ではない。求められる精度や練習における課題の設定を考慮する必要がある。

3. 運動技能を高める練習法

1 指導の大方針

スポーツの指導者には、技能を高めるための練習法を創意工夫していく責任がある。とはいっても、練習する主体は生徒であることを常に念頭におくことが大切である。すなわち、生徒の自主性や自発的で積極的な練習態度を最優先するのである。こうすることによって、運動の楽しさを味わわせることができる。特に高校などでは、先生が授業の早い段階から練習をやらせていくのではなく、生徒たちが自ら練習法を工夫できるように指導・支援することが大切である。

2 練習の方法

体育の授業は、練習と学習場面によって構成されている。練習が楽しく、学習で新しい知識の習得があれば、運動の技能は急速に伸びていくことが期待できる。生徒は、「うまくなりたい」と思っているに違いないのである。それだけに、生徒が目標をもって参加できる授業、楽しく練習できる授業に期待が集まっている。

(1) 一斉指導と個別指導

かつて、体育の教師は一斉指導の上手な先生が優秀だと評価されていた。現在は、一斉指導もさることながら、個に応じた教育が重視される中で、指導者養成においても個別指導に力点がおかれている。

しかし、指導者たる者、どちらの指導法にもメリット、デメリットがあることを承知しておかねばならない。その上で、できれば個別指導の達人を目指してもらいたい。指導者は日頃から生徒の動きを何となく見るのではなく、運動の観察ポイントを絞って見ることが大切である。そうしたことの積み重ねで、生徒は「あの先生の眼は確かだ、自分の技術的な欠点も長所も見抜いて指導してくれる」、「先生の一言で走るのが楽しくなった」、「細かい終末局面での手首の使い方を教えてくれたので開眼した」などと信頼感を高めていく。特に選択制の授業では、個別指導を行き届かせてこそ技能の伸びが増していくに違いない。

グループ学習

グループ編成は6 ～ 7人、多くても10人程度で行われる。教師から提示された課題に対して、グループで課題解決をするために、練習の目標や内容を自主的に考え実践していく学習形態の一つである。

グルーピングは各単元の導入段階で行われるのが一般的であるが、そのまま長時間継続するとマンネリ化する危険性もある。教師はよくチェックして、適宜グループ編成変えの好機を見逃さないように注意する必要がある。

(2) グループ学習と班別指導

グループ学習は球技の授業などで多く見られ、主体的・対話的で深い学び（「アクティブ・ラーニング」）の視点からも注目される。体育では、この点について、これまでも課題解決型学習、めあて学習といった形での取り組みが行われてきた。

グループ学習というのは生徒の主体的で積極的な活動を育てる上で最適である。また、班別指導は技術の成熟度別に分けて、教師の指導効率を確実に高めることができるし、教材によっては安全対策にも好影響を与えるといえる。例えば、水泳の授業で、A班はクロールの息継ぎの不完全な生徒、B班は平泳ぎの苦手な生徒というようにコースごとに分けて班を構成することによって、教師は的確に指導することができる。しかし、班分けが長期に固定化すると、生徒にある種の劣等感を植えつけたりするので注意が必要である。

表5-1 グループ学習と班別指導の差異について

	グループ学習	班別指導
ねらい	自主的な学習能力の向上	技術の効率的な向上
内容	構成員で目標・内容を決定 練習方法も計画	指導者の管理下で決定 指導者が主導
構成員	グループ内の技能は異質 各グループ間の技能は拮抗	班内構成員の技能は同質 各班の技能差は異質
最適教材	球技　各種リレー	水泳　スキー　器械運動

全ー分ー全習法

全習法と分習法を組み合わせて繰り返すハイブリッド方式である。動きつくりにおける「点」と「線」である。一つの授業の中で行うと、課題に応じた練習ができ、練習のための練習にならないメリットがあるが、一方、授業の流れが複雑化して忙しくなるので注意も必要である。

(3) 分習法、全習法、「全ー分ー全習法」の繰り返し練習法

運動の練習の第一歩は、反復繰り返しによって技能を高めることである。反復繰り返しは、特に基礎的な技術の習得をねらったときに大切である。授業においては、分習法とか部分練習法という、スポーツの技術をあたかも部品のように分けて学習する方法が有効である。例えば、短距離走の練習において、スタートの練習、加速期から中間疾走期の練習を繰り返す方法などは、分習法の典型である。

反対に、ゲームを取り入れたような全体的な練習方法もあり、全習法とか全体練習法という。例えば、バレーボールの少人数ゲームやバスケットボールのスリー・オン・スリーなどのように、ボールに触れる機会を多くしたり、得点局面に絡めるような工夫をしたりして、ゲーム形式で全体練習をする。

また、「全－分－全習法」も有効である。この方法は、単元計画全体の中で活用してもいいし、1時間の授業の中でも生かせる練習方法である。例えば、球技などはゲームから入り、振り返りによって技能レベルや技術

の問題点を生徒自身がお互いに発見して、課題に応じて分習法による練習をする。そして再度ゲームによって試してみる。この反復繰り返しが技能を高める上で確実な方法であろう。

(4) 易から難へ、単から複へ　段階的な練習法

運動では、最初から精神的にも体力面でも過重な負担を与えてしまうと、その結果、意欲を減退させてしまうことになる。また、運動方法を複雑にし過ぎても興味がわかないものである。そこで大切なのが、個々の技能レベルに合わせた段階的な練習方法である。

練習方法では､習熟度に応じた段階を用意する必要がある。ステップ(バリエーション）の設定として、易しいことから次第に難しい練習に移行するとか、単純な練習から次第に複雑な練習に発展していくことを勧める。

(5) 集中法と分散法

陸上競技の単元指導計画を見ると、集中的にクラウチング・スタートの練習をする方法と、スタートの練習を分散させているケースがある。前者の集中的な練習方法は中学生や初心者指導に効果的であり、後者の分散法は高校生やある程度のレベルに達したときに多く用いられているようである。また、生徒の心理面から考えると、単元のある程度の段階へきたら、集中法か分散法かを固定せずに臨機応変に考えていくべきであろう。

(6) 補助者や補助具

運動技能を高めていく段階では、補助者や補助具が絶対に必要である。特に器械運動では、けがの防止のための補助、技の完成度のチェック、めあてを確認し合うなど大切な役割がある。補助具には、縄跳びの縄、体操棒、メディシンボール、Gボール、ロイター板、各種マット、ローハードル、肋木、クライミングロープ、鉄棒などがあり、安全で効率よく運動技能を高める練習に欠かすことができない。筆者らは、こうした補助具をどのような練習段階でどのように使ったら効果的か常に考えて指導法の研究をしている。

(7) 示範について

運動の指導においては、教師の示範や完成度の高い生徒の模範を取り上げて、技術のポイントを鮮明にして練習する方法がとられる。最近では、ＩＣＴの活用としてタブレット端末（少し前まではビデオカメラが主流であった）が利用されることも多くなってきた。この方法も先生によっては、「技術を型にはめ込むな、技術は個性だ」とする意見と、一方では「初心者指導には運動観察が欠かせない」とする両極の意見があるが、どうも授業には後者のやり方が適しているようである。

示範をするときの留意点としては、まずは技術の全体像やタイミングをつかませることである。次いで、ポイントを絞り、見せる角度・方向を変えたり、動作のスピードを変えながら的確に示す。忘れてはならないのが、的確な「専門用語[1)]を添える」ことである。注意点としては、示範が多すぎると教師の独り相撲になってしまうということがある。生徒というのは、自ら本当に見たいという気持ちがなければ、教師が伝えたいことも伝わらないものである。経験のある教師は、示範のタイミングも絶妙である。

（李子　耕一、勝亦　紘一）

スモール・ステップの原則

指導においては、適切な目標の設定が重要である。スモール・ステップで、「時間をかければ誰でもできる」という信念をもって指導に当たりたい。

即時フィードバックの原則

フィードバックを効果的に活用するためには、

・1分以内にフィードバック「賞味期限あり」

・ほめ言葉ではなく、情報を

1）専門用語の役割

素人ならいくつも言葉を連ねなければ伝えられない複雑な概念を一つの用語で表せ、微妙なニュアンスを正確に伝えることができる。ただし、初心者には、最初に丁寧な説明が必要である。

第2節 体力を高める指導法

【概要】

体力トレーニングというと厳しくて、つらいイメージが強いが、負荷強度、運動内容などを適切に選択しトレーニングの原則を理解し実施すれば、楽しさが徐々に増していく特性がある。体育の授業では、生徒が自身の体力に関心をもって体力向上を目指したり、学んだことを日常生活と関連づけられるよう授業展開を工夫することが大切である。

1. 体力とは

体力の意味は広義に使われているが、基本的には身体全体に関わる能力といえる。例えば、日常生活で仕事やスポーツを活発に継続できる「行動力」、スポーツをするための「身体の運動能力」、病気から身体を守る「防衛体力」、運動や仕事をしても、休むと元気になる「回復力」といった分類がある。「体力」はこれらの総称といえる。そのため、それらの能力の高め方について、教師は合理的なトレーニング計画や実践方法を熟知していなければならない。

2. トレーニングとは

英語のtrainの訳を見ると、(1) 訓練する、養成する、(2) 教え込む、教育、とある。このことから、トレーニングという用語は、スポーツにおけるコーチング（Coaching）で用いる狭義な意味合いだけでなく、体力や運動技能の向上のために実践するティーチング（Teaching）においても、段階的な課程を示すものである。運動を繰り返し行い、継続することで、身体がその刺激に慣れて楽に行えるようになる「適応」という生理的反応が生じる。このことをトレーニング効果といい、トレーニング目標達成の判断基準となる。広義な捉え方としては精神面のトレーニングも含まれる。

図5-2-1に運動技能を含むスポーツパフォーマンス向上に向けたトレーニング（運動、練習）の流れを示した。

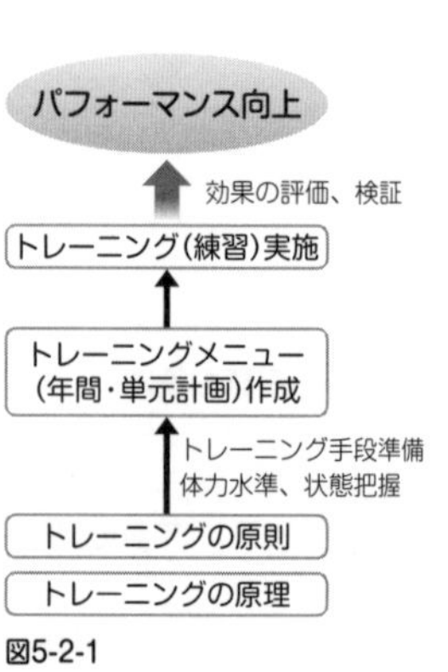

パフォーマンス向上

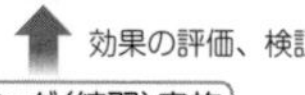

効果の評価、検証

トレーニング（練習）実施

トレーニングメニュー（年間・単元計画）作成

トレーニング手段準備
体力水準、状態把握

トレーニングの原則

トレーニングの原理

図5-2-1
スポーツパフォーマンスを高めるトレーニング（運動、練習）の流れ

3. 体力トレーニングの目的

体力トレーニングには２種類の目的があり、それぞれ運動の激しさや強度が異なる。

①健康の保持増進、体力水準（レベル）の維持向上

②競技パフォーマンス向上、運動関連体力の獲得と向上

図5-2-2は各種体力のトレーニング構造をピラミッドで示したものである。基礎部分は健康関連体力となり、積み上げていくとスポーツパフォーマンス向上に向けた先鋭的なトレーニングに至る。

①健康の保持増進を目指すトレーニング

ストレスの解消、運動不足など、精神的、身体的な充実を促すために実践するのが目的で、レクリエーション、ウォーキングやヨガ、エアロビクスやサイクリングなどがある。強度としては無理をしない程度で、楽しいことを優先に実施する。

②競技パフォーマンス向上を目指すトレーニング

スポーツ競技のパフォーマンスを高めるために行うトレーニングのことで、体力的、専門的（技術・戦術）、精神的（心理的）な要素がある。

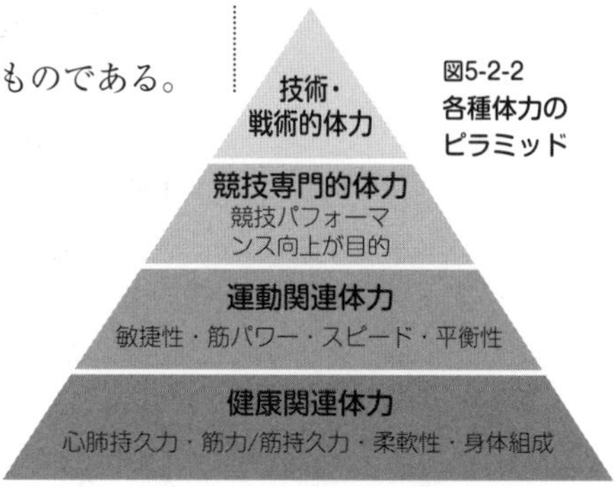

技術・戦術的体力
競技専門的体力
競技パフォーマンス向上が目的
運動関連体力
敏捷性・筋パワー・スピード・平衡性
健康関連体力
心肺持久力・筋力/筋持久力・柔軟性・身体組成

図5-2-2
各種体力のピラミッド

体育の授業ではピラミッドの概念を元に、小・中・高校の各段階に応じたトレーニングを思考判断し、展開することを大切にしてもらいたい。

4. 体力トレーニングの原理・原則

トレーニングは目的に応じて実施することにより、個々人が目標をもてるようになる。そのためには以下の原理・原則を完全に理解できるようにすることが重要である。

身体の多くの機能は刺激の強さに応じて適応しようと変化するため、最初は日常生活よりも少しキツイ程度の負荷強度をかける必要があり、適度な刺激だと機能は高まり、低いと低下する。「オーバーロード（過負荷）の原理」とは、そのときに強めの刺激を与えることをいう。急激に強度を上げると故障の原因になるので注意する必要がある。また、心身の機能をバランスよく向上することを「全面性の原則」という。行おうとしているトレーニングの目的や意図を理解し実施することを「意識性の原則」という。個人の能力や習熟度を考慮しながらトレーニングを実施することを「個別性の原則」という。段階的にトレーニング刺激（内容・強度・頻度）を増加させていくことを「漸進性の原則」という。筋力や技術を高めるためにトレーニングを繰り返し継続することを「継続性（反復性）の原則」という。

5. 体力トレーニングの負荷強度

体力トレーニングの強度設定で、広く知られている方法は、以下のとおりである。

①RM（アールエム）法

RM（Repetition Maximum）とは最大反復回数のことで、その重さを何回繰り返すことができるかによって負荷強度を決定する方法である。「１RM」と表記すれば１回しか反復できない重さを表す[1]。

②％（パーセント）法

何割の負荷強度で実施するかを相対値（%）で求める方法を「%法」という。表5-2-1はおおよその基準と関係を示したものである。

1）
「１RMテスト」や「nRMテスト」などが行われる。

表5-2-1
最大強度と反復回数の関係

運動強度（%）	最大反復回数（RM）
100	1
90	2～3
80	4～7
70	8～12
60	13～18
50	19～25

③感覚的な運動強度

実施した運動を「非常に楽」から「非常にきつい」の6～20にスコア化されたスケールで示し、主観的な負荷強度の指標にする。

④心拍数

測定が簡易的であり指標として利用しやすい。以下の式を用いて推定する。

最大心拍数 ＝ 208－0.7 ×年齢

6. 筋力を高めるトレーニング

筋活動には動的と静的（支える）の筋収縮がある。動的収縮は筋肉が長さを変えながら一定の張力を発揮することから「等張性収縮という。さらに、筋肉の長さが短くなりながら力発揮する筋収縮を「短縮性（コンセントリック）筋収縮」、筋肉の長さが長くなりながら力発揮する筋収縮を「伸張性（エキセントリック）筋収縮」という。静的筋活動は筋の長さが変わらないことから「等尺性筋収縮」ともいわれる。

生徒はコンセントリック筋収縮でのトレーニングを好む傾向があるが、エキセントリック筋収縮や等尺性筋収縮でのトレーニングも実際に体験させながら両者の特徴をつかませることが大切である。

7. 持久力を高めるトレーニング

持久力には、呼吸循環系と密接に関係する全身持久力と、体のある部分の筋肉を使う筋持久力がある。全身持久力を高めるためのジョギングや水泳などの有酸素運動では、心拍数が120～170拍/分程度の運動を6分～12分程度行うとよい。筋持久力を高める運動は、腕立て伏せ、腹筋運動、スクワット、懸垂運動などである。強度の設定は、正しく楽にできる回数から徐々に増やして、10～20回を3～5セット行うと効果的である。

8. 調整力(含む柔軟性)を高めるトレーニング

リズミカルに運動をしたり、タイミングや姿勢のバランスをとったり、素早く動かすなどの脳からの司令を活発にし、巧みな運動をする能力を調整力という。生徒には調整力の用語について説明してからトレーニングをさせると効果的である。関節を大きく動かすダイナミックストレッチ行うと、柔軟性が高まり、大きな動きが獲得できるだけでなく、ウォーミングアップとしてけがの予防になる。

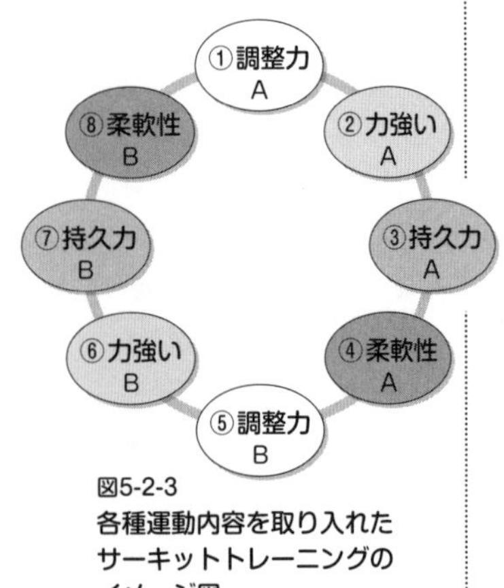

図5-2-3
各種運動内容を取り入れたサーキットトレーニングのイメージ図

9. 総合的な体力トレーニング

1975年、イギリスのモーガンとアダムソンによって正課体育の授業で総合的に体力を高めるトレーニングとして実施されたのが始まりである。

サーキットトレーニングは6から12種目程度の運動を、同じ部位の運動の連続を避けて配列する（図5-2-3）。反復回数は最大値の半分ほどに設定し、1周を1セットとして心拍数が落ちないようにしながら何周か行う。サーキットトレーニングは筋肉と呼吸循環器を同時に刺激でき、総合的な体力トレーニングとして学校体育の場でも活用されている。

【コラム：古くて新しいエキセントリックトレーニングの話】

以前から伸張性筋収縮を用いたエキセントリックトレーニングは筋力の改善や筋肥大に効果があると考えられてた[1]。近年になりエキセントリックトレーニングにはけがの予防に関する効果が認められてきている。特にハムストリング（もも裏の筋肉）の肉ばなれを防ぐことが様々な研究で示唆されている[2,3,4]。具体的には図5-2-4のような方法でトレーニングを行うことができる。このようなエクササイズがハムストリング肉ばなれを予防できる理由は、伸張性筋収縮での筋力が高まること、筋肉の周囲を取りかこむ膜（fasciaと呼ばれる）の強度が向上するためと考えられている（通常､肉ばなれは筋肉が伸張性収縮を行っている場面で、筋肉とfasciaの間で発生する）[4]。エキセントリックトレーニングでは、トレーニング1～3日後に筋肉痛（遅発性筋痛）が発生することがあるので注意が必要である[2,3,4]。遅発性筋痛は、5日程度で低下するとされ、2度目以降のトレーニングでは1度目よりも軽減されるといわれる[5]。

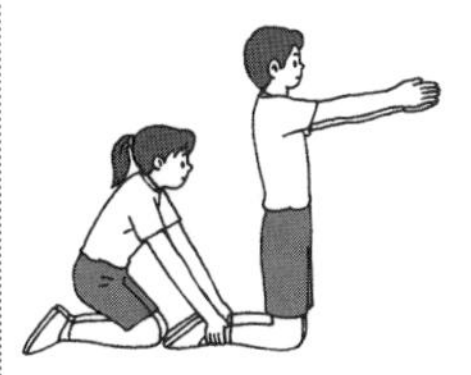

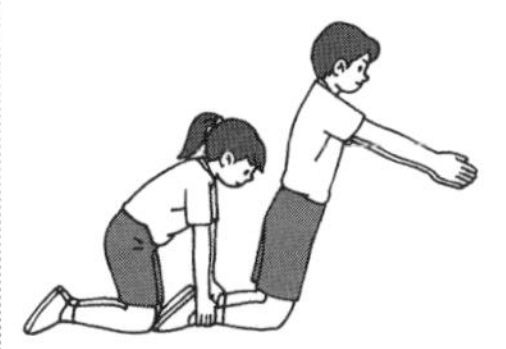

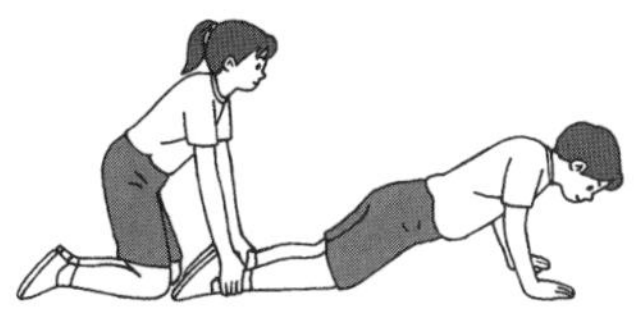

図5-2-4
ノルディック・ハムストリング・エクササイズ
補助者に足首を抑えてもらい、実施者は上半身を垂直に保ったままゆっくりと前に倒れる。8回を1～3セット行う。
（文献4より引用）

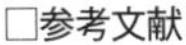

□参考文献

Baechle. R. T. 編（2000）NSCA決定版 ストレングストレーニング&コンディショニング［第2版］. Book House HD・東京.

猪飼道夫（1963）体育生理学入門. 杏林書院・東京. p.138.

石井喜八編（2008）健康運動実践指導者用テキスト. 江南堂・東京. pp.223 - 237.

望月久（1993）BorgによるCategory-ration Scale（CR-10）と等尺性筋力との関係. 運動生理学, 8（1）. pp.7-10.

文部科学省 新体力テスト実施要項
http://www.mext.go.jp/a_menu/sports/stamina/03040901.htm 2011.8.

文部省（2000）新体力テスト ー有意義な活用のためにー. ぎょうせい・東京. p.107.

Tanaka H,Monahan KD,Seals DR（2001）. Age-predicted maximal heart rate revisited. J Am Coll Cardiol.,37(1):153-6.

□コラムの参考文献

1) Lovering RM, Brooks SV. Eccentric exercise in aging and diseased skeletal muscle: good or bad?, J Appl Physiol., 2014, 116（11）:1439-45.

2) Bourne MN, Timmins RG, Opar DA, Pizzari T, Ruddy JD, Sims C, Williams MD, Shield AJ. An Evidence-Based Framework for Strengthening Exercises to Prevent Hamstring Injury., Sports Med., 2018, 48（2）:251-267.

3) Goode AP, Reiman MP, Harris L, DeLisa L, Kauffman A, Beltramo D, Poole C, Ledbetter L, Taylor AB. Eccentric training for prevention of hamstring injuries may depend on intervention compliance: a systematic review and meta-analysis., Br J Sports Med., 2015 , 49（6）:349-56.

4) Hibbert O, Cheong K, Grant A, Beers A, Moizumi T. A systematic review of the effectiveness of eccentric strength training in the prevention of hamstring muscle strains in otherwise healthy individuals., N Am J Sports Phys Ther., 2008, 3(2):67-81.

5) Brockett CL, Morgan DL, Proske U., Human hamstring muscles adapt to eccentric exercise by changing optimum length., Med Sci Sports Exerc., 2001, 33（5）:783-90.

（村田 祐樹、下嶽 進一郎）

第3節 態度を育てる指導法

【概要】

体育の授業では、単にスポーツの技能を教えるだけではなく、態度についても指導する必要がある。態度の内容が、学習指導要領で明記されているのは体育だけである。単に表面的な面の評価ではなく、学習内容との関わり方の問題として考えなければならない。優れた保健体育教師は、学力における態度の重要性を認識している。それは、授業の行い方に反映されている。教育実習においても、こうした熟練者の授業をしっかりと観察しておきたい。

1. 体育における「態度」の意義

体育の授業で「やりやすいクラスとやりにくいクラスがある」とよく先生方が話している。内容を分析すると、ほとんどが生徒の授業態度を判断基準にしているようである。あのクラスは、「積極的だ、自主的だ、意欲的だ」と評価する一方で「動かない、やる気がない、気分屋が多い」等、嘆き節も聞こえてくる。また先生方は大きな声では言っていないが、「へたくそな生徒ばかりでやりにくい」と、技術面からの評価もない訳ではない。一般的に、「態度」といった観点は、表面的な状況に注意がいきがちである。

こうした状況から、「学習態度は学力だ」と言っても即座に納得してもらえない。他の教科も含めて、「できる、できない」といった学習によって身につけた知識や技能に重点をおいた学力論争が先行するからである。しかし、生涯スポーツを目指した今日は、学習の内容や練習方法に対する関心・意欲・態度を育てる指導方法を熟考する必要がある。

態度の指導内容

【愛好的態度】積極的，自主的に取り組もうとする。

【協力・責任】よい演技を認めようとする。仲間の学習を援助しようとする。分担した役割を果たそうとする。

【参画・共生】話し合いに参加しようとする。一人一人の違いを認めようとする。

【健康・安全】健康・安全に気を配ること。

体育の学習指導要領では、主体的に学習に取り組む態度に対応した「学びに向かう力，人間性等」が指導内容として示されている。具体的な指導内容では、公正、協力、責任、参画、共生[1]、健康・安全といった内容が含まれている。体育では、こうした「態度」に関する内容を従来から示してきた。

1）共生

体力や技能の程度，性別や障害の有無等にかかわらず，人には違いがあることに気付き，その違いを可能性として捉え，互いを認めようとすることに積極的な意思をもつことが大切。

ところが実際の授業では、生徒の「もっと上手になりたい」といった願望を反映して、技能目標がポイントにおかれてしまうことが多い。しかし優れた指導者は、実のところ技能を高めるには「自主的な態度」、「チャレンジする意欲」、「チームワークをつくる」といった学習態度が大きく影響することを理解しているのである。そこでの授業は、当然、生徒の学ぶ態度を大切にしていることになる。

2. 授業の上手な先生

各地で話題に出るような授業の巧みな先生には共通点がある。

第１に、クラスのチームワークを育てることが上手。

授業は30～40名の生徒を、１人の先生が受け持つわけである。単元の進行に連れて巧みな先生のクラスは次第にチームワークがよくなり、クラスが一丸になって授業の目標に取り組む。

生徒全員に役割をもたせ主体的に取り組ませ、運動への意欲を育てていくのである。反対にまとめることができない先生のクラスは、確実に授業態度が荒れてくるし、絆も育たないのが常のようである。

チームワークを育てる上で大切なことは、生徒が自分の意見を述べるとき、相手の感情を尊重しながら発言し、相手の話をよく聞いて理解しようとする信頼関係を構築することである。すなわち、チームの皆が「合意形成に貢献しようとする態度」を目指すことである。

第２に、個をタイミングよく褒めて、やる気を育てる。

先生方はいろいろな事をつぶやきながら授業を進めている。先生の何気ない一言で運動が好きになるケースが多々ある。

「うまくなったなー、よく頑張ってきた」、「なかなかだね！　絶好のアシストだったよ」、「君が審判をやると盛り上がるね」

こうしたタイミングのいい褒め言葉は、生徒の心を揺さぶり主体的な態度を育てる。反対に「だめだ、だめだ、ちっとも向上しないじゃないか」という類の評価は、生徒のやる気を喪失させてしまう。

先生方は「褒めて伸ばせ」と教育実習生などに指導する。生徒のマナーの向上や課題に対する積極的な態度などは、叱ってばかりでは決して育たないと言っている。

第３に、話題の引き出しが豊富で勉強になる。

生徒のモチベーションを高めることが上手な先生は、話題の豊富な先生のようだ。時々のスポーツの最新ニュースと結びつけながら、例えば勝敗の受け止め方や、ルールやマナーについてもわかりやすく説明する。そうした事例を引き合いに出しながら、ヒューマンシップの大切さを教えていく。

3. 安全に対する態度の指導

授業を安全に進める上で、教師は日頃から集団で行動するときのルールや生徒の役割分担を決めて行動をさせている。実際に集団を安全に動かすときの指示や号令の出し方は、保健体育教師の力量である。よくある例であるが、四列横隊での整列後、１列目はボールを用意、２列目はビブスの用意、３・４列目は協力してコート整備、こうした指示は安全対策の第一歩であると心得よう。これもよく言われることだが、「人間は動物である。動物は動く物と書く、だから毎日が準備運動と心得て体を動かすこと、そのこと自体が身体への安全対策なのだ」と教えることである。

また、武道の必修化に伴い安全に関する指導が一段と重要視されている。生徒には日頃から「安全第一の態度」、すなわち自己の果たすべき役割責任とか、危険に対する自己管理能力を高めていく意識を育てることが大切である。

（李子　耕一、勝亦　紘一）

「態度」の指導を楽しさにつなげよう

- 単に、安全かつ能率的に学習を進めるための学習規律ではない。道徳でもない。
- 「態度」の内容を身につけると、「運動がもっと楽しくなる」ことに、気づいたり実感できたりすることが大切。

第4節 安全に関する指導法

【概要】

安全に運動やスポーツを行うためには、まずけがや事故が発生する状況を知ることが大切である。その上で目的に適した運動やスポーツを選択し、発達の段階に応じた強度、時間、頻度に配慮した計画を立案すること、体調、施設や用具の安全を事前に確認すること、準備運動や整理運動を適切に実施すること、運動やスポーツの実施中や実施後には適切な休憩や水分補給を行うこと、共に活動する仲間の安全にも配慮すること、などが重要であることを理解できるようにする。また、万が一けがや事故が起こった場合でも、迅速な判断のもと、適切な応急手当ができるよう知識と技術を身につける。

学校管理下における水泳中の事故について

学校管理下で起きた水泳中の死亡事故の原因として、溺水及び溺死が最も多い。また、近年の学校管理下で起こった水泳中の障害事故の形態は飛び込み・スタート48.1%、泳いでいて33.3%、転倒14.8%、着替え3.7%であった（学校安全WEB、2006）。

スタート・飛び込みによる事故は水深が浅いことやスタート技術が未熟なことが原因として挙げられる。指導者は生徒に対し、水泳は多くの危険を伴うことをしっかり伝えなければならない。

1. 安全に運動を行うための準備

スポーツの指導者には、スポーツ・運動の場面で起こるけがや事故を未然に防ぐよう、最善の配慮・努力をする義務がある。そのためには、まずどのような状況、状態、場面でけがや事故が発生しうるかを知ることが大切である。

過去の事例から、事故発生時の身体的コンディションの状況、受傷機転、体の使い方、用具や運動環境の不備など、発生の原因と考えられる因子を把握し、発生要因を除去、軽減することで、適切な予防策を講じることができる。

スポーツで発生するけがや事故には様々な要因が関連するが、①主に実施者個人の特性に関連する「個体要因」、②スポーツ・運動を行う場所、用具、天候に関連する「環境要因」、③運動・スポーツの指導内容（量・強度・頻度・難易度など）に関連する「運動・トレーニング要因」に分けることができる。

1 けがや事故発生の個体要因

個人の体の状態（発育段階・体型）・心の状態（疲労・落ち込みなど）・体調の変化を捉えておく。運動開始時における心身の状態を確認し、体調不良時は無理をさせない。特に、成長期には発育・発達段階によって効果的な運動特性が異なること、成長期に特徴的なスポーツ外傷・障害の発生メカニズムを理解することで、個体要因によるけがのリスクを予測することができる。

運動開始前にはその目的や特性を理解した上で参加させ、事前の心構えを促す。準備運動（ウォームアップ）を適切に行うと、円滑な動作が導かれ、けがの予防にもつながる。また、運動実施による体の痛みや体調の変化を直接確認することができる。

運動後には整理運動（クールダウン）による疲労の除去を実践するとともに、十分な栄養と休養（睡眠）による疲労回復の重要性を説明し、日頃からの体調管理（自己管理）を適切に行えるよう指導する。

2 けがや事故の環境要因

まず、運動する場所の広さと使用する人数とのバランス、グラウンドや体育館の状態と実施種目との関連など、練習環境の安全を確保する。

次に、運動に必要な器械・器具・用具の安全な設置・装着・使い方を把握し、実際に安全が確保されているかどうかを事前に確認する。運動実施者にもそれらの知識を十分に理解させ、試技前の修正や確認を怠らないようにすることで、未然に事故を防止する。また、運動実施者が気づかない場合もあるため、周囲の人にも仲間への安全に配慮するよう指導する。

そして、屋内･屋外に関わらず、運動実施時の気温･天候には注意を払う。気温が高い時は熱中症の危険性が高まるため、適度な水分補給や休息を取る。一方、気温の低い時期の水泳、降雨時の屋外運動などの際には、低体温による体調不良を起こさないよう、休息を入れながら活動する。

3 けがや事故発生の運動・トレーニング要因

運動の量・強度・頻度などの内容は、指導する対象者の体力の程度に応じて組み立てる。実際の場面では個体要因、環境要因を踏まえ、体調や状況によって起きやすいけがや事故の事例を理解し、安全を確保した範囲で運動を行わせる。特に発育・発達の盛んな時期は過度の運動によるスポーツ障害が多く発生するため、運動のし過ぎ、間違った方法による運動の行い方には注意する。

技術の習得についても現在の技能に応じた技を選び、段階的に挑戦できるようにする。特に技術練習の初期段階においては、補助を行ったり、技術を部分的に指導したりして、理解を促し、達成度を把握しながら安全で効果的な指導を行う。

ストレッチングの注意点

- ウォームアップは動的ストレッチ中心に。
  ただし、急激なストレッチはけがにつながるので伸ばす程度に注意する。
- クールダウンは静的ストレッチ中心に。
  よく使う部位を中心に、反動をつけず、リラックスして行う。
  （第 4 章第 6 節p.129 ～ 130を参照。）

2. 運動中に発生したけがや事故への対処

どんなに注意をしていても、運動中にけがや事故が発生することはある。その場合には素早く適切な手当をすることが重要である。いつ、どんな時でも対処できるよう、初歩的な応急手当を身につけておくこと。

1 熱中症

運動時には大量の熱が発生し、体温上昇を伴う。体温調節のため発汗により体液を失い、脱水が生じることが熱中症の本体であり、暑熱環境でリスクはさらに高まる。40℃を超す高体温と意識障害をきたし､死に至る｢熱射病」の発生を避けることが重要である。

熱中症は運動量の調節や水分・塩分補給により予防できるが、万一発生

熱中症の予防

熱中症の予防には、こまめな水分・塩分補給が重要である。熱中症予防ガイドブック（日本スポーツ協会）に従い、運動の強度、時間を調節し、積極的な飲水を行う。急に暑くなったとき（暑熱順化の欠如）や、体調不良者・肥満者は発症リスクが高く、特に注意が必要である。

熱中症への対処

- 意識障害の有無を確認→意識障害があればすぐに救急隊を要請し、以下の対応へ
- 涼しい場所への避難→意識障害がある場合はすぐに全身冷却し（図5-4-1参照）、救急隊を待つ
- 水分・塩分の補給→できなければ医療機関へ搬送

してしまった場合には素早く体温を下げることが大切である。重症例では命を危険にさらされる場合もあるため、迅速で適切な判断と手当が要求される。

図5-4-1　効果的な冷却方法

氷を入れた水風呂に全身を浸けて冷やす。
（氷・冷水浴法）

水道につないだホースで全身に水をかけ続けて冷やす。
（水道水散布法）

クーラーの効いた部屋で体全体を濡れたタオルで冷やす。

（スポーツ活動中の熱中症予防ガイドブック第5版、p.9、公益財団法人日本スポーツ協会、2019）

2 意識障害を伴うけがや事故（頭頸部の外傷、心臓震とうなど）

水泳の飛び込み、武道の投げ技などで発生しやすい頭や首のけが、ボールが胸に当たるなどで起こる心臓停止など、意識障害を伴う事故には、一刻も早い応急手当が命を救う鍵となる。特に野球のボールなどが胸に当たって起こる心臓震とうはAED（自動体外式除細動器）による手当が有効であるため、運動を行う場所から最も近いAEDの場所を事前に把握しておくことが重要である。（脳震とう、心臓震とうについては、第4章第5節p.127を参照。）

<意識障害を伴う事故が発生した場合の対処>

(1) 119番通報をする：必要な情報

① 用件：救急か火事か（救急）
② 場所：住所、学校名、詳細な場所、目標物など
③ 状況：どんな事故で、どんな状況か
④ 通報者の情報：名前、連絡先など

(2) 心肺蘇生を行う

① 反応の確認
② 呼吸を見る（**普段どおりの呼吸がない場合**は以下の手順へ）
③ 心肺蘇生：胸骨圧迫を行う
（人工呼吸ができる場合は、胸骨圧迫×30回、人工呼吸×2回を繰り返す）
④ AEDが到着したらすぐに使用する
⑤ 救急隊の到着まで②～③を繰り返す

(3) AED（自動体外式除細動器）

① 意識障害のある傷病者を確認したらすぐに取りに行く
② 到着次第、手順に従ってパッドを装着する
③ 電気ショックの指示があれば行う
④ 意識が戻っても救急隊が到着するまでパッドは外さない

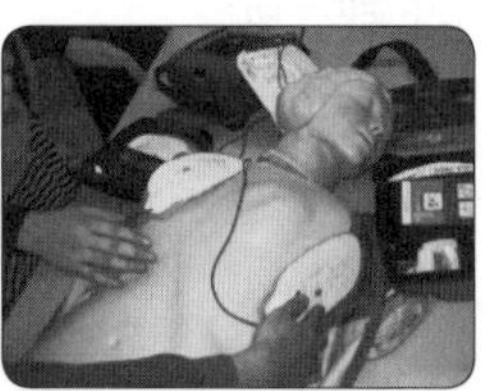
図5-4-2　AEDの使用練習
（家田重晴、2008）

3 出血を伴うけがや事故

出血を伴うけがの手当では、けがの悪化防止と傷病者の苦痛をやわらげるために、患部の保護や固定、止血を行う。また患部から細菌などに感染する危険性もあること、さらには救護者が傷病者の血液からの感染の可能性もあることから、手当には注意が必要である。

＜出血を伴う事故が発生した場合の対処＞

(1) 直接圧迫止血法

患部に厚めのガーゼを当て、手で強く圧迫し包帯を巻く。患部が手足の場合には心臓より高くする。

(2) 間接圧迫止血法

患部より心臓に近い動脈の止血点を、骨に向かって手や指で強く圧迫する。

(3) 感染防止

傷口に泥や汚れがある場合には細菌による感染を防ぐため、水道水できれいに洗い流す。患部の保護には清潔なガーゼを用いる。ガーゼがないときは清潔なハンカチやタオルを利用するが、その後の細菌感染がないか注意する。

血液からうつる病気への感染防止のため、手当する者は血液に直接ふれないように、ポリ手袋やポリ袋を利用して対処する。

4 打撲・骨折・脱臼・捻挫などの外傷

腕や脚の打撲、骨折、脱臼、捻挫など突発的に起こった外傷に対しては、医療機関への搬送が必要である。病院に行くまでの応急手当としてRICE処置（応急処置の手順の英語の頭文字をとったもの：図5-4-3参照）を実施し、炎症を最小限にとどめることが重要である。また、受傷後１～２日は炎症症状が強い可能性があるため、自宅等でもRICE処置を継続するとよい。

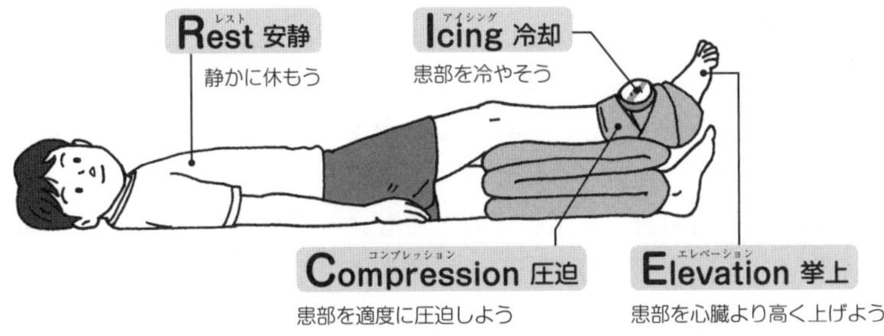

図5-4-3　外傷発生時の対処法：RICE処置

□引用文献

家田重晴（2008）学校安全－けがを防ぐために－．（高石・出井編）学校保健マニュアル　改訂7版．南山堂・東京，p.72.

学校安全WEB（2006）学校における水泳事故防止必携・新訂二．http://naash.go.jp/anzen/　Default.aspx　2011.8.30.

□参考文献

日本体育協会編（2005）公認スポーツ指導者養成テキスト 共通科目Ⅲ　財団法人日本体育協会・東京.

日本体育協会編（2006）スポーツ活動中の熱中症予防ガイドブック．日本体育協会・東京.

（倉持　梨恵子）

第5節 アクティブ・ラーニングの考え方を活かした指導法

【概要】

小学校から高等学校までの発達段階に応じて適当と思われる具体的なアクティブ・ラーニングの考え方を活かした指導法を紹介する。指導計画の作成にあたっては、指導内容を明確にするとともに指導と評価の一体化を念頭に指導機会等を設定することが大切なので、それらの意義等を示しながら児童・生徒の思考を促すための授業例を紹介する。

1. アクティブ・ラーニングの考え方を活かした指導法とは

アクティブ・ラーニングは、児童・生徒がより能動的に学習するための指導法である。ここでは、アクティブ（能動的）に学習することを、活発に行動したり積極的に発言したりするような視覚において認識できる学習活動を指すのではなく、脳内において試行錯誤する学習活動と位置づける。

なお、アクティブ・ラーニングの視点は、深まりを欠くと表面的な活動に陥ってしまうため、指導法等は形式的に行わないように留意する必要がある。

陥りやすい問題点

(1) 話し合う視点を明確にしないと何を話し合って良いのかわからなくなり、学習内容とは関係のない話題で盛り上がってしまうことがあるため、必ず学習内容を明確にすること。

(2) 個人で考えをまとめる時間やグループ学習の最中に指導者が答えやヒントを与えるなどして、生徒の学習活動を十分に確保できないことがあるため、生徒に考えさせたい時間帯は、指導者は意図して黙って待つことも大切である。

2. 授業実践の工夫

1 指導内容の明確化

学習指導要領解説を拠り所に指導内容を明確にする。指導計画を組み立てるときは、何を学ばせるのか、どのように学ばせるのか、何ができるようになるのかといった視点を重視する。本項のアクティブ・ラーニングの考え方を活かした指導法は、どのように学ばせるのかを例示するものであるが、単元を通して児童・生徒が考える場面や対話する場面、指導者が教える場面等の機会の設定を工夫するとともに、目の前にいる児童・生徒に適した指導法を活用し、思考を促す発問を工夫することが大切である。

2 指導と評価の一体化

児童・生徒の学習状況を適切に評価し、指導者が指導の過程や評価方法を見直して、より効果的な指導が行えるよう指導の在り方について工夫改善を図っていくことが重要である。

評価は、例えば学習指導要領解説で示されている各観点の例示の内容を学習活動に即した評価規準として設定し、その規準を満たしていれば「おおむね満足できる状況（B）」と判断する。「おおむね満足できる状況（B）」を基に「十分に満足できる（A）」と「努力を要する（C）」を設定し、「努力を要する（C）」状況と判断されそうな児童・生徒に対しては、手立て（具体的な支援）や働きかけをするなどして、「努力を要する（C）」の状況に至らないようにすることが大切である。

3. 体育授業における実技科目での実践例

学習のねらいや児童・生徒の発達段階に応じて、アクティブ・ラーニングの考え方を活かした指導法を活用したり応用したりして、児童・生徒に学習内容を身につけさせ、思考を促す学習を展開することを目的とする。

1 小学校5年生のボール運動（フラッグフットボール）の授業例

(1) 学習指導要領解説〈例示〉の内容（一部を抜粋、その他は側注参照）

【小学校第５学年及び第６学年】
(1) 知識及び技能
○ タグラグビーやフラッグフットボールなどを基にした簡易化されたゲーム（陣地を取り合うゴール型）
・得点しやすい場所に移動し，パスを受けてシュートなどをすること。
(2) 思考力，判断力，表現力等
イ 自己やチームの特徴に応じた作戦を選ぶこと
○ 自己やチームの特徴を確認して作戦を選ぶ例
・チームの特徴に応じた作戦を選び，自己の役割を確認すること。

(2) 学習のねらい

チームの特徴に応じたパスが成功しやすい作戦を選ぶために、チームの仲間の特徴を認め合うこと。

(3) 指導機会の設定

単元の「なか」の段階に、１単位時間内の活動を行う。

(4) 指導法（ラウンドロビン）の手順

① 日ごろから活動している４人のチームで活動する。
② 指導者は課題を明確かつ簡潔に伝える。その際、話し合いの活動は、１巡で終わるのか、２巡目以降まで話し合うのかについても児童に伝える。なお、話し合いの活動は、課題ごとに区切って行う。
③ 今回の課題は、「チーム一人一人の上手な動きの特徴を見付けること」とし、各個を対象に行うので、④から⑦までの手順を４回行う。
④ 与えられた課題に対して各自の意見を３分程度で考える。
⑤ チームごとに各自で考えた意見をそれぞれ30秒程度で発表する。
⑥ 発表は１人ずつ順番に時計回り（反時計回り）で発表する。
⑦ 発表後は、各意見に対する質問や意見の修正などをする時間を２分程度確保し、チームでの意見としてまとめる。
＊最初に発表する児童は指導者の指示によって決める。その際、いつも同じ児童からスタートしないように、ランダム（例：誕生日の日にちの数字が小さい児童からスタート）に決める。

ボール運動の授業例に係る小学校学習指導要領解説の例示のその他の内容

(3) 学びに向かう力，人間性等
ア ゴール型，ネット型，ベースボール型の簡易化されたゲームや練習に積極的に取り組むこと。
オ ゲームや練習の中で互いの動きを見合ったり，話し合ったりする際に，仲間の考えや取組を認めること。
◎運動に意欲的でない児童への配慮の例
・チームの中で何をすればよいかが分からないためにゲームに意欲的に取り組めない児童には，チーム内で分担する役割を確認するなどの配慮をする。
・新しく提示した動きが分からないためにゲームに意欲的に取り組めない児童には，代表の児童やチームが行う見本を観察したり，ゲーム中のポジションを確認したり，その動きを動画で確認したりする場を設定するなどの配慮をする。

2 中学校３年生の陸上競技（走り幅跳び）の授業例

(1) 学習指導要領解説〈例示〉の内容（一部を抜粋、その他は側注参照）

【中学校第３学年及び高等学校入学年次】

(1) 知識及び技能

○ 技能

・踏み切り前３～４歩からリズムアップして踏み切りに移ること。
・踏み切りでは上体を起こして，地面を踏みつけるようにキックし，振り上げ脚を素早く引き上げること。
・かがみ跳びやそり跳びなどの空間動作からの流れの中で，脚を前に投げ出す着地動作をとること。

(2) 思考力，判断力，表現力等

・選択した運動について，合理的な動きと自己や仲間の動きを比較して，成果や改善すべきポイントとその理由を仲間に伝えること。
・自己や仲間の技術的な課題やその課題解決に有効な練習方法の選択について，自己の考えを伝えること。

陸上競技の授業例に係る中学校学習指導要領解説の例示のその他の内容

(1) 知識及び技能

○ 知識

・陸上競技の各種目で用いられる技術の名称があり，それぞれの技術には，記録の向上につながる重要な動きのポイントがあること。

(3) 学びに向かう力，人間性等

・仲間と互いに合意した自己の役割を果たそうとすること。
・一人一人の違いに応じた課題や挑戦を大切にしようとすること。

(2) 学習のねらい

走り幅跳びには、記録の向上につながる重要な動きのポイントがあることを理解し、具体的な動き方を仲間に伝えるとともに実践を通じて自分に合った運動の行い方を見つけること。

(3) 指導機会の設定（丸数字は次の(4)の各項目を示す）

単元の「はじめ」の段階に、３単位時間の授業で行う。１単位時間目は①～④、２単位時間目は④～⑥、３単位時間目は⑥の項目をそれぞれ行う。

(4) 指導法（ジグソー法）の手順

① ４人一組のグループを編成する。
② グループ内でパートごとに役割分担をする。各パートは、「助走」、「踏み切り」、「空中動作」、「着地」とする。
③ 各自でそれぞれのパートについて、記録の向上につながる重要な動きのポイントについて、10分程度で考える。その際、思考のもととなる知識は、既得の知識やＩＣＴなどを活用させ、気づいていない視点などは指導者が提示していく。また、頭で考えるだけでなく、運動をしながら試行錯誤させるように促し、体を動かす機会を適切に確保する。
④ 次に、パートごとの専門家チームを再編成し、各自の案を発表しながら、動きのポイントについてグループで再考し、動きのポイントや具体的な動き方を仲間に伝えられるようにする。なお、活動時間は単位時間ごとに15分程度を目安とする。
⑤ 初めのグループに集まり、各パートで考察した案を説明する。
⑥ 説明された案をもとに各パートを組み合わせながら実践し、仲間と協力して各自にあった運動の行い方を見つける。なお、活動時間は単位時間ごとに20分程度を目安とする。

3 高等学校２年生の体つくり運動（実生活に活かす運動の計画）の授業例

(1) 学習指導要領解説〈例示〉の内容（一部を抜粋、その他は側注参照）

【高等学校入学年次の次の年次以降】

(1) 知識及び運動

○ 知識

・実生活への取り入れ方には，自己のねらいに応じた様々な運動の計画などがあること。

(2) 思考力，判断力，表現力等

・体つくり運動の学習成果を踏まえて，自己に適した「する，みる，支える，知る」などの運動を生涯にわたって楽しむための関わり方を見付けること。

(2) 学習のねらい

体つくり運動の学習成果を踏まえて、自己に適した「する，みる，支える，知る」などの運動を生涯にわたって楽しむための関わり方を見つけることができるようにする。

(3) 指導機会の設定

単元の「なか」、「おわり」の各段階に、１単位時間内の活動をそれぞれ１回以上行い、単元を通して２回以上行えるように設定する。

(4) 指導法（ピア・レスポンス）の手順

① ３人一組のグループを編成する。

② 各自が作成した運動の計画について、卒業後も実生活に活かすことができる運動の計画であることを仲間に説明できるように各自で考えをまとめる。活動時間は、はじめは10分程度とし、慣れてきたら５分～７分程度とする。その際、人前で発表することが苦手な生徒に対して、指導者は発表原稿のひな形を事前に準備するなどして手立てを考えておく。

③ グループ内で順番に発表をするが、発表から質問までを一連の流れとして活動する。聞き手は発表内容に対して疑問点や感想、改善点などを伝え、発表者と意見交換をする。この活動を１人７分程度で行う。

④ 仲間との対話の中で生まれたアイデアをもとに、各自で運動の計画の見直しをする時間を５分程度確保する。

□引用文献

文部科学省(2018)小学校学習指導要領(平成29年告示)解説　体育編．東洋館出版社・東京．

文部科学省(2018)中学校学習指導要領(平成29年告示)解説　保健体育編．東山書房・京都．

文部科学省(2019)高等学校学習指導要領(平成30年告示)解説　保健体育編　体育編．東山書房・京都．

国立教育政策研究所教育課程研究センター（2012）評価規準の作成、評価方法等の工夫改善のための参考資料【高等学校 保健体育】．教育出版・東京．

（後藤　晃伸）

体つくり運動の授業例に係る高等学校学習指導要領解説の例示のその他の内容

(1) 知識及び運動

○ 運動

<実生活に生かす運動の計画の行い方の例>

○ 自己のねらいに応じた実生活に生かす運動の計画と実践

・体調の維持などの健康の保持増進をねらいとして，各種の有酸素運動や体操などの施設や器具を用いず手軽に行う運動例や適切な食事や睡眠の管理の仕方を取り入れて，卒業後も継続可能な手軽な運動の計画を立てて取り組むこと。

・生活習慣病の予防をねらいとして，「健康づくりのための身体活動基準2013」(厚生労働省　運動基準の改定に関する検討会　平成25年３月）などを参考に，卒業後も継続可能な手軽な運動の計画を立てて取り組むこと。

・調和のとれた体力を高めることをねらいとして，体力測定の結果などを参考に，定期的に運動の計画を見直して取り組むこと。

・競技力の向上及び競技で起こりやすいけがや疾病の予防をねらいとして，体力の構成要素を重点的に高めたり，特に大きな負荷のかかりやすい部位のけがを予防したりする運動の組合せ例を取り入れて，定期的に運動の計画を見直して取り組むこと。

(3) 学びに向かう力，人間性等

・課題解決に向けて話し合う場面で，合意形成に貢献しようとすること。

第6章
体育授業の指導計画

第1節 年間計画作成上の留意点

【概要】

各学校においては、特色ある学校づくりを目指して教育課程を編成する。その中核が各教科の授業計画である。各教科の授業計画は、特別活動と意図的な連携をもって立案される。中でも体育は、地域社会の特性を生かすことや、学校行事、体育施設さらには四季などを考慮しながら年間計画が作成される。

生涯スポーツを目指して各運動領域の必修や選択をどのように年間で構成するか、立案に関する基本的な留意点をこの節で学んでほしい。

年間計画作成上の課題

①生徒の実態を最優先し、生徒の学びの意欲を育てる年間計画でなくてはならない。

②地域や学校の特色を出すことにより、独自の体育科教育を展開することができる。

③「体育理論や保健分野」との連携を強めなければならない。

④「体つくり運動」を単元として配置すること。

⑤生涯スポーツを目指した段階的な学びの計画、すなわち小学校の既習事項と中学校で初めて取り上げる領域、そして高校への発展的な連携が求められている。

1. 年間計画作成上の留意点

体育の目標を達成するために、授業は意図的・計画的にしかも組織的に構築されなければならない。その基点となるのが年間計画である。

年間計画は、実は中・高校のそれぞれの３年間にわたる学習計画なのである。学習指導要領の内容の取扱いに準拠しつつ、必修と選択を考慮に入れ、生徒を中心に据えた年間計画の作成を目指さなければならない。

①生徒の発育・発達段階や、体力測定の結果等を考慮すること。

②生徒の体力や運動技能の伸長を目指して単元構成をすること。

③体育理論を組み込むこと。

④生涯スポーツの概念をもとに、生徒の興味・関心を生かすこと。

さらには、学校の特色、保健体育教師の専門性、そして学校行事の全てを「教育環境」と考え、計画を練り上げなければならない。

①四季を考慮に入れる。特に野外活動など、十分な検討が必要。

②クラスマッチや運動会、さらには運動部の活動と連動させる。

③学校の体育施設や敷地内の自然環境の積極的な利用を検討する。

④用器具の有効活用を考えて緻密に計画する。

⑤保健体育教師の専門性や特徴を生かす。

2. 学習指導要領に準拠

学習指導要領に示された指導計画の作成と内容の取扱いについては、次のとおりである。

例えば、体ほぐしの運動と保健分野の「心身の機能の発達と心の健康」の連携、また水泳と応急手当などの指導にあたっては、体育と保健との密接な関係をもたせて指導計画を立案することにより学習効果が倍増する。

高等学校は中学校との関連で、生徒の特性等を十分に考慮し、卒業までの見通しを立てた上で、内容の決定とあてる授業時数、単元の構成および配列等を合理的に計画すること。

また、年間計画作成においては、第１章総則第１款の３に示す、「学校における体育・健康に関する指導」の趣旨を生かし、特別活動、運動部の活動などとの関連を図ること。なお、体力の測定については、自己の体力について関心を高める上でも年間計画に位置づけたい。

高校の単位数は卒業までに標準として７ ～ ８単位とする。各学年次の配当単位数は、なるべく均等に配当するものとする。年間指導計画の作成にあたっては、特に「体つくり運動」は、各学年で７単位時間～ 10単位時間程度を、「体育理論」については、各学年６単位時間以上を配当することとなっている。

体育の総授業時数の調整においては、中学校段階などで一つの運動種目に配当時間を広げすぎると、各領域に配当する時間数が減少し、数多くのスポーツを体験できなくなるので注意が必要である。

中学校の年間の授業配当時間

各学年105単位時間で３年間合計315単位時間とする。

保健分野の授業時数は、３学年間で、48時間単位時間程度、体育分野は267単位時間程度。

「A 体つくり運動」については、各学年７単位時間以上を、「H 体育理論」については、各学年で３単位時間以上。

他領域の「B 器械運動」から「G ダンス」までの領域の授業時数は、その内容の習熟を図ることができるように考慮することとしている。

3. 年間計画における単元の構成

各学校は単元の構成について毎年度ごとに検討を加える必要があるが、基本的には生徒の入学年から３年間を見通した計画となるので、生徒の実態を十分に把握して立案しなければならない。

すなわち、生徒の運動に対する興味・関心を把握し、しかも運動領域に偏りがないか全体的な視野に立って検討すること。例えば学校によっては、球技の領域に重点を置き過ぎて、他の領域が短時間構成になっていたりするケースがあるので、そうならないように注意すべきである。

全学年で同時に「体つくり運動」を実施する構成をしたところ、体育施設や用具・器具も不足して、十分に運動の効果を上げることができなかったといった失敗の事例がある一方、競技的な特性、克服的な特性、チームワーク育成型の特性、課題達成型の特性、格闘技的な特性、等々運動の特性に焦点をあてた配列の仕方で成功した事例もある。また、自然との関わりの深いスキー、海浜実習、水辺活動、キャンプ等は、地域の実態に応じて年間計画に適切に組み込むと特色を出すことができる。

年間計画作成の手順

- 保健体育科の目標の確認
- 年間の授業時間数の決定
- 生徒の実態について研究
- 運動領域や運動種目の決定

- 単元構成や規模の決定
- 単元配列の方針の決定
- 実施のシミュレーション
- 年間計画の表作成→実施

以上のような細かな作業過程を経ながら、学校では綿密な年間計画が作成される。

□参考文献

文部科学省（2018）中学校学習指導要領（平成29年告示）解説　保健体育編．東山書房・京都．

文部科学省（2019）高等学校学習指導要領（平成30年告示）解説　保健体育編　体育編．東山書房・京都．

（松藤　貴秋、和光　理奈、杢子　耕一、勝亦　紘一）

例6-1-1　中学校・年間計画（例）

2019年度　中学校保健体育科　年間指導計画

<table>
<tr><th rowspan="2">学期</th><th rowspan="2">月</th><th>学年</th><th colspan="3">1年</th><th colspan="3">2年</th><th colspan="3">3年</th></tr>
<tr><th>週</th><th>1</th><th>2</th><th>3</th><th>1</th><th>2</th><th>3</th><th>1</th><th>2</th><th>3</th></tr>
<tr><td rowspan="17">前期</td><td rowspan="2">4月</td><td>1</td><td colspan="2" rowspan="2">体つくり運動（4）
（体ほぐしの運動も含む）</td><td>体育に関する知識（1）</td><td colspan="2" rowspan="2">体つくり運動（4）
（体ほぐしの運動も含む）</td><td>体育に関する知識（1）</td><td colspan="2" rowspan="2">体つくり運動（4）
（体ほぐしの運動も含む）</td><td rowspan="17"></td></tr>
<tr><td>2</td><td rowspan="4">体力を知る総合的な学習</td><td rowspan="4">体力を知る総合的な学習</td></tr>
<tr><td rowspan="3">5月</td><td>3</td><td colspan="2" rowspan="2">陸上競技（4）
※体育祭練習も含む</td><td colspan="2" rowspan="2">陸上競技（4）
※体育祭練習も含む</td><td rowspan="3">陸上競技（3）
※体育祭練習も含む</td><td rowspan="3">体力を知る総合的な学習</td></tr>
<tr><td>4</td></tr>
<tr><td>5</td><td colspan="2" rowspan="4">球技①（8）
ハンドボール</td><td colspan="2" rowspan="4">球技①（8）
バレーボール</td></tr>
<tr><td rowspan="4">6月</td><td>6</td><td rowspan="4">保健（4）
1心身の発達と心の健康①～④</td><td rowspan="4">保健（4）
2健康と環境①</td><td rowspan="4">球技①（4）
バレーボール</td><td rowspan="5">保健（5）
4健康な生活と病気の予防①</td></tr>
<tr><td>7</td></tr>
<tr><td>8</td></tr>
<tr><td>9</td><td colspan="2" rowspan="3">水泳（8）</td><td colspan="2" rowspan="2">水泳（5）</td></tr>
<tr><td rowspan="2">7月</td><td>10</td><td rowspan="2"></td><td></td><td rowspan="2">水泳（3）</td></tr>
<tr><td>11</td><td colspan="3">器械運動＋体つくり運動（3）</td><td></td></tr>
<tr><td rowspan="4">9月</td><td>12</td><td colspan="2" rowspan="3">器械運動＋体つくり運動（6）</td><td rowspan="4">保健（3）
1心身の発達と心の健康④～⑥</td><td colspan="3" rowspan="2">器械運動＋体つくり運動（6）</td><td colspan="2" rowspan="3">器械運動＋体つくり運動（6）</td></tr>
<tr><td>13</td></tr>
<tr><td>14</td><td colspan="2" rowspan="6">球技②（12）
サッカー</td><td rowspan="4">保健（4）
2健康と環境②</td></tr>
<tr><td>15</td><td colspan="2" rowspan="3">ダンス（9）
（リズムダンスを含む）
※南中ソーラン</td><td colspan="2" rowspan="5">球技②（10）
ハンドボール</td></tr>
<tr><td rowspan="4">10月</td><td>16</td><td rowspan="2"></td></tr>
<tr><td>17</td></tr>
<tr><td rowspan="18">後期</td><td>18</td><td></td><td></td><td rowspan="18"></td><td rowspan="18"></td><td rowspan="3">保健（4）
4健康な生活と病気の予防②</td></tr>
<tr><td>19</td><td colspan="2" rowspan="5">球技②（11）
バレーボール</td></tr>
<tr><td rowspan="4">11月</td><td>20</td><td colspan="2" rowspan="4">球技③（8）
ハンドボール</td><td colspan="2" rowspan="4">武道（6）
剣道</td></tr>
<tr><td>21</td><td rowspan="2">疾病の歴史
総合的な学習</td></tr>
<tr><td>22</td></tr>
<tr><td>23</td><td rowspan="9">保健（9）
4健康な生活と病気の予防③</td></tr>
<tr><td rowspan="3">12月</td><td>24</td><td rowspan="3">陸上競技（3）</td><td rowspan="5">保健（5）
1心身の発達と心の健康⑦～⑨</td><td colspan="2" rowspan="3">武道（6）
剣道</td><td colspan="2" rowspan="3">陸上競技（8）</td></tr>
<tr><td>25</td></tr>
<tr><td>26</td></tr>
<tr><td rowspan="3">1月</td><td>27</td><td rowspan="4">武道（6）
剣道</td><td rowspan="4">ダンス（4）</td><td rowspan="4">保健（4）
3傷害の防止</td><td colspan="2" rowspan="7">球技③（10）
サッカー</td></tr>
<tr><td>28</td></tr>
<tr><td>29</td><td rowspan="2"></td></tr>
<tr><td rowspan="4">2月</td><td>30</td></tr>
<tr><td>31</td><td rowspan="5">球技③（7）
サッカー</td><td rowspan="3">スポーツの起源（3）
総合的な学習</td><td colspan="2" rowspan="5">球技④（10）
バスケットボール</td></tr>
<tr><td>32</td><td rowspan="2">疾病の歴史
総合的な学習</td></tr>
<tr><td>33</td></tr>
<tr><td rowspan="2">3月</td><td>34</td><td rowspan="2"></td><td colspan="2" rowspan="2">その他・予備（4）</td><td rowspan="2">その他・予備（2）</td></tr>
<tr><td>35</td></tr>
</table>

資料提供は中京大学卒業生による

例6-1-2　高等学校・年間計画（例）

2019年度　高等学校保健体育科「体育」 年間指導計画（全日制課程）

第1学年	第2学年	第3学年
・基礎体力の増強 ・基本技能の習得 ・集団行動の徹底	・運動技能の向上。 ・グループ活動を通し各自の役割を自覚し、実践する態度を養う。	・各自の能力に応じた練習を計画し、実行することにより、技能の向上を目指す。 ・生涯を通じて継続的に運動する能力や態度を養う。

学年	学科	性別	単位数	4月～7月	9月～11月	12月～3月
1		男・女	2	体つくり運動（3） 陸上競技（6） 体育理論（2） 種目選択Ⅰ（14） 陸上競技・水泳 卓球・水泳 バドミントン・水泳 ダンス	体つくり運動（2） 体育理論（2） 種目選択Ⅱ（19） バスケットボール バレーボール テニス サッカー	体つくり運動（2） 体育理論（2） 種目選択Ⅲ（18） サッカー 柔道 バレーボール 卓球
2		男・女	2	体つくり運動（3） 陸上競技（6） 体育理論（2） 種目選択Ⅰ（14） バレーボール テニス サッカー 卓球	体つくり運動（2） 体育理論（2） 種目選択Ⅱ（19） バスケットボール ソフトボール バレーボール 卓球	体つくり運動（2） 体育理論（2） 種目選択Ⅲ（18） 柔道 テニス バドミントン 卓球 サッカー
3		男・女	3	体つくり運動（3） 陸上競技（7） 体育理論（2） 種目選択Ⅰ（28） バレーボール テニス サッカー 卓球 体つくり運動（2）	体育理論（2） 種目選択Ⅱ（28） バスケットボール ソフトボール バレーボール 卓球 体つくり運動（2） 体育理論（2）	種目選択Ⅲ（29） テニス バドミントン 卓球 サッカー

資料提供は中京大学卒業生による

第2節 単元計画作成上の留意点

【概要】

体育の先生方のほとんどが、授業計画で最も苦心するのが単元計画だと回答する。特に高校の先生は、新入生を迎えた新学期の授業の進行につれて「こんなはずではなかった」、「予想していた以上にうまい、体力がある」、こんな会話が飛び交うそうである。そこで、生徒の実態に合わせた単元計画の見直しが迫られる。年間計画は確定しているので、単元内の指導計画を再考しながら、1時間単位の指導のバリエーションに流動性をもたせて目標の達成に向かうわけである。

単元計画の枠組み

年間計画で決定された1単元分の時間数を「導入ー展開ーまとめ」の段階に分け、どの学習内容を何時間目に行うか具体的に決定していく。

指導者は、以下の点を留意しながら単元計画をしていく。

①運動の特性を明確にし、単元目標を決定する。
②学習のねらいを「知識及び技能」、「思考力，判断力，表現力等」、「学びに向かう力，人間性等」の目標と照らし合わせ、設定する。
③単元目標を達成できるための教材を工夫する。
④学習指導過程（教材の配列）を工夫する。

1. 単元計画作成の意義

教材の一つのかたまりを単元という。単元の規模（時間配当）や配列は年間計画によって決定される。具体的には、教材の必修・選択の配置と各領域間の教材特性によるバランスを考慮して、意図的・系統的に各学年に配置される。もちろん、生徒の実態を最大限考慮して計画を練らなければならない。

単元計画は一つの教材に与えられた授業計画である。計画案は、学習過程の手順に従って導入、展開、まとめという流れの中で、本時の単位時間（学習指導案）の位置を明らかにするところに意義がある。

2. 単元計画作成上の留意点

①必修として位置づけられている「体つくり運動」を単元として配置すること。学校によっては「体つくり運動」を単元化せずに、各時間で帯状に準備運動や補強運動として実施している学校があるが、指導内容を明確化するためにも単元化する必要がある。体つくり運動は、生徒が日常生活で活かすことができるような単元計画が必要である。

②「体育理論」の単元の扱いは、学校によって様々なようである。実技偏重で理論軽視の考えは未だ根強い。しかし、実技と理論は車の両輪のような関係であり、生涯スポーツの実現に向けて重要視すべきである。

③個人的なスポーツの単元計画の例として、器械運動ではクラス全員がマット運動を3 ～ 4時間、次いで跳び箱運動2 ～ 3時間をとして単元構成をしているケースが圧倒的に多い。中には1時間の中で3種目程度をローテーションして展開している学校もある。陸上競技では、導入段階では、全員でランニングの基礎を学び、展開の段階から自己の特

性に応じてトラック種目と跳躍種目または投てき種目に分かれて、選択した種目を練習している先進的なところもある。混成競技的に単元を展開している学校もあるが、高校などは生徒の希望と実態を考慮した単元計画の作成が求められている。水泳は、安全・管理の面から、クラス全員が同じ学習内容で行う一斉指導が多い。しかし、単元計画に一人ひとりの生徒の得意な泳法で続けて長く泳ぐとか、４泳法の自己記録に挑戦していく競技的な特性を盛り込んだ単元計画を工夫する必要がある。また、メドレーリレーなどを単元の中に随所に盛り込み、みんなの泳力を上げていく工夫も大切である。

④球技、特にチームスポーツでは、チーム分け（グルーピング）の方法とタイミングが、授業の成否を決めると言っても過言でない。しかし、このグルーピングの重要性が軽視されていることが多い。ジャンケンや仲良しグループで分かれて練習を行い、単元のまとめの段階で試合に入っていくケースがある。これでは戦術の大切さ、仲間との協力といったことを学習できない。球技の授業では、グループ学習の形態を組み込んだりする工夫も必要である。

⑤武道は人気のない単元だと考えがちであるが、意外に生徒は体育の授業でしか体験できない貴重な存在だと思っている。また、柔道着や剣道の防具や袴を身に着けた時の身の引き締まる思いは、トレーニングウエアでは味わえない緊張感があるという感想もある。一方、受け身や形ばかりで、本来の格闘技としての本質に接近できないまま単元が終わってしまうという不満もある。そこで、導入段階の時点で、十分に生徒の履修状況や技能レベルを把握し、展開段階に入ったならば班別指導の形態を採用してもよいのではないかと思われる。武道の授業は、一斉指導の形態が多いが、技能の習熟度に大きな差異のある教材であることを念頭に、個に合わせた１単位時間の計画を立案していく必要がある。

⑥ダンスは他の種目と比べて抵抗感をもつ指導者が多い。しかし、指導者が全て技術的なことを伝達する必要はなく、生徒の自由な発想を大切にしながら、オリジナルな動きを生み出し、発表、鑑賞、評価し合うことで、授業がうまく流れるようになる。ダンスは、自然にわき出る感情に乗せ、律動的な動きを組み合わせていくことで、形づくられていくものである。１単位時間の中で、必ず本時の目標を定め、生徒が自由に発想した動きが発見された後、短いフレーズでも発表する場を設ければ、活気のある授業づくりが可能となる。

（和光　理奈、松藤　貴秋、杢子　耕一、勝亦　紘一）

学習指導過程の調整

授業を進めていくうちに、学習目標の達成に個人差や集団差が出てくる。その際には、前後の時間と系統性を保ちながら、生徒の実態に合わせて学習内容に修正を加えていく。そして単元終了時には、生徒個人が必ず、新しい技能の習得を目指せるようにしたい。

グループづくり

単元目標を達成するために、集団で学習する方法がある。仲間で教え合うことは、お互いの生徒にとって有効な学習成果が期待できる。

単元の導入段階では、技能差のある生徒をグループ内に混在させ、技能レベルの高い生徒に指導役をさせる。また発展的な段階では、レベル別にグループを分け、個々の技能がより高まるようにしていく。

授業評価

授業評価については第７章pp.174 ～ 177を参照。

例6-2-1　高等学校・単元計画例（1）

単元計画　3年体育後期選択（バスケットボール）

1　単元　　球技（バスケットボール）

2　単元の特性

(1) バスケットボールは、双方が入り交じる中で、手でボールを運びゴールにシュートして得点することを競い合うところに楽しさや喜びを味わうことができる運動である。

(2) 相手との攻防の中で、集団的技能や個人的技能を活用して、学習段階に応じた作戦を立て、喜びや楽しみを味わうことができる。

3　単元計画

時限	学習内容
1	オリエンテーション (学習計画、スキルテスト、グループ編成、役割分担、種目の特性、歴史、技術構造、ルール、施設・用具の使用法、用具の準備・片づけ)
2	ゴール下シュート、ミドルシュート、ドリブルシュート、簡易ゲーム
3	ゴール下シュート、ミドルシュート、ドリブルシュート、簡易ゲーム
4	ゴール下シュート、ミドルシュート、ドリブルシュート、簡易ゲーム
5	ゴール下シュート、ミドルシュート、ドリブルシュート、簡易ゲーム
6	スキルテスト(ゴール下シュート・ミドルシュート・ドリブルシュート)、チーム練習、簡易ゲーム
7	スキルテスト(ゴール下シュート・ミドルシュート・ドリブルシュート)、チーム練習、簡易ゲーム
8	スキルテスト(ゴール下シュート・ミドルシュート・ドリブルシュート)、チーム練習、簡易ゲーム
9	スキルテスト(ゴール下シュート・ミドルシュート・ドリブルシュート)、チーム練習、簡易ゲーム
10	スキルテスト(ゴール下シュート・ミドルシュート・ドリブルシュート)、チーム練習、簡易ゲーム
11	チーム練習（チームの特性を生かした攻防の作戦)、簡易ゲーム
12	チーム練習（チームの特性を生かした攻防の作戦)、簡易ゲーム
13	チーム練習（チームの特性を生かした攻防の作戦)、簡易ゲーム
14	チーム練習（チームの特性を生かした攻防の作戦)、簡易ゲーム
15	公式ゲーム（総当たりリーグ戦、前後半あり)
16	公式ゲーム（総当たりリーグ戦、前後半あり)
17	公式ゲーム（総当たりリーグ戦、前後半あり)
18	公式ゲーム（総当たりリーグ戦、前後半あり)
19	公式ゲーム（総当たりリーグ戦、前後半あり)
20	評価　まとめ

資料提供は中京大学卒業生による

例6-2-2　高等学校・単元計画例（2）

単元計画　1年体育（ソフトボール）

1　単元　球技（ソフトボール）

2　単元の特性

(1) 投げる・打つ・捕る・走るなどの基礎的な技能から構成され、バランスのとれた運動能力を養成することができる。

(2) 攻撃側と守備側に分かれ、攻守を交代しながら、チームの戦術を利用して得点を競うことの喜びや楽しみを味わうことができる。

3　単元計画

時限	学 習 内 容
1	オリエンテーション （学習計画、スキルテスト、グループ編成、役割分担、種目の特性、歴史、技術構造、ルール、施設・用具の使用法、用具の準備・片づけ）
2	キャッチボール（ボールの握り方、送球、捕球）
3	キャッチボール（ボールの握り方、送球、捕球）、塁間ボール回し
4	キャッチボール（ボールの握り方、送球、捕球）、塁間ボール回し
5	キャッチボール、ゴロ捕球、フライ捕球
6	キャッチボール、ゴロ捕球、フライ捕球
7	キャッチボール、ゴロ捕球、フライ捕球、ノック
8	キャッチボール、ゴロ捕球、フライ捕球、ノック
9	キャッチボール、ゴロ捕球、フライ捕球、ノック
10	キャッチボール、ウィンドミル投法の練習（振り子投げ、ブラッシング、回旋投げ）
11	キャッチボール、ウィンドミル投法の練習（振り子投げ、ブラッシング、回旋投げ、体重移動）
12	キャッチボール、ウィンドミル投法の練習（振り子投げ、ブラッシング、回旋投げ、体重移動）
13	バッティング練習（犠牲バント、セーフティバント、トスバッティング）
14	バッティング練習（犠牲バント、セーフティバント、トスバッティング、ハーフバッティング）
15	バッティング練習（トスバッティング、ハーフバッティング、フリーバッティング）
16	チーム練習（連携プレー、打順を考えた攻撃方法）、簡易ゲーム
17	チーム練習（連携プレー、打順を考えた攻撃方法）、簡易ゲーム
18	公式ゲーム（総当たりリーグ戦）
19	公式ゲーム（総当たりリーグ戦）
20	公式ゲーム（総当たりリーグ戦）
21	公式ゲーム（総当たりリーグ戦）
22	公式ゲーム（総当たりリーグ戦）
23	公式ゲーム（総当たりリーグ戦）
24	評価　まとめ

資料提供は中京大学卒業生による

例6-2-3　中学校・単元計画例

単元計画　2年女子体育　ダンス

1　単元　　ダンス（現代的なリズムのダンス）

2　単元の特性

(1) 現代的な曲のリズムの特徴を捉え、リズムに乗って全身を動かしたり変化のある動きを組み合わせたりすることで、リズムに合わせて体を動かす楽しさや、みんなで踊ることの喜びを味わうことができる運動である。

(2) リズムに乗った身体表現を通じて、アイディアを体で表現する積極性や自己の役割を果たそうとする態度、相手の意見を認めたり融合させたりする態度を養うことができる。

3　単元計画

時限	学習内容		
1	オリエンテーション（学習計画、単元の目標、授業の進め方の理解） 体ほぐし（エアロビック・ダンス的要素を取り入れ、リズムに乗って１曲を通して体を動かす）		
2	基本のステップの習得　（グレープバイン、Vステップ、Aステップ、ボックス、マンボ　等）		
3	ダンス構成への工夫　①（ストップモーション、簡単な動きを作って、つなげる　等）		
4	ダンス構成への工夫　②（複数人数を生かしての隊形の変化を工夫する）		
5	発表Ⅰに向けて	グループ分けと発表方法の理解	
		「課題曲」の練習①	曲の構成を理解し、オリジナルの動きを作る
6	発表Ⅰに向けて	「課題曲」の練習②	隊形やリズムを変化させ、オリジナルの動きを発展させる
7	発表Ⅰに向けて	「課題曲」の練習③	〃
8	発表Ⅰに向けて	「課題曲」の練習④	発表に向けての踊り込みと仕上げ
9	発表Ⅰ	「課題曲」の踊りをグループで発表し、互いの作品を見せ合って評価する	
10	発表Ⅱに向けて	「自由曲」の練習①	自由曲を決定し、オリジナルの動きを作る
11	発表Ⅱに向けて	「自由曲」の練習②	隊形やリズムを変化させ、オリジナルの動きを発展させる
12	発表Ⅱに向けて	「自由曲」の練習③	〃
13	発表Ⅱに向けて	「自由曲」の練習④	発表に向けての踊り込みと仕上げ
14	発表Ⅱ	「自由曲」の踊りをグループで発表し、互いの作品を見せ合って評価する	

資料提供は中京大学卒業生による

第3節 時間計画（学習指導案）作成上の留意点

【概要】

書くことは極めて知的な作業である。学習指導案の作成は、授業の構成要素である生徒の学習と教師の指導、教材を統合し、実際の授業の実現のため、そして授業を振り返り、さらに授業の向上を目指していく基盤となる大きな意義がある。この第3節では、授業の設計図である学習指導案の書き方について学ぶ。

1. 学習指導案とは

学習指導案とは、教員が授業や指導、活動などをどのような目標で、どのように実際に展開しようとしているのかを記載した、学習指導の計画書のことである。学校教育は意図的・計画的に行われる。思いつきや気分で授業をするわけではない。教育は、具体的な目標（育てたい生徒の姿）、綿密な計画、熱心な指導、冷静な評価で成り立つ。目標→計画→実践→評価は学校教育において必須で、それを文書として形にしておくのが学習指導案である。中央教育審議会総則・評価特別部会にも、教育課程に関連し学校が作成するもの等の中の学級担任、教科担任等が作成する、として学習指導案が紹介されている。教員が学校教育目標実現のために、高度な専門性を発揮して、目の前の児童・生徒の発育発達に的確な目標・方法・内容を設定し、上手な学習指導を行うために、学習指導案は必要かつ有用なのである。

自分の考えたことは、書くことによってオフィシャルになり、いろいろな気づきが生まれ、それを改善し、さらなる向上、バージョンアップがなされる。文書という形にすることによって、客観的·冷静に自己を相対化でき、自分のやろうとしている授業を見直すことにもなる．学校現場では指導案，時案、教案とも呼ばれ、ここでは、１単位時間の学習指導案の基本的な書き方を紹介する。なお、学校教育に関わる際には常に、学習指導案を作成する際にも学習指導要領、学習指導要領解説を参照し、必ずこれらに準拠する。そして、我々教員は全て子どもたちのために在り、授業も子どもたちの成長を意図しているということ忘れてはならない。「学習者（児童・生徒）を想定することによって、教師は自己を客観的に見ることができる」のである。

学習指導要領解説

高度に法的な論議では、学習指導要領も法的拘束力があるのかどうか、論議の対象になっている。しかし、学習指導要領は、法的拘束力があるとの立場が一般的であり、我々学校現場では学習指導要領に準拠しなければならない。学習指導要領は教育課程の基準である（学校教育法施行規則第52条（小学校）、第34条（中学校）、第84条（高等学校）他)。そして、学習指導要領解説も学習指導要領同様尊重され、最重要な参考資料であり、活用されている。学習指導要領解説は、その学習指導要領の記述の意味や解釈等の詳細について、教育委員会や教員等に対し説明するため、文部科学省の著作物として作成、発刊されている。文部科学省の示した大綱（学習指導要領）を文部科学省が詳しく説明しているので、学校現場では、第一に参照すべき重要資料として扱われ、学校教育全般、授業つくりなどにおいて拠り所となっているのが現実である。

有権解釈

法解釈の権限のある機関によってなされた解釈を有権解釈という。学習指導要領解説は文部科学省が学習指導要領の解釈や意味の詳細を説明しているのであるから有権解釈である。学校現場においては学習指導要領をよく理解するためにも重要な位置づけになっている。

2. 学習指導案の様式と書き方

学習指導案の様式（形式、フォーマット）に決まりはない。教育委員会、学校、教員、場面によって様々である。教育実習生は実習校の指示、指定に従う。一般的には、以下のような項目がある。

(1) タイトル：保健体育科 科目 体育学習指導案、保健体育科 体育分野学習指導計画など。

対象：学年、男女、人数、学級（クラス）、学校種（小学校、中学校、高等学校、義務教育学校(後期課程)、中等教育学校（前期課程））、学校名。

(2) 氏名：保健体育科教育実習生○○△△、指導教員◇◇▽▽教諭、

捺印は研究授業のときくらいだろう。

(3) 単元名：内容や時間のまとまり、教材内容の一つのまとまりをいう。

体育実技の場合は、運動種目を示すことが多い。

(4) 単元観：単元を学習に適用した理由を、教育的価値から説明する。

含まれている学習内容、それにより期待される教育的意義を示す。

例えば運動種目の特性を示すとしたら、

①一般的特性（教員側から見た特性)、効果的特性や構造的特性など。

②生徒から見た特性、機能的特性。

(5) 生徒観：生徒の現実を単元や教材と関連させた生徒理解を示す。

①学習の経験状況、運動スポーツへの興味・関心や意欲、既習事項、技能、体力、知識やルールの理解度など。

②男女の協力（共習状況)、部活動、学校行事における参加･活動状況など。

③本単元における対象児童・生徒の良さや課題。

(6) 指導観：本単元やその内容がこれまでの指導とどう関連し、今後の指導にどう発展していこうとしているのかなどを示す。

①単元観や生徒観を踏まえた、指導の方向性、具体的な指導の手だて。

②学校教育目標、校内研究、教科の課題などのテーマとの関わり。

(7) 単元目標

(8) 単元の評価規準

(9) 単元計画：全○時間単元（指導期間をこの一覧に含めてもよい）

ただし、この節での説明に該当する1単位時間の学習指導案であれば、(4)～(9)はかなり簡略化して良い。(9)の単元計画を簡略化した一覧表にして、単元全体の中での本時の位置づけがわかるように一覧表の該当時（回）に○囲みするとか、分数で表現するなどである（例えば、9時間で構成した単元の3回目の授業であれば、3／9）。

したがって、次の(10)本時の指導計画（3／9時間目）からが、1単位時間の学習指導計画が綿密に示される学習指導案、時案である。

(10) 本時の指導計画（3／9時間目）：その授業での目標やねらい、今日はこれをやるぞ！ぜひともこれを学んでほしい、というようなもっとも強調したいことをタイトルにして明示しておくと、授業の意図がハッキリわかる。

カラーライン（通称）

グラウンドにラインを引くときには白色の石灰（炭酸カルシウム）をよく用いる。ただし、どんな種目や活動にも同じ白色のラインがグラウンド中に引かれていると生徒には見分けがつかず、ゲームや学習活動が混乱することがある。体育館床には通常、種目別にラインが多色で塗り分けられていように、グラウンドもいろいろな色の石灰で描き分けてはどうだろう。少々価格が高くなるので、いつでもというわけにはいかないが、かなり便利で有効である。少なくとも、同じ白色のラインが引かれているなら、授業(種目）に使用しているラインが明示できるように目印のカラーコーンを置くなど、生徒たちにわかりやすくする手立てがほしい。真っすぐきれいに、円や弧もライン引きできるように練習しよう。

（11）本時の目標：単元計画に基づき、本時の目標を明確に示す。

（1）知識及び技能、（2）思考力、判断力、表現力等、（3）学びに向かう力、人間性等といった観点からの目標などを生徒の実態に合わせて示す。健康・安全についても必ず明記すること、安全確保は絶対である。まかり間違っても体育にけがはつきもの、なんて言ってはならない。けが、事故の未然の防止には万全を期する。

（12）教材教具：体育の授業には実に多くの教具が使用される。幅広い、柔軟な有効利用によって学習を活性化できる。細かいところ全て、チョーク１本まで全て書き出しておくとチェックリストになる。体育実技の場合、学習場所が体育館や武道場、グラウンドやテニスコートなど様々なので、場所、施設設備も明示する。また環境整備（場づくり）は、安全の確保同様、効果的な学習活動を生み出すために、体育においては極めて重要である。体育館内やグランド内での配置、活動予定、生徒の動き、ライン、用具の配置・向きなどを図示するのもよい。例えば、生徒たちが「体育だぁ～！」とグラウンドに飛び出してきたときに、きれいに整地され、ピシッと引かれたラインのピッチがあるグラウンドと、でこぼこで、石ころがあり、ラインは消えていたり、曲がっていたり、どのラインが何のラインかも判別できないようなグラウンドとでは、生徒たちの感じ方もやる気も全く異なるであろうことは想像に難くない（図6-3-1参照）。なお、学習ノートは、学習の記録を得るよう、体育実技でも現在では当たり前である。

図6-3-1 フリーハンド＝メジャーや測定器を使わずにラインを引いたサッカーの授業

（13）学習と指導（展開）：

この項が、１単位時間内の全てが時系列に、生徒・教材・教師の相互関係とともに示される部分である。生徒と先生の対応関係が学習指導案であり、その間をつなぐのが教材である。すなわち、生徒こうなる（反応の予測）→先生こうする（教師行動、教授行為）、先生はこう言う→だから生徒はこうするのでこれを獲得（学ぶ）する、となる。したがって、学習指導案の形式（欄）としては、生徒と先生の二つ、左半分が生徒「学習内容と学習活動」、右半分が先生「指導上の留意点・教師の支援」というのが基本的な構成となる。特に、生徒については、学習内容と学習活動を明示するとよい。何を学ぶのか＝学習内容、そのために何をするのか＝学習活動である。この学習内容が不明確であったり、わからなかったりすると、生徒たちはただ動いて、走り回って、ゲームをしているだけとなってしまい、“活動あって学びなし”、と体育の授業や体育の教員が揶揄されることになってしまう。準備運動のときに「グラウンド３周走る」、これも学習なのである。グラウンド３周走る（学習活動）ことで、何を学ぶのだろう（学習内容）、生徒の学習内容獲得（学

準備運動、整理運動も学習である。その運動、活動に適合した準備運動、整理運動を行うようにしたい。また、その意図も学習となるよう解説も加える。まったく同じパターンの準備運動を毎回の授業で繰り返して、それがサッカーも水泳も、柔道にも適合しているのだろうか。もっと突き詰めると、同じ単元でも、基本練習を主とする授業のときと、パス練習、試合のときでは、運動量、使う筋肉、鍛えられる体力要素が異なるので、それに適合した準備運動、整理運動が行われなければならないのは自明である。そして、準備運動、整理運動が学習につながるように、今は大腿四頭筋！とか、ダッシュのときに肉離れしやすいハムストリングスだ、入念に伸ばそう、などと学習への意識づけもほしい。まかり間違っても、生徒（例えば体育係）に号令をかけさせて、ただなんとなく決まりきった体操をやって、先生はポケットに手を突っ込んで見ているだけ、なんてことにならないようにしよう。もちろん、各学校には教育方針やそれにのっとったやり方、があるが、それにしても、準備運動、整理運動も学習であることを忘れてはならないし、その意図ははっきりしてほしい。

び）のためには、有効な学習活動が行われなければならない。そのために教師の的確な指導が求められるのである。それが思わず動きたくなってしまうグラウンドであったり、安全・安心して練習できる器具であったり、わかりやすい説明なのである。したがって、思わず動きたくなってしまう、きれいに整地され、ピシッと引かれたラインで作られたピッチであるのと同様、「わかりやすく説明する」は、何をどう話すことがわかりやすいのか、が吟味されていなければならない。「～ついてわかりやすく説明する」では学習指導案ではない。少なくとも、何をどう説明するのか、逃してはならないポイントを箇条書きにしたり、項目を列挙することは必要である。それを検討してこそ初めて、(生徒たちにとって）わかりやすい説明なのかどうかがわかる。また、話し方もかなり練習が必要である。教師として生徒を前にしたわかりやすい説明と、友達とのお喋りとは全く異なる。わかりやすい言葉で正しい日本語と豊かな表現で、上手に説明する（言語活動の充実)、「あそこ、あっちこっち…」、はやり言葉や日常会話では学習指導ではない。運動場面でも同様で、活動の際によく使われる量や回数、長さを示す単位は、どうだろうか。回、本、周、回り、交代、度、往復、セット、コマなどいろいろある単位をきちんと説明、統一できていないが故に生徒たちに混乱を生ずることがある。求める学習内容獲得のために必要な学習活動を生み出すために先生はどうすればよいか、どうすべきなのか、やれることはたくさんある。その場面を観察するに適した立ち位置はどこか、どう移動したらよいのか、声かけはどうするかなど「教師行動には全てに意味がある」のである。50分の体育の授業が週３回しかない。そんなわずかしかない貴重な授業時間なのに、ただ放っておいて、腕組みして見ているだけ、それが生徒の自主性です、そんなことでいいのだろうか。我々の責務は重大である。それはたとえ教育実習生でも全く同じである。ということは、指導したことが学習できたかどうか、常に確認し、生徒へフィードバックしているかということでもある。これが評価であり、この評価規準も学習指導案に示すのは必須である。最近では、この評価規準「(1) 知識・技能　(2) 思考・判断・表現力等　(3) 主体的に学習に取り組む態度」を基本的な項目（欄）にした学習指導案の様式も多用されている。

段階:学習指導案は時系列で表現するが､「はじめ→なか→おわり」､「導入→展開（展開１、展開２）→まとめ」､「はじめ→うつし→おわり」というような授業展開の区分を示す。時間配分は分単位であるが、授業時間が身についていない教育実習生の場合は（特別時間割の場合なども)、時刻を示しておくとよい。配付プリント（ワークシー

図6-3-2　活動場所や方法，注意点をまとめた板書

終わりの時間（時刻）は厳守する、延長はダメ

先に、展開部分で時刻を記入しておくことをお勧めした。教育実習生は当該校の時間経過に慣れていないので、○分と書いてあって（予定していて）も、活動の区切りのたびにストップウオッチで計時しなければならず、またマネージメントなどの無駄な時間や、説明の時間が予定以上にかかった場合など、ちょっとずつずれこんでくるので、所要時間を予定するだけでは、進行ができない。少々のずれは吸収できる、柔軟かつ余裕のある計画を立てることも必要。また、サッカーの公式戦ならアディショナルタイムがあれば、その分試合終了を遅らせる＝試合時間を確保すればそれでいい。しかし、授業ではそれはできない。次の教科の授業、昼休みもあるし、わずかな休み時間に生徒会の会合を持っている生徒もたくさんいる。体育の授業を延長して他教科に迷惑をかけてはいけない。特に体育の場合は、授業場所が多岐にわたり、更衣などの時間もかかるため、それらも勘案した時間的な計画を立てる必要がある。各校の施設設備の配置、生徒たちの行動、次の教科の授業場所などを勘案して、きちんと授業時間内で終了しなければならない。

ト）がある場合は、学習指導案に添付する。このときに、空欄などの生徒が記入する部分には（正解、望ましい回答などを）朱入れしておく。保健などでは、板書計画があるが、体育実技でも練習（活動）の仕方や場所などを図解して生徒に示すのは、わかりやすい（図6-3-2参照）。最近では、板書を写真撮影し、それを学習指導案に挿入（ペースト）するのも簡単、有効である。その点では、現代的武器であるＰＣで学習指導案を書くのは生産性が高く、便利である（データの取り扱いの問題があるので、学校の指導に従う）。また体育実技の宿命ともいうべき、雨天の場合の対策を立案しておく必要がある（通称、副案）。使用できる施設はあらかじめ相談しておき、本来はその授業に適合した内容にすべきである。基本練習を中心とした授業内容のときとまとめのゲームのときの授業とでは、学習すべき内容も、その方法も異なるであろうから、当然それぞれ副案も異なるはずである。しかし、教育実習生には、常に倍の学習指導案を立案し、授業準備をするのは負担が大きい。およそ、どこの位置づけの授業にも適用し得る副案を、まずは一つ用意しておくことを推奨する。雨が降ったときに慌てるよりも、いつでも対応できる一本があることは、教育実習生には何より心強く、安心感がある。実は、これはいろいろなことが起こって変更せざるを得ないときにも役に立つ。

授業の終わりに、後片づけ、安全面・けが・体調不良の有無などの確認、見学者への配慮、挨拶を行う。時間が短いだけに能率よく進めなければならないし、学習としてのまとめも忘れてはならない。

3. 詳細に書いてみよう

教育実習や指導案作成初期の頃は、できるだけ詳しく書く、いわゆる細案を作成するほうが、授業の実際に直結し、省察から具体的な改善につなげることできるので、自分の指導力、授業つくり向上に生きる。ベテラン教員なら意識しなくてもできてしまうことが、教育実習生ではそうはいかない。綿密に考え、立案したつもりでも、想定できなかったことが多々生じる。それが学習指導案として書いてあれば、事実と突き合わせて何が足りなかったのかが、よくわかる。逆に言うと、綿密に書けば、その時点で授業としての良否がわかり、事前に改善できることも多々ある。

初めての授業を終えた後の第一声は「学習指導案をしっかり書かなくちゃダメだ」、とほとんどの教育実習生はそう言う。考えに考え抜いて立案した学習指導案は、改善向上のための基礎となる。努力とそれによる実践は生徒たちも必ずわかってくれ、教育実習生の成長に直結する。あせらず、手を抜かず、精一杯学習指導案作成に取り組むことが授業力養成、教師としての力量生成の基盤である。ぜひしっかり書いてほしい。

□参考文献

中央教育審議会総則・評価特別部会「参考資料2学習指導要領等の構成，総則の構成等に関する資料」平成28年2月24日.

（小磯　透、大林　直美）

見学者

病気、けがなどを理由に体育実技に参加できない生徒がいることがある。見学者もその体育の授業にいる学習者である。しっかり学習させなくてはならないし、いつかは体育実技に戻ってくる、戻ってきてほしいのだから、戻りやすくしたい。自分が見学していたときに何を学習していたか知らない、わからない、せっかく久しぶりに実技に参加したのに、何をどうしていいかわからないので、やる気が失せてしまう。それで結局、参加しにくくなってしまう、なんてことにならないようにしよう。もちろん、けがや病気で実技ができないのだから、過剰な課題を与えることは無理にしても、今、その時の授業で何を学び、どんな活動をしていたのかなどは理解させたい。見学ノートとか、プリントに記入させるのはよくある。こうしてみると、学習ノートはこの見学の場合にも役に立つ。見学者がグループのリーダーとなって、アドバイスしたり、作戦司令塔になったりと、単なる傍観者ではなく活動に取り込むことも十分可能である。

学習指導案を書くことはしんどい？

教育実習生は学習指導案が書けない、書くのに時間がかかる。学習指導案を書き慣れていない。そもそも書く、ということ自体が大変なのでしょう。ただ、学習指導案は実際の授業のために書くので、実際の授業を想定することでもある。すなわち、生徒たちの姿を思い描くので、こうしたら生徒はこうするかな、それなら次はこうしよう、きっと生徒はこうなって歓声をあげるはず、などと想像して書いていると、それはそれは楽しい。

中学校保健体育科学習指導案

日時	２０１９年６月７日（水）３限	指導教諭名	小磯　透先生
学年・組	中学校１年Ａ組　男子２０名　女子２０名	実習生名	大林　直美
場所	第１体育館	器具・用具	平均台・マット・ノート・筆記用具
単元	器械運動（平均台運動）	本時間	１３時間中の４時限目（4/13）
本時目標	・技の動きを観察し、良いところをさらに伸ばすよう、積極的に教え合いながら練習することができるようにする。 ・新しい技を習得するとともに、ジャンプやバランスなどの技を組み合わせ、円滑にできるようにする。 ・器具の点検や整備，技の練習など安全に留意して学習できるようにする。		

学習過程

時間	学習内容・活動	指導上の留意点
6分	**1．器具の安全を確認し、仲間と協力して準備する。** (1) 班ごとに、平均台とマットを準備する。 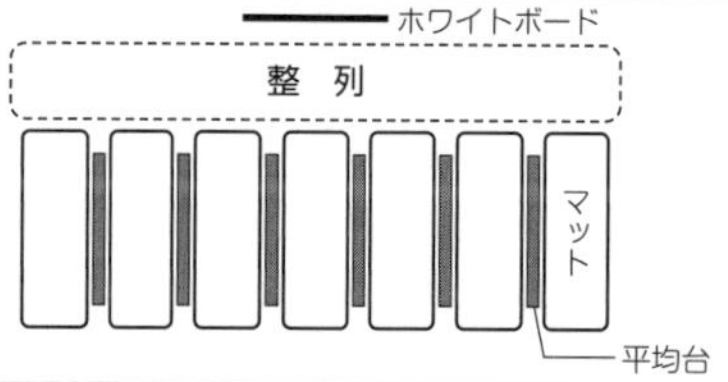 （図：ホワイトボード／整　列／マット／平均台）	・平均台の高さを調節する留め具がきちんと差し込まれているかを確認する。 ・グループで作業を分担し、協力して準備をさせる。 ホワイトボードに向かって左端を１班とし、右へ順番に並べる。
4分	**2．集合・整列・挨拶をし、本時の目標を知る。** (1) 体育委員が号令をかけ、挨拶をする。 (2) ストレッチを中心に、準備運動をする。 (3) 本時の目標は、新しい技を習得し、既習の技を組み合わせて１分間の演技を構成することを確認する。	・元気よく挨拶させる。 ・けがや体調の確認をする。 ・本時の学習内容を確認し、学習へ意欲がもてたかを生徒の表情からつかむ。
3分	**3．新しい技を取り入れた、課題演技を行う。** (1) 床で課題演技を練習する。 ・ジャンプ技（かかえ込み跳び・足交差跳び） ・歩行技（もも上げ歩行） ・ターン技（片足ターン） （図：両足ポーズ／もも上げ歩行／足交差ジャンプ／かかえ込み跳び／ターン） 	・既習の技に、新しい技を組み合わせた課題演技を、床で一斉練習をさせる。
7分	(2) 平均台を使って、グループで練習する。	・グループ内で、①平均台を使う生徒　②補助をする生徒　③技のアドバイスをする生徒　④床で練習する生徒の４つに分かれ、安全に効率よく練習させる。
	4．新しい技を取り入れた、自由演技を作成する。	
15分	(1) 自分で技を組み合わせた演技の練習をする。	・タイマーを利用し、グループ内で均等に平均台での練習ができるようにさせる。
7分	(2) 技の組み合わせの出来映えを確かめ合う。	・技の完成度だけではなく、技の組み合わせが円滑にできたかを、出来映えからつかむ。 ・自分の技と、どう違うのかを考えさせ、その違いについて話し合わせる。
	5．本時の学習成果をまとめ、片づける。	
3分	(1) 記録ノートを記入する。	・自分の自由演技で、気づいたことや仲間からアドバイスを受けた内容を記入させる。 ・けがや体調の確認、ストレッチをする。
2分	(2) 本時のまとめと次時の課題を聞く。	・伸びた点を認め、よく頑張っている点や生徒を褒める。 ・次回は、自由演技の時間をさらに増やし、発表会に向けて練習することを伝える。
3分	(3) 片づけをする。	・素早く・安全に仲間と協力して器具を片づける。

第7章

体育の学習評価

体育の学習評価

【概要】

成績を付けることだけが評価の目的ではなく、指導の改善に生かすことが大切である。評価にはいろいろな種類・方法がある。指導と評価の一体化という考え方から、目標に準拠した評価による観点別学習状況の評価が重要である。今回、評価の観点が見直されることとなり、より一層、指導と評価の一体化が進められることになった。

1. 学習評価の考え方

学習評価といえば先ず思い浮かぶのは通知表、つまり成績表であろう。成績の上がり下がりに一喜一憂した経験は誰もが持っている。このように、日常用語では評価とは成績を付けることということになる。しかし、学習評価には児童・生徒[1)] の学習状況の結果（成績）を通知するということだけではなく、指導の目標に対してどの程度まで達しているのかを明らかにするという重要な役割がある。すなわち、目標に照らした実現状況の明示ということである（図7-1）。この意味では、評価は学習者だけでなく指導者のためにも必要なものといえる。

1）児童・生徒
小学校は児童、中学校、高等学校は生徒。大学は学生。

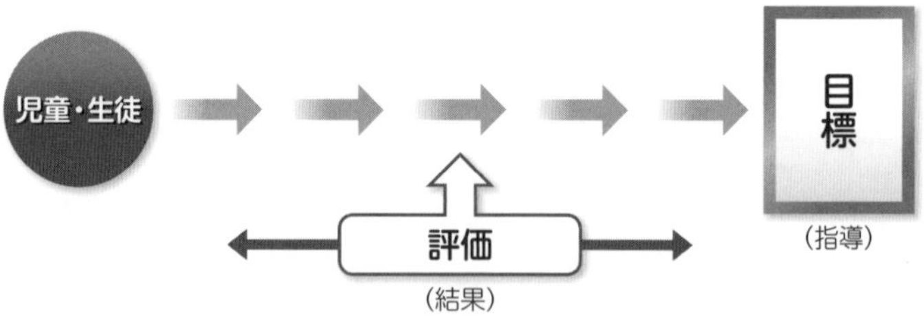

児童・生徒
目標
評価
（結果）
（指導）

図7-1　目標と評価

学習評価の役割をこのように踏まえた上で、教育活動全体の改善においてはPDCAサイクルという考え方が重要である（図7-2）。PDCAとは、Plan、Do、Check、Actionの略語である。Planとは計画であり、教育課程の編成、指導計画、指導案の作成などがある。Doは実践であり、授業などの教育活動を実施することである。Checkは評価で、学習状況の評価、つまり学習評価にあたる。この場合の評価には、児童・生徒の評価だけではなく、授業や指導計画の評価も含まれる。Actionは改善で、評価を踏まえた授業改善や個に応じた指導の充実、指導計画などを改善することである。

図7-2　PDCAサイクル

教育活動におけるPDCAサイクルの中で、指導と評価は切り離せないものとなっている。これを指導と評価の一体化と呼んでいる。指導する内容を考える段階で、どのように評価するのかを考えておく必要があるのである。また、評価を行う場合には、指導した内容と無関係に行ってはならない。

ところで、評価には

(1) 診断的評価：授業期間の開始前に行う。

(2) 形成的評価：授業期間の途中に行う。

(3) 総括的評価：授業期間が一段落した後に行う。

という3つの種類がある。診断的評価とは、これから指導していくに当たりどのような知識や技能を身に付けているのかを予め把握するための評価である。新しい単元の学習に当たり、予備的な能力がどの程度であるのかについて事前に把握して指導計画をたてる場合に利用される。形成的評価はformative assessmentといい、作り上げていくための評価といったニュアンスである。別の言い方をすれば、指導的評価活動、フィードバック評価であり、「学習のための評価」ということができる。指導計画の途中で、どの程度目標を達成しているかを把握し、その後の指導に生かしていくための評価である。この評価は指導の軌道修正のためのものであり、成績評価と混同してはならない。一方、総括的評価(summative assessment)は、指導計画が一段落した時点で成果を評価するために行う評価である。「学習の評価」であり、評価としては一番なじみがあるものかもしれない。しかし、診断的評価や形成的評価のほうが、学習活動への影響という意味では重要である。

2. 観点別学習状況の評価

観点別学習状況の評価とは、評価を全体として総合的に行うのではなく、それぞれの観点から個別に評価を行うことである。このことにより、指導と評価の一体化によるPDCAサイクルを効果的に機能させることができる。例えば、体育科・保健体育科の場合、技能レベルに主眼をおいて全体として総合的に評価するということではなく、知識や学習に取り組む態度といった面も個別に評価の対象とするということである。

観点別評価が生まれた背景には、学力観の変遷が背景にある。「生きる力」を育むことを目指した教育において、学校教育法では学力の三要素として、

評点
総括的に評価する指標であり、教科間での学習状況の違いを把握することができるなど、個人の特性等を知ることができる。観点別学習状況の評価と違いを踏まえて指導の改善につなげることが大切である。

・基礎的な知識・技能
・思考力・判断力・表現力等の能力
・主体的に学習に取り組む態度

を示している。従来の知識や技能偏重の学力観を改めて、新たに意欲も大切な要素として位置づけたのである。そして、新学習指導要領においては、学力の三要素に対応した資質・能力の三つの柱を踏まえて、各教科の目標と内容を示すこととなった。

資質・能力の三つの柱
・「知識及び技能」
・「思考力，判断力，表現力等」
・「学びに向かう力，人間性等」

指導と評価の一体化の観点から、学習指導要領の改訂に合わせて評価の観点も見直されることとなり、資質・能力の三つの柱に対応した評価の3観点が示されることとなった（図7-3）。

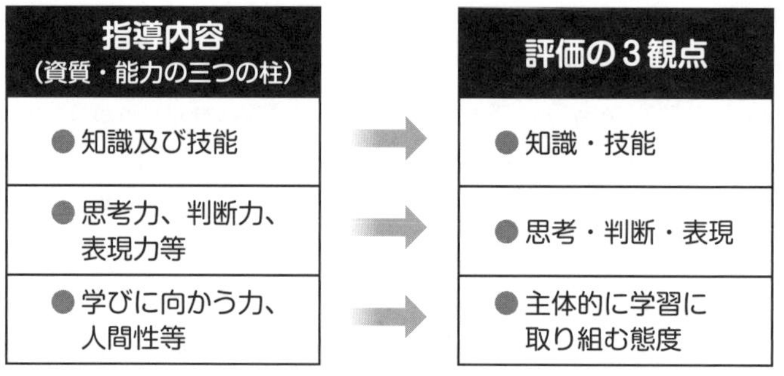

図7-3　指導内容と評価の観点の関係

「思考力・判断力・表現力」の指導内容は、学習した内容を適用したり、応用したり、他者に伝えることであり、「学びに向かう力，人間性等」の指導内容は、豊かなスポーツライフの実現につながる態度である。

なお、「学びに向かう力，人間性等」については、「主体的に学習に取り組む態度」として観点別学習状況の評価を通じて見取ることができる部分と観点別学習状況の評価にはなじまず、個人内評価等を通じて見取る部分（例えば、感性や思いやりなど）があることに留意する必要がある。

「主体的に学習に取り組む態度」については、各教科等の観点の趣旨に照らし、知識及び技能を獲得したり、思考力、判断力、表現力等を身に付けたりすることに向けた粘り強い取組の中で、自らの学習を調整しようとしているかどうかを含めて評価する。性格や行動面の傾向が一時的に表出された場面（挙手の回数や毎時間ノートをとっているかなど）を捉えて評価する誤解である[2]。もちろん、授業に真面目に取り組むという意欲は大切なことではあるが､指導と評価の一体化の観点から「科目に対する意欲」を評価する。

体育では、公正や協力などを育成する「態度」として学習指導要領に位置付けられており、その内容に対応した学習評価を行う必要がある。

2)「主体的に学習に取り組む態度」の評価で不適切な例
忘れ物・提出物・出席率・服装・授業態度

3. 相対評価と絶対評価、評価規準

評価の方法には、いわゆる相対評価と絶対評価という２つのやり方がある。学校教育では以前は相対評価が中心であったが、昭和52年（1977年）から段階的に絶対評価が取り入れられてきており、平成10年（1998年）からほとんどの評価が絶対評価になった。ところで、相対評価というのは正式には集団に準拠した評価といわれ、学級・学年などの集団の中での相対的な位置付けによって示すものである。自分の適性を知る手掛かりとなったり、あるいは学習の動機付けになったりする特徴を持っている。一方、絶対評価というのは目標に準拠した評価ということである。他人との比較ではなく、あくまで目標に対してどれだけ達成できたかということで評価を行う。

ところで、相対評価の場合には、集団の中での位置ということで客観的評価は行いやすいのであるが、絶対評価では評価に主観が入り込む危険がある。目標に対してどの程度まで達成したらどの評価になるという判断において、いわゆる「辛い」先生と「甘い」先生で評価が変わってしまうという問題があるのである。そのため、学習指導要領に示す目標の実現の状況を判断するためのよりどころとして評価規準という概念が導入されている。これにより、評価の妥当性と信頼性を確保しようということである。評価規準は、いわば評価のための物差しとなるものである。

（評価規準の設定）

・学習指導要領の内容に基づいて達成目標を示す。

・「指導内容」と「実現状況」の組み合わせで、具体的に示す。

「～を～している」、「～では～ができる」

・評価の記入方法

Ａ：十分満足できる

Ｂ：おおむね満足できる

Ｃ：努力を要する

評価規準に対して、評価の段階の「切れ目」を評価基準として区別して表記することもある。

□参考文献

中央教育審議会初等中等教育分科会教育課程部会（2019）児童生徒の学習評価の在り方について（報告） 平成31年1月21日

（杢子　耕一）

第8章

体育授業とデータの活かし方

第1節 体力測定とその活かし方

【概要】

適切な指導を行うためにも児童・生徒の実態を把握することの重要性は、学校教育の基準である学習指導要領にも明示されている。児童・生徒に適切な教育課程、方法、教材を準備し、その効果的な学習のためにも実態を把握することが必要である。現在、体育においては、児童・生徒の体力を把握するため、文部科学省が制定した「新体力テスト」が全国的、一般的に実施されている。その内容や方法、意味を理解し、正しく測定して、児童・生徒の指導と児童・生徒自らの学習に活用する。また、生活習慣の質問項目もあるので、それらとの関連を検討することも有用である。

全国体力・運動能力、運動習慣等調査

小学校５年生児童全員、中学校２年生生徒全員を対象とする（悉皆調査）。テスト項目は新体力テストと同じである。子どもの体力・運動能力の低下傾向が依然として続いていることから、課題の検証と改善のため、平成20年度（2008年度）から実施されている。実施率は、平成30年度において、小学校97.5%、中学校95.1%であり、この導入を契機に新体力テストの実施率も増加したといわれている。調査の目的は、「国が全国的な子供の体力の状況を把握・分析することにより、子供の体力の向上に係る施策の成果と課題を検証し、その改善を図る。各教育委員会が子供の体力の向上に係る施策の成果と課題を把握し、その改善を図るとともに、子供の体力の向上に関する継続的な検証改善サイクルを確立する。各学校が児童生徒の体力や運動習慣、生活習慣等を把握し、学校における体育・健康等に関する指導などの改善に役立てる。」である。

1. 体力測定の目的

体力の測定は、ある特定の測定項目によって体力を客観的に事実として記録、集積し、現状と特徴を把握するために行われる。児童·生徒の体力の現状を確かめ、その結果に基づいて、児童・生徒が自己の体力について深い関心をもち、学校や教員、指導者たちは体育指導の参考にし、不足している能力を高めるよう努力したり、より向上させるなど、健全な発達を促すために行われる。体力の測定を活用するためには、その測定結果を解釈、評価することで児童・生徒が体力に対する関心をもち、体力つくりに積極的に取り組むように指導することができる。自分のデータから、発育発達の状況や体力の状況を認識し、よいところをもっと伸ばそうとしたり、課題として取り組むべきところを見出したり、全体像から体力のバランスも考えることができる。教員、指導者にとっては、児童・生徒の現状把握、モチベーション向上のきっかけやその根拠にすること、学校や授業での指導、トレーニングの効果の評価ともなる。

テストという名称ではあるが、あくまで学校教育の一環である。けがをしたり体調を崩したりしては、本末転倒である。ウォーミングアップ、クーリングダウンもしっかりやる、測定の結果を確かめたり、測定項目やその関連体力要素や筋肉の名称を確認しながらその部分をストレッチするなど、学習指導に位置づける。

テストは自己の能力を知るために全力、最大努力で取り組むことが前提だが、安全・健康が最優先である。

2. 新体力テストの特徴

スポーツテストの実施以降30年以上経過し、そのテスト項目の見直しと新しい体力テストのあり方が検討され、平成11年度（1999年度）から「新体力テスト」が全国的に実施された。新体力テストは、実施時間の短縮化、環境の変化（特に天候）に左右されない、実施場所の確保や測定方法が容易、広範囲な年齢層に実施可能、運動能力だけでなく健康に関係などへの配慮がなされ、テスト項目が精選、新設された。

新体力テストの特徴のひとつに、体力と運動能力を区別しないことがある。一般人だけでなく、スポーツ選手にも活用できるテスト項目になっている（図8-1-1：新体力テストで測定評価される体力要素）。このテストは、運動能力の基本的な体力要素であるスピード、全身持久力、筋パワー（瞬発力）、巧緻性･筋パワー、筋力、筋持久力、柔軟性、敏捷性に対応している。これらのうち、心肺持久力、筋力・筋持久力、柔軟性は健康関連体力であり、走、投、跳能力は、基礎的運動能力である。

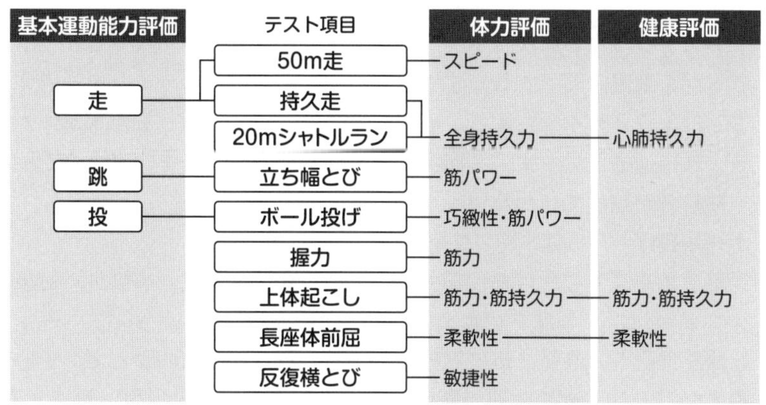

図8-1-1　新体力テストで測定評価される体力要素

3. 新体力テストの内容と測定方法

新体力テストは、幅広い年齢層で適用できることが大きな特徴の一つで、対象の年齢区分で、6～11歳、12～19歳、20～64歳、65～79歳の4つに分けてテスト項目が定められている。ここでは小学校・中学校・高等学校の学齢期を対象とする児童・生徒に該当する年代の項目について紹介する。握力、上体起こし、長座体前屈は全年齢に共通である。ボール投げのボールは、6～11歳ではソフトボール、12～19歳ではハンドボールである。持久性テストは6～11歳では20mシャトルランであるが、12～19歳では20mシャトルランか持久走の選択である。反復横とび、50m走、立ち幅とびは6～11歳、12～19歳共通である。いずれのテスト項目も要項をよく読み、その測定方法を正確に適用すること。

①50m走（スピード）

短距離走の疾走スピードを測定する。走路は直線セパレートコースを用い、スタンディングスタートである。スタート合図は「位置について」「用意」の後に、音または声を発すると同時に旗を下から上へ振り上げる。スタート合図から被験者が50mを疾走してゴールするまでの所要時間をストップウォッチで計時する。そのタイムは1/10秒単位で記録し、1/10未満は切り上げる。測定は1回。

スポーツテスト

文部省（当時）体育局が定めた、国民の体力、運動能力を調査した「体力・運動能力調査」の通称。1964年の東京オリンピックの開催を契機に、国民の体育、運動、スポーツ、競技力への関心が高まり、競技スポーツの発展と国民の体力向上策の一つとして、まず国民の体力の状況を把握することになった。「運動能力テスト」と「体力診断テスト」から構成されるスポーツテストが昭和39年（1964年）から実施された。

新体力テストの特徴

1.データの継続性を重視
2.幅広い年齢層で同じ
3.同じテスト項目は年齢、性別が異なっても同じ方法
4.屋内で対応できる
5.特殊な器具を必要としない
6.信頼性、妥当性が高い
7.意欲的に取り組める
8.健康に関連した体力への配慮
9.体力と運動能力を区別しない
10.高齢者にも適用できる

②握力（筋力）

手で握る力を測定する。スメドレー式握力計を用い、人差し指の第二関節がほぼ直角に握れるよう握り幅を調整する。指針が外側、体側に自然に下げて、最大の力を発揮して握る。右・左の順序で計測し、少し時間をおいてからもう一度右・左と計測するので、合計４回（右２回，左２回）測定する。値は、キログラム未満は切り捨て。左右それぞれの良いほうの記録を平均し、キログラム未満は四捨五入してキログラム単位で記録する。握力計を振り回したり、身体や衣服に触れない。

③反復横とび（敏捷性）

両足でのサイドステップを素早く繰り返す回数を測定する。１ｍ幅に引いた３本の直線を、サイドステップで通過する回数を数える。中央のラインをまたいで立ち、始めの合図で右側のラインを越すか踏むまでサイドステップする。次に中央ラインに戻り、左側のラインへとサイドステップを制限時間（20秒）まで繰り返す。それぞれのラインを通過するごとに１点とカウントする。両端のラインについては、またぎ越すか接触すれば通過と見なす。２回実施し、回数の多いほうを記録するが、同一被験者が続けて行わない.

④ボール投げ（巧緻性・筋パワー）

ボールを遠くに投げる距離を測定する。6歳～ 11歳（小学生）対象はソフトボール１号球、12歳～ 19歳（中学・高校生）はハンドボール２号球を用いる。直径２ｍの円の中心から、投球方向に向かって、中心角30度で引かれた直線の間の範囲内にボールを投げる。円内で投球する。円外から助走したり、ラインを踏んだり、円外に出ない。投げ終わったときには静止し、それから円の外へ出る。投球フォームは自由だが、下手投げをしないほうがよい。30度のラインの範囲外に落下した場合は無効。あらかじめ１ｍ間隔に描かれた円弧によってボールが落下した地点までの距離を測定する。単位はメートルで、メートル未満は切り捨て。２回投球して良いほうを記録する。

⑤立ち幅とび（筋パワー）

助走なくその場から遠くに両足での跳躍距離を測定する。両足を軽く開いて、つま先が踏み切り線の前端にそろうように立ち、両足で同時に踏み切って前方に跳躍する。踏み切り線上に位置する両足の中央点と踏み切り線に最も近い着地点との直線距離を測定する。単位はセンチメートルで、１センチメートル未満は切り捨て。２回跳んで良いほうを記録する。屋外では砂場、屋内ではマットを用いる。踏み切りの際、足を踏み変えたりなどの二重踏み切りにならないようにする。砂場を整地したり、マットがずれないように固定する。着地時に転倒して、頭部を打ったり、手を着いてけがをしないよう、十分注意する。

⑥20mシャトルラン（全身持久力）

20m幅に引いた２本のラインを折り返し走る（シャトルラン）。往復の最大継続回数を測定する。ＣＤ（テープ）に録音された統一された電子音のリズムに合わせてラインの間を走り、合図の電子音が鳴ったとき

本当に大丈夫？意外に間違っていることはない？

50m走の記録（タイム）

最近のストップウォッチはデジタル表示なので、ほとんど1/100秒単位まで表示される。記録は1/10であるからといって、1/100の数値を四捨五入してはいけない。切り捨てである。

反復横とび

３本のラインの間は、１ｍである。その計測は、中央のラインの中央から、外側ラインの内側までが１ｍである。外側ラインの中央や外側までだったり、中央ラインの右端や左端を測って１ｍとしてはいけない。

実施の順序

20mシャトルラン、持久走は全身的な身体活動であり、呼吸循環機能に負荷がかかる最大努力を要する。この後でほかの測定を行うと影響が出る可能性が高くなるので、この持久性テストを最後に測定するのが一般的。それ以外のテスト項目については特に順序は定められてはいない。

20mシャトルランは生徒の走る振動で、ＣＤデッキが影響を受けて飛んでしまうことがある。特に体育館などで行う場合は、ＣＤデッキが正確に動作できる場所に設置する。

20mシャトルラン

走速度はおよそ１分ごとに速くなってくる。20mを走る時間に換算すると、初めの7回（レベル１）は９秒、次の８回（レベル２）は８秒、およそ５分経過したレベル５での９回は6.86秒となり、およそ10分経過したレベル10の11回（総折り返し回数およそ90回）では5.54秒である。

に20m先のラインをまたぐか触れたら向きを変え、反対側のラインに向かって走る。この折り返しの最大数を測定する。２回続けて合図に合わせられなかったときには、最後に触れることができた回数を記録とする。１回合わせられなくても、次で合わせることができれば継続する。

折り返しラインの外側にペアの児童・生徒を座らせて、折り返しのカウントをするとともに、励まし合ったり、体調確認などをさせる（図8-1-2)。被験者の健康状態に十分に留意し、ウォーミングアップ、クーリングダウンを行う。

図8-1-2
20mシャトルラン

20mシャトルランは合図に合わせて折り返すことが原則だが、もし合図より早くラインに到達したら、その場で電子音を待ち、合図が鳴ったら走り始める。電子音リズムを録音したＣＤが市販されており、「ドレミ」の音階が一般的である。設定された電子音（折り返し合図）の間隔は、初めはゆっくりであるが、およそ１分ごとに短くなる。

⑦**上体起こし**（筋力・筋持久力）

仰臥姿勢から上体を起こし、また元の仰臥姿勢に戻すことを繰り返す。30秒間での最大回数を測定する。マット上で、被験者は仰臥姿勢をとり、両手を軽く握って両腕を胸の前で組み、両膝を90度に保つ。この姿勢から両肘が大腿部に接するまで上体を起こし、素早く元の仰臥姿勢に戻す。両肘が大腿部に接触する回数、すなわち上体を起こした回数を記録する。補助者は座位で被験者の両膝を抱え込んでしっかり固定する。上体を起こしたときに補助者と頭をぶつけたり、仰臥姿勢に戻ったときに後頭部をマットにぶつけたりしないように注意する。

生徒同士で測定し合ったり、カウントすることは学習活動としては大変良い場面なので、測定の意義や方法を十分理解させて、たとえ生徒同士であっても正確に測定する。

⑧**長座体前屈**（柔軟性）

前方に手を伸ばした長座姿勢から（靴は脱ぐ）、上体を前屈し、伸ばした両手で押さえた長座体前屈計（器具）の前方への最大移動距離を測定する。壁に背・尻をぴったりと着け、器具の間に脚を入れ、長座の姿勢をとる。両手を伸ばし、手の平を下にして長座体前屈計の横板の手前端に置き、胸を張って、両肘を伸ばしたまま器具を手前に引き、背筋を伸ばす。この初期姿勢の位置がゼロとなり、上体を前屈させ、両手の位置を変えずに器具をまっすぐ前方に滑らせ、最大限前屈、すなわち器具が最も遠くまで移動したところで手を離す。この移動距離を記録する。単位はセンチメートルで、センチメートル未満は切り捨てる。２回実施して良いほうを記録する。器具は段ボールで製作した空き箱や厚紙と定規でも可能である。

機器の検定と調整を行うこと

経費のかからない、例えば長座体前屈計は、機器の表示と実際の移動距離をメジャーで確かめることができる。しかし、握力計、ストップウオッチなどは検定し、調整することが必要。20mシャトルランは、ＣＤが正確に作動（デッキの再生）しているかも確かめたほうがよいだろう。

⑥**-2 持久走**（中学生以上. 20mシャトルランとの選択）（全身持久力）

長距離を走る所要時間を測定する。走距離は、男子1500m、女子1000mで、トラックの使用を原則とする。スタートはスタンディングで、記録は秒単位、測定は１回。全身持久力を要し、呼吸循環機能などかなりの負荷がかかるので、被験者の健康状態に十分留意する。

疾病および傷害の有無を確かめ、医師の治療を受けている者や実施が困難と認められる者については、このテストを実施しない。

4. 新体力テストの結果の集計と活用

新体力テストのデータ処理は、最近では表計算ソフトを使えば比較的簡単に集計・計算し、グラフ作成もできる。生徒自身が理解、活用し、今後の運動スポーツ生活に活かすためにも、ぜひ生徒に返すようにしたい。測定記録は、年齢区分ごとに男女別で、項目別得点表により、それぞれのテスト項目の成績（記録）を１～10点の10段階評価で得点化し、８項目の合計得点で総合的な体力評価Ａ～Ｅの５段階で評価できる。学校としての体力向上の取り組みは、ＡやＢ段階の増加、Ｄ、Ｅ段階の減少から評価できる。例えば、分布図から当該校の特徴を理解することもできる（図8-1-3は、ある中学校の持久走の成績（記録）の分布）。児童・生徒が自分自身で自分のデータを分析、解釈し、自己の課題を見つけ、改善しようとすることも、学習活動として有益で、活用シートやレーダーチャートも有用である。

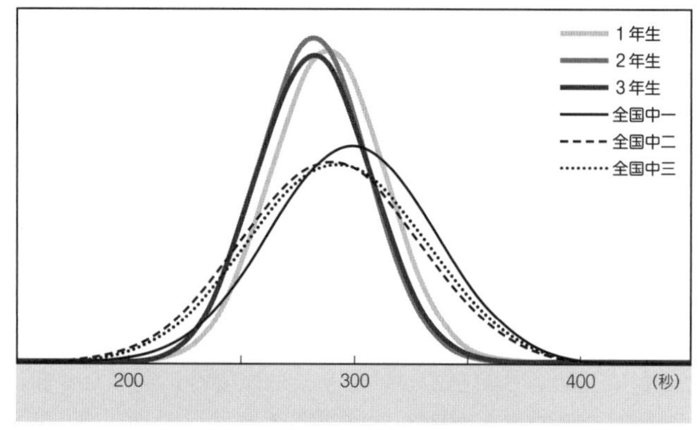

図8-1-3　1000m走（女子）成績の分布

学習指導要領総則にもあるように、体育、健康や体力向上に関する指導は学校教育全体を通じて行うので、様々な教科や活動が関わる。もちろん、体力・体力向上は、保健体育科、体育科が中核となるが、多くの領域と関連づけて取り組むことができる。健康安全や運動に関わる教員が集まって、新体力テストの集計結果から特徴を読み取り、その向上について話し合い、検討する。ただ、新たな委員会（分掌）を作るのは、そう簡単ではない。現状ある健康や学校安全、学校行事、部活動などの委員会、学校保健委員会などの関連する分掌で、学校全体の指導計画の中に体力という観点から、児童・生徒や学校、地域の実態を適切に把握する。学校の教育目標の実現に必要な内容等、教育課程を中心に組織的かつ計画的に実施し、その質の向上につなげていくことができる。そうした企画立案、実行することは、カリキュラムマネジメントの現実化ともなり得るのである。

□参考文献

文部科学省（2006）新体力テストー有意義な活用のためにー．ぎょうせい・東京．

（小磯　透、大林　直美）

生活習慣

新体力テストは、体力に関連の深い生活習慣やスポーツライフの状況についての調査票があり、生活習慣項目は健康の三原則（運動・栄養・休養）に基づいている。これらも活用して、自己の体力と生活習慣との関連を振り返るように指導に活かすことも必要で、生徒が自分の生活や運動・スポーツ生活を振り返るきっかけとなる。

⑴ 個人属性：年齢、性別、居住地の地域特性、学校種、体格（身長、体重）

⑵ 運動・スポーツの実施：運動・スポーツの実施頻度、運動部・スポーツクラブへの所属、１日の運動部・スポーツ実施時間

⑶ 生活習慣：朝食の摂取、睡眠時間、テレビ・ゲームの視聴時間

職業、健康・体力の自己評価：健康状態、体力の自己評価は、20歳以上

第2節 情報リテラシーと新しい体育

【概要】
「百聞は一見に如かず」という諺がある。「百聞」は百回聞くこと、「一見」は一回見ること、「如かず」は及ばないということ。つまり、人から何回も話を聞くより、直接見てしまったほうがよいことのたとえである。50分という限られた授業時間内で、確かな学力を身につけさせ、十分な運動量を確保するには、できるだけ説明や指示を端的かつ明確に行う必要がある。そのために、教師は常にわかりやすい教材づくりにつながる情報収集力、教材を的確に用いる情報活用能力を磨き続ける必要がある。

1. 情報(メディア)リテラシーとは

IT情報マネジメント用語辞典によると、情報リテラシーとは、「情報機器やネットワークを活用して、情報やデータを取り扱う上で必要となる基本的な知識や能力のこと。ITの世界で単に『リテラシー』というと、通常『情報リテラシー』のことを指す」とされている。

また、総務省（2000）の定義によると、メディアリテラシーは、以下の3つに分けられる。

①メディアを主体的に読み解く能力
②メディアにアクセスし、活用する能力
③メディアを通じてコミュニケーションを創造する能力

学習指導要領において、各教科で「必要に応じて、コンピュータや情報通信ネットワークなどを情報モラル等にも配慮した上で、適切に活用し、学習の効果を高めるよう配慮する」ことが示されている。

情報機器とは、情報にアクセスするための機器・機械を指し、広義では、情報に触れることができる機器は全て情報機器であり、狭義では、通信の機能をもっている機器を指す。単に情報機器というと、現代ではコンピュータ、特にパーソナルコンピュータや携帯電話等を指していうことが多い。

一方、メディア（媒体）は、情報の記録、伝達、保管などに用いられる物や装置を指し、記録・保管のための媒体とコミュニケーションのための媒体とに大別することができるが、両者には重なりがある。例えばCD、手紙、電話、テレビなどは音楽、文章、声や映像などの情報を伝達するのに用いられるが、この意味でメディアと呼ばれる。メディアは、コミュニケーションの媒体として存在しており、情報がある人から別の人へ伝達される際には、その間に何らかのメディアが存在していることが多い。したがって、教師という立場から有効な情報を生徒に正確に伝えるためには、情報を収集する能力と活用する能力の両者をバランスよく使いこなす必要がある。

学校教育では、情報通信技術に関する教育をICT（Information and Communications Technology の略称）教育と呼んでいる。

2. 情報収集法

表8-2　情報源

	内容
①	研究論文
②	書籍
③	雑誌（記事）
④	新聞（記事）
⑤	統計データ
⑥	インターネット
⑦	人（研究者、体育教師、スポーツ選手）

保健体育教師が保健体育の授業で活用する情報を収集するためには、表8-2に示す７つの情報源が挙げられる。いずれもパソコンや携帯電話のインターネットサイトを使用することにより、自分が入手したい情報のキーワードさえ入力すれば、どの情報源を辿るべきかの道筋を検索できる。

特にスポーツ系学部の学生は、様々なスポーツ種目の選手が身近に存在するため、それらの選手のパフォーマンスシーンをデジタルカメラやデジタルビデオに収め、必要に応じた編集作業を加えれば、貴重かつ有効な教材づくりにつながる。特殊な用具や施設を使用して行う種目や、自身がうまく示範を行えない種目等はメディアデータで保存しておけば、教育実習はもとより、教員となっても利用可能である。加えて、フィットネストレーニング場では、各種クラブにおける最新のトレーニング法を目にすることができるので、情報収集の場としても活用するべきである。

3. 情報活用法

情報活用の際の注意点

情報を活用する場合に最も注意しなければならないことは、引用した論文、書籍、雑誌や新聞の記事、統計データなどの出典を明記して示すことである。また、映像や写真を活用する場合にも著作権や個人情報の保護を最優先して取り扱う必要がある。

情報をうまく活用するために、欲しい情報が入手できることは必要条件であるが、情報を正確に伝えるためには、情報源を元に加工・修正して教材へと作り変える必要がある。そのためには、パソコン技術を習得しておくことが必須となる。文書入力のためのWord（ワード）、表計算やグラフづくりのためのExcel（エクセル）、プレゼンテーションに用いるPowerPoint（パワーポイント）などは、学生時代に最低限の技術として身につけておきたい。加えて、デジタルカメラやデジタルビデオなどで撮影したものを編集できるソフトウェアも駆使できれば、鬼に金棒である。

教材づくりでは、いつも目の前にいる生徒に、何を、どう伝えるかを意識して作成することが肝要である。複雑なものを簡単に、難しいことを易しく、良い例と悪い例とを対比させてビジュアル化することを心掛けることを忘れてはならない。

4. 情報教育の必要性

情報化社会を迎え、我々は実に多くの情報を簡単にそして素早く入手することができるようになった。しかし、それと同時に社会には莫大な量の情報が氾濫するようになり、たくさんの情報の中から、自分の欲しい情報、正しい情報だけを、見つけだすのはなかなか容易ではない。また、うまい話には罠があるというように、氾濫する情報の中には、正しい情報と誤った情報があり、これらを区別することはある程度以上の知識と能力を要する。さらには、多くの情報が氾濫することで、我々は知らぬ間にそのような情報に振り回されてさえいる。

情報教育（情報リテラシー教育）の理念・目標として、以下の３点が挙げられる。

①情報の正誤を正しく判断する力を養う。
②多くの情報の中から、必要かつ正確な情報を収集、獲得する力を養う。
③多くの人に正確かつ、有効な情報を発信、伝達する力を養う。

まず、①については、たくさんの情報が氾濫する情報化社会において、最も重要視しなければいけないことである。何が正しくて何が正しくないのか、情報を正しく判断し、対応することは、情報化社会において最も大切なことである。

次に②についてである。テレビ、新聞、書籍、雑誌、携帯電話、インターネットといった多くの情報メディアから発信される情報の中から、必要な情報だけを見つけ、獲得するのは容易ではない。またそのような多くの情報の中には誤った情報がないとは言い切れない。

最後に③については、インターネットの普及に伴い、ホームページを作ることで一般の人でも簡単に情報を発信することができるようになった。しかし、こうした個人が発する情報が時にとんでもない事態を引き起こしたりする場合がある。

マスコミ報道の偏り
その時の流行のニュースや、日常的に起きている事件の中でも、衝撃的なものが起きた場合は、「また○○です。」という決まり文句で実に偏った報道がなされている。また、時にマスコミは誤った報道や早とちりの報道をし、偽りの犯人像を作り上げるという過ちを犯したりする場合があることも忘れてはならない。

5. 情報を主体的に読み解く

情報を主体的に読み解く練習法として、新聞記事の切り抜きが有効である。新聞は実用日本語として優れており、実用日本語が使える人ほど言語能力があり、この能力は仕事でのコミュニケーション能力にも直結している。また、思考力は語彙力と比例するので、語彙を増やすことは重要であり、そのためには書き言葉に触れる以外方法がなく、さらに、語彙は読書量に比例する。小説ばかり読んでも論理的で知的な能力には直結しにくいが、新聞には無駄な日本語がないので、実用日本語を身につけるには、記事の切り抜きが効果的と思われる。

具体的には、記事を切り抜き、ノートの左ページに貼る。右ページには、まず記事情報として、①記事が一番伝えたい「メインメッセージ」、②そのメッセージに関する「補足情報」、③そして影響や意義などを記述させる。次に選んだ記事に関するコメントとして、①この記事を選んだ理由、②どう思ったか、③どのような意見・提案があるのかを記述させる。

さらに、その内容を1分間でプレゼンテーションさせ、そのプレゼンテーションの内容や構成について、よく伝わった点、伝わりづらかった点について聴衆からフィードバックを受けるといったことも有意義であろう。

最近では、NIE（News-paper in Education）といって、学校で新聞を教材として活用する運動も展開されている。

6. 教材のマルチメディア化

教材のマルチメディア化は、国際スポーツ情報までをも身近にし、教室や学校にいながら海外の最新情報を知ることができる。メディアの発達によって、スポーツの魅力は世界に広がり、スポーツの楽しみ方も多種多様になる。メディアの発達は、スポーツの観戦や応援の楽しみ方を広げてく

筆者の大学では、教員が事前に授業で使う資料をPDFファイルやパワーポイントファイルなどにして学内サイトに掲載しておき、学生がいつでもそれをダウンロードできるようにしている教育支援システムがある。

学生は、その教材を用いて予習・復習といった自主学習をすることも可能である。

れるだけでなく、進歩した映像技術の影響も手伝って、新たな戦術やトレーニングの方法が開発されるなど、選手やチームのパフォーマンスの向上にも貢献している。

情報技術がさらに進歩し、世界がより身近に感じられるこれからの社会において、国際的なスポーツ大会が国際親善や世界平和に果たす役割はさらに大きくなることが期待される。そのため、行う、見る、支える、調べる（読む・聞く・書く）など、メディアを通したスポーツとの関わりを深めるためには、マルチメディア化を駆使した教材づくりが、これからの教師に求められている。

7. 新たな時代へ向けて取り組むべきスポーツデータ活用の方向性

Society 5.0においては、ビッグデータや人工知能（ＡＩ）等を駆使することにより、データ等のエビデンスに基づき、トップアスリートのようにスポーツ分野において世界的な活躍を目指す人から、介護予防のためにスポーツを行う高齢者まで、一人一人に適した形態でのスポーツの実践や指導を推奨することが可能になるといわれている。

トップアスリートの発掘・育成・強化を通じて得られた様々なデータをＡＩに適切に学習させることにより、スポーツに関する様々なノウハウを可視化し、社会全体で共有できるようになる。具体的には、データをエビデンスとして活用し、ＡＩを通じて個人に応じた優れた指導方法や用具等とのマッチングをすることで、全ての人がスポーツを楽しみ、豊かな人生を送ることが可能となり、スポーツ科学およびスポーツ医学の研究を進め、けがや事故が少ない動きを明らかにし、そのための指導方法を確立することで、あらゆるスポーツ実施の場面において、けがの予防や安全に留意した指導が可能となる。

また、トップアスリートの育成・強化を通じて得られたデータ等を活用することで、個人の目的や体力レベル等に適合したより効果的・効率的な運動プログラムを構成することが可能となり、体罰やハラスメントにも通じる非合理的な指導から、科学的エビデンスに基づく指導への転換が進み、スポーツのインテグリティの向上に資することが期待される。

Society 5.0
第５期科学技術基本計画において我が国が目指すべき未来社会の姿として初めて提唱された、狩猟社会（Society 1.0）、農耕社会（Society 2.0）、工業社会（Society 3.0）、情報社会（Society 4.0）に続く、新たな社会を指すもので、サイバー空間（仮想空間）とフィジカル空間（現実空間）を高度に融合させたシステムにより、経済発展と社会的課題の解決を両立する、人間中心の社会（Society）。

□参考文献

IT情報マネジメント用語辞典
http://www.atmarkit.co.jp/aig/04biz/infoliteracy.html　2011.8.30.
内閣府（2011）：消費動向調査（平成23年3月）
http://www.esri.cao.go.jp/jp/stat/shouhi/shouhi.html
主要耐久消費財等の普及率（世帯）　2011.8.30.
総務省（2000）「放送分野における青少年とメディア・リテラシーに関する調査研究会」報告書.
http://www.soumu.go.jp/joho_tsusin/pressrelease/japanese/housou/000831j702.html
Society 5.0 に向けた人材育成に係る大臣懇談会（2018）Society 5.0 に向けた人材育成～ 社会が変わる、学びが変わる ～.
www.mext.go.jp/component/a_menu/other/detail/__icsFiles/.../1405844_002.pdf

（柿山　哲治）

第9章

運動部活動の指導

運動部活動の指導

【概要】

運動部活動は、教育課程外の教育活動になっているが、一方で、学習指導要領の総則には、運動部活動の教育的効果を重視して、教育課程との連携をとりながら適切に運用していくことが記載されている。このような背景を考慮した上で、学校教育における運動部活動の位置づけについて考え、その指導にあたる上での留意点や指導者の資質などについて考えてみよう。

1. 教育課程における運動部活動の位置づけ

2017年（平成29年）に改訂された中学校学習指導要領の総則第１の２には、「(3) 学校における体育・健康に関する指導を，生徒の発達の段階を考慮して，学校の教育活動全体を通じて適切に行うことにより，健康で安全な生活と豊かなスポーツライフの実現を目指した教育の充実に努めること。」と記載されている。そして、同じく総則第５の１には、「ウ　教育課程外の学校教育活動と教育課程の関連が図られるように留意するものとする。特に，生徒の自主的，自発的な参加により行われる部活動については，スポーツや文化，科学等に親しませ，学習意欲の向上や責任感，連帯感の涵養等，学校教育が目指す資質・能力の育成に資するものであり，学校教育の一環として，教育課程との関連が図られるよう留意すること。」とある。

運動部活動に限定して言えば、健康で安全な生活と豊かなスポーツライフの実現を目指した体育・健康に関する教育課程の指導を補う教育活動として期待されていると捉えることができる。

2. 運動部活動の指導に対する姿勢

1 保健体育科の教科目標との関連性

前述のように、今日の学習指導要領においては、特に教育課程と部活動との関連が重視されている。したがって、運動部活動の指導に際しては、保健体育科の教育課程との関連を十分に考慮しなければならない。

例えば、保健体育科の教科目標に記されているような、「生涯にわたって心身の健康を保持増進し豊かなスポーツライフを実現するための資質・能力の育成」は、運動部活動においても追求されなければならないものである。運動部活動における過剰な練習やストレスが、生徒の心身の健康を害することのないように、指導者は配慮しなければならない。

また、豊かなスポーツライフを実現することを拡大的に解釈すれば、運動部活動が単にスポーツを「する」場として機能するだけでなく、「みる」「支える」といった関わり方を学ぶ場も用意されるべきであろう。

2 自主的で自発的な活動として

学習指導要領によれば、部活動は生徒の自主的、自発的な参加によって行われるものである。したがって、学校や教師は、生徒の部活動に対して強制や強要が決してあってはならない。

これまで地域や学校によっては、全生徒に部活動入部を指導してきた例もある。これらを正当化するのであれば、すべての生徒が自発的に参加するための選択肢を学校は用意しなければならないことになる。物理的に考えても、部活動入部を全生徒に強要すべきではないことがわかる。

さらには、様々な理由によって部活動を休む生徒に対して罰則を与えたり、他の用事に優先して部活動への出席を促したりすることもこの自主・自発の趣旨に反するといえる。

大切なことは、強要や強制のない中でも、より多くの生徒が自分から「やりたい」「休みたくない」と思って参加できるような状況をつくっていくことである。

3. 運動部活動の指導における留意点

1 運動部活動指導における機会均等

言うまでもなく、運動部活動は学校における教育活動の範疇で行われるものであり、アスリート育成を標榜する学校外のクラブ・チームなどとは性格を異にするものでなければならない。具体的に言えば、単に技能や競技力の向上を図り、強いチームをつくるといった指導に終始することなく、教育的な配慮に基づいて指導がなされるべきである。

例えば、教育においては機会均等という基本原則が存在する。したがって、運動部活動においても生徒に対して機会均等が保証されなければならない。一部の優れたプレーヤーや上級生のみが練習や試合に参加し、そこから漏れた生徒や下級生が参加させてもらえないことは、あってはならないのである。

一方で、機会均等（公平）と平等の取り違いもあってはならない。すべての生徒が同じ量と質の練習をし、同等に試合出場機会を得ることは、一見平等ではあるが、個々の能力差を考えると決して公平であるとはいえない。

すなわち、運動部活動の指導においては、すべての生徒がその実力に応じて公平に、練習と試合出場の機会が与えられなければならないのである。

2 スポーツの教育を行う場としての運動部活動

教育課程との関連から考えると、運動部活動では、生徒が個々の適性等に応じて、生涯にわたってスポーツと豊かに関わっていく方法を学ぶことが求められる。部活動指導において、このことはとても大切ではあるが、ときに間違った解釈で捉えられることもあるので注意が必要である。

例えば、生涯にわたってスポーツに関わるということを、レクリエーション的なスポーツのプレーのみで捉える考え方である。近年の運動部活動において、過熱化した勝利至上主義に伴う諸問題が明るみに出たこととも相まって、このような考え方も支持されている。

しかしながら、大半のスポーツが競技・競争という本質をもっている以上、その追求はスポーツ活動の中核的な意味をなすものである。「勝たなくて構わない」と決めつけて、技能の向上や勝利のための戦術の習得などを放棄するのは、スポーツの教育とはいえないのである。

決してレクリエーション志向のスポーツを否定するものではないが、競技スポーツが人間の文化の一部である限り、勝利に向けた練習活動は度を超えない範囲で追求されるべきだろう。

3 競技力向上と運動部活動

近年、オリンピック競技会をはじめとする国際競技会において、高い競技成績を求めることは、それぞれの国力に関連づけられ、各国がこぞって競技力向上に取り組んでいる。その一端として、ジュニア期からの一貫指導が注目され、早期に才能を発掘し、特別な環境でトップアスリートを育成するシステムを各国が構築している。

我が国においても、国際競技力の向上はスポーツ基本計画における重要な目標の一つとして捉えられ、様々な種目においてアスリートの養成が求められている。しかし、諸外国と比較して競技力養成のシステムが十分でない我が国は、才能発掘と育成に関する十分なシステムが構築されているとは言い難い。そのため、一部の競技種目においては民間のクラブ･チームがその役割を担っている。

学校における運動部活動は、これらのクラブ・チーム、あるいは競技団体等と連携をとっていくことが望ましい。なぜならば、運動部活動から才能を発掘されるアスリートも出てくる可能性があるからである。前述のように教育の観点から公平性を標榜する部活動では、一部の才能あるアスリート候補の生徒を特別扱いするわけにはいかない。そこで、才能が開花した生徒を、より高いレベルを目指して外部のチームなり団体などに橋渡しをすることが望ましい。

一方、運動部活動と学校外のクラブ・チームの乱立は、アスリートとしての才能を発掘する上での障害にもなる。なぜならば、両者が対戦できるような競技環境が整備されていないからである。一部の競技種目においては、クラブ・チームと学校運動部活動とが対戦できる競技会を用意しているが、大半の種目ではいまだに両者の歩みよりはみられない。

運動部活動を競技の主流にすることは、過熱化する勝利至上主義の問題を拡大させることが懸念される。一方でクラブ・チームが主流になれば、部活動の成立が難しくなり、生涯スポーツに向けた教育が後退してしまう危険性もある。各々の役割を明確にした連携と歩み寄りが望まれる。

4. 運動部活動の指導者に求められる能力や資質

1 スポーツ種目に関わる知識・技能

学習指導要領において、運動部活動は保健体育科の教育課程と十分に連携を図ることが推奨されている。この観点から考えると、運動部活動における指導者にも、保健体育の指導を行う教員と同等レベルの知識と技能をもっていることが求められる。

保健体育科教員の数には限りがあり、どの学校でも運動部活動のすべてに保健体育科教員を指導者として配置することはできない。しかし、運動部活動が学校における教育活動の一部である以上、少なくとも当該種目においては保健体育科教員並みの知識と技能をもち合わせた指導者を配置し、活動の質を保たなければならない。

運動部活動の指導者となる他教科の教員には、部活動種目に関する知識と技能を身につける機会を用意しなければならない。これらをサポートすることも保健体育科教員に求められると思われる。

また、文部科学省からも提唱され、すでに各地で実現に向けて動き出しているが、運動部活動の指導をすべて学校内の教員で行うのではなく、学校外の地域や各種団体から指導者を招聘するという方法も考えられる。その場合、外部指導者がスポーツに関しては専門的な知識・技能をもち合わせていても、教育に関する知識・技能に乏しいことも想定される。これらの外部指導者に教育に関する知識・技能を身につけるためのサポートなども、今後、必要となるだろう。

2 組織として部活動を運営するマネジメント力

運動部活動は、前述のように生徒の自主的、自発的な参加によって行われる活動である。これらを重視しながら、その教育効果を高めていくためには、より多くの生徒が自発的に参加し、合理的に成果を獲得できるような環境の設定が重要となる。そのためには、スポーツに関わる組織集団を合理的に運営するマネジメント力が必要となる。

マネジメント力といってもその内容は多岐にわたるが、運動部活動の指導に求められるものとして、以下の二点が特に重要であると思われる。

一つは、生徒が自ら進んで「入りたい、やってみたい」と思い、実際に入部させるための環境づくりである。そのスポーツ種目の魅力や面白さを未知の生徒たちに適切に伝え、入部しようという意欲を喚起する働きかけができることが望ましい。経営管理学でいう「プロモーション」である。

もう一つは、入部した生徒たちが自ら進んで活動に取り組み、合理的に成果を獲得するための支援ができることが求められる。特に、部活動が生徒の自主的活動である以上、生徒たちの意欲を引き出す支援が最も重要であると思われる。

このような能力を中心としたスポーツ組織のマネジメント力は、運動部活動の顧問となる教師に欠かせない能力である。

□参考文献

文部科学省（2018）中学校学習指導要領（平成29年告示）．東山書房・京都．p.20.

文部科学省（2018）中学校学習導要領（平成29年告示）解説　総則編．東山書房・京都．p.115.

文部科学省（2018）中学校学習指導要領（平成29年告示）解説　保健体育編．東山書房・京都．p.24.

（築瀬　歩）

付録

付録1 学習指導要領の理解

以下に、学習指導要領の抜粋を掲載し、注目箇所に波線を付し、注釈を付した部分を下線で示した。

中学校学習指導要領

第1章 総則

第1 中学校教育の基本と教育課程の役割

2 学校の教育活動を進めるに当たっては，各学校において，第3の1に示す主体的・対話的で深い学びの実現に向けた授業改善を通して，創意工夫を生かした特色ある教育活動を展開する中で，次の(1)から(3)までに掲げる事項の実現を図り，生徒に生きる力を育むことを目指すものとする。

(3) 学校における体育・健康に関する指導を，生徒の発達の段階を考慮して，学校の教育活動全体を通じて適切に行うことにより，健康で安全な生活と豊かなスポーツライフの実現を目指した教育の充実に努めること。特に，学校における食育の推進並びに体力の向上に関する指導，安全に関する指導及び心身の健康の保持増進に関する指導については，保健体育科，技術・家庭科及び特別活動の時間はもとより，各教科，道徳科及び総合的な学習の時間などにおいてもそれぞれの特質に応じて適切に行うよう努めること（※具体的な指導内容を考えてみよう）。また，それらの指導を通して，家庭や地域社会との連携を図りながら，日常生活において適切な体育・健康に関する活動の実践を促し，生涯を通じて健康・安全で活力ある生活を送るための基礎が培われるよう配慮すること。

第5 学校運営上の留意事項

1 教育課程の改善と学校評価，教育課程外の活動との連携等

ウ 教育課程外の学校教育活動と教育課程の関連が図られるように留意するものとする。特に，生徒の自主的，自発的な参加により行われる部活動については，スポーツや文化，科学等に親しませ，学習意欲の向上や責任感，連帯感の涵(かん)養等，学校教育が目指す資質・能力の育成に資するものであり，学校教育の一環として，教育課程との関連が図られるよう留意すること。その際，学校や地域の実態に応じ，地域の人々の協力，社会教育施設や社会教育関係団体等の各種団体との連携などの運営上の工夫を行い，持続可能な運営体制が整えられるようにするものとする。

中学校学習指導要領

第2章 各教科 | 第7節 保健体育

第2 各学年の目標及び内容

〔体育分野 第1学年及び第2学年〕

（※原則、２年間での指導内容）

2 内容

B――器械運動

器械運動について，次の事項を身に付けることができるよう指導する。

(1) 次の運動について，技ができる楽しさや喜びを味わい，器械運動の特性や成り立ち，技の名称や行い方，その運動に関連して高まる体力などを理解するとともに，技をよりよく行うこと。

ア マット運動では，回転系や巧技系の基本的な技を滑らかに行うこと，条件を変えた技や発展技を行うこと及びそれらを組み合わせること。

イ 鉄棒運動では，支持系や懸垂系の基本的な技を滑らかに行うこと，条件を変えた技や発展技を行うこと及びそれらを組み合わせること。

ウ　平均台運動では，体操系やバランス系の基本的な技を滑らかに行うこと，条件を変えた技や発展技を行うこと及びそれらを組み合わせること。

エ　跳び箱運動では，切り返し系や回転系の基本的な技を滑らかに行うこと，条件を変えた技や発展技を行うこと。

(2) 技などの自己の課題を発見し，合理的な解決に向けて運動の取り組み方を工夫するとともに，自己の考えたことを他者に伝えること。

(3) 器械運動に積極的に取り組むとともに，よい演技を認めようとすること，仲間の学習を援助しようとすること，一人一人の違いに応じた課題や挑戦を認めようとすることなどや，健康・安全に気を配ること。

E——球　技

球技について，次の事項を身に付けることができるよう指導する。

(1) 次の運動について，勝敗を競う楽しさや喜びを味わい，球技の特性や成り立ち，技術の名称や行い方，その運動に関連して高まる体力などを理解するとともに，基本的な技能や仲間と連携した動きでゲームを展開すること。

ア　ゴール型では，ボール操作と空間に走り込むなどの動きによってゴール前での攻防をすること。

イ　ネット型では，ボールや用具の操作と定位置に戻るなどの動きによって空いた場所をめぐる攻防をすること。

ウ　ベースボール型では，基本的なバット操作と走塁での攻撃，ボール操作と定位置での守備などによって攻防をすること。

(2) 攻防などの自己の課題を発見し，合理的な解決に向けて運動の取り組み方を工夫するとともに，自己や仲間の考えたことを他者に伝えること。

(3) 球技に積極的に取り組むとともに，フェアなプレイを守ろうとすること，作戦などについての話合いに参加しようとすること，一人一人の違いに応じたプレイなどを認めようとすること，仲間の学習を援助しようとすることなどや，健康・安全に気を配ること。

〔体育分野　第３学年〕

（※選択制導入が特徴）

２　内容

B——器械運動

器械運動について，次の事項を身に付けることができるよう指導する。

(1) 次の運動について，技ができる楽しさや喜びを味わい，技の名称や行い方，運動観察の方法，体力の高め方などを理解するとともに，自己に適した技で演技すること。

ア　マット運動では，回転系や巧技系の基本的な技を滑らかに安定して行うこと，条件を変えた技や発展技を行うこと及びそれらを構成し演技すること。（※第１・２学年の技能内容との違い）

イ　鉄棒運動では，支持系や懸垂系の基本的な技を滑らかに安定して行うこと，条件を変えた技や発展技を行うこと及びそれらを構成し演技すること。（※第１・２学年の技能内容との違い）

ウ　平均台運動では，体操系やバランス系の基本的な技を滑らかに安定して行うこと，条件を変えた技や発展技を行うこと及びそれらを構成し演技すること。（※第１・２学年の技能内容との違い）

エ　跳び箱運動では，切り返し系や回転系の基本的な技を滑らかに安定して行うこと，条件を変えた技や発展技を行うこと（※第１・２学年の技能内容との違い）。

(2) 技などの自己や仲間の課題を発見し，合理的な解決に向けて運動の取り組み方を工夫するとともに，自己の考えたことを他者に伝えること。

(3) 器械運動に自主的に取り組むとともに，よい演技を讃えようとすること，互いに助け合い教え合おうとすること，一人一人の違いに応じた課題や挑戦を大切にしようとすることなどや，健康・安全を確保すること。

E——球　技

球技について，次の事項を身に付けることができるよう指導する。

(1) 次の運動について，勝敗を競う楽しさや喜びを味わい，技術の名称や行い方，体力の高め方，運動観察の方法などを理解するとともに，作戦に応じた技能で仲間と連携しゲームを展開すること。

ア　ゴール型では，安定したボール操作と空間を作りだすなどの動きによってゴール前への侵入などから攻防をすること。(※第１・２学年の技能内容との違い)

イ　ネット型では，役割に応じたボール操作や安定した用具の操作と連携した動きによって空いた場所をめぐる攻防をすること。(※第１・２学年の技能内容との違い)

ウ　ベースボール型では，安定したバット操作と走塁での攻撃，ボール操作と連携した守備などによって攻防をすること。(※第１・２学年の技能内容との違い)

(2) 攻防などの自己やチームの課題を発見し，合理的な解決に向けて運動の取り組み方を工夫するとともに，自己や仲間の考えたことを他者に伝えること。

(3) 球技に自主的に取り組むとともに，フェアなプレイを大切にしようとすること，作戦などについての話合いに貢献しようとすること，一人一人の違いに応じたプレイなどを大切にしようとすること，互いに助け合い教え合おうとすることなどや，健康・安全を確保すること。

〔内容の取扱い〕

(1) 内容の各領域については，次のとおり取り扱うものとする。

ア　第１学年及び第２学年においては，「Ａ体つくり運動」から「Ｈ体育理論」までについては，全ての生徒に履修させること。その際，「Ａ体つくり運動」及び「Ｈ体育理論」については，２学年間にわたって履修させること。(※必修扱い)

イ　第３学年においては，「Ａ体つくり運動」及び「Ｈ体育理論」については，全ての生徒に履修させること。(※必修扱い)「Ｂ器械運動」,「Ｃ陸上競技」,「Ｄ水泳」及び「Ｇダンス」についてはいずれかから一以上を，「Ｅ球技」及び「Ｆ武道」についてはいずれか一以上をそれぞれ選択して履修できるようにすること。(※選択必修のペアに注目)

(2) 内容の「Ａ体つくり運動」から「Ｈ体育理論」までに示す事項については，次のとおり取り扱うものとする。

ア　「Ａ体つくり運動」の(1)のアの運動については，「Ｂ器械運動」から「Ｇダンス」までにおいても関連を図って指導することができるとともに，心の健康など保健分野との関連を図って指導すること。また，「Ａ体つくり運動」の(1)のイの運動については，第１学年及び第２学年においては，動きを持続する能力を高めるための運動に重点を置いて指導することができるが，調和のとれた体力を高めることに留意すること。(※発育発達段階を考慮した科学的トレーニングの導入) その際，音楽に合わせて運動をするなどの工夫を図ること。第３学年においては，日常的に取り組める運動例を取り上げるなど指導方法の工夫を図ること。

イ　「Ｂ器械運動」の(1)の運動については，第１学年及び第２学年においては，アからエまでの中からアを含む二を選択して履修(※マット運動必修) できるようにすること。第３学年においては，アからエまでの中から選択して履修できるようにすること。

エ　「Ｄ水泳」の(1)の運動については，第１学年及び第２学年においては，アからエまでの中からア又はイ(※クロール又は平泳ぎ) のいずれかを含む二を選択して履修できるようにすること。第３学年においては，アからオまでの中から選択して履修できるようにすること。なお，学校や地域の実態に応じて，安全を確保するための泳ぎ(※新設) を加えて履修させることができること。また，泳法との関連において水中からのスタート及びターンを取り上げること。なお，水泳の指導については，適切な水泳場の確保が困難な場合にはこれを扱わないことができるが，水泳の事故防止に関する心得については，必ず取り上げること。また，保健分野の応急手当との関連を図ること。

オ 「Ｅ球技」の(1)の運動については，第１学年及び第２学年においては，アからウまでを全ての生徒に履修させること。(※必修扱い)第３学年においては，アからウまでの中から二を選択して履修できるようにすること。また，アについては，バスケットボール，ハンドボール，サッカーの中から，イについては，バレーボール，卓球，テニス，バドミントンの中から，ウについては，ソフトボールを適宜取り上げることとし，学校や地域の実態に応じて，その他の運動についても履修させることができること。(※例示種目に注目)なお，ウの実施に当たり，十分な広さの運動場の確保が難しい場合は指導方法を工夫して行うこと。

カ 「Ｆ武道」については，柔道，剣道，相撲，空手道，なぎなた，弓道，合気道，少林寺拳法，銃剣道などを通して，我が国固有の伝統と文化により一層触れることができるようにすること。また，(1)の運動については，アからウまでの中から一を選択して履修できるようにすること。なお，学校や地域の実態に応じて，空手道，なぎなた，弓道，合気道，少林寺拳法，銃剣道などについても履修させることができること。また，武道場などの確保が難しい場合は指導方法を工夫して行うとともに，学習段階や個人差を踏まえ，段階的な指導を行うなど安全を十分に確保すること。

(3) 内容の「Ａ体つくり運動」から「Ｇダンス」までの領域及び運動の選択並びにその指導に当たっては，学校や地域の実態及び生徒の特性等を考慮するものとする。また，第３学年の領域の選択に当たっては，安全を十分に確保した上で，生徒が自由に選択して履修することができるよう配慮すること。その際，指導に当たっては，内容の「Ｂ器械運動」から「Ｇダンス」までの領域については，それぞれの運動の特性に触れるために必要な体力を生徒自ら高めるように留意するものとする。

(4) 自然との関わりの深いスキー，スケートや水辺活動などの指導については，学校や地域の実態に応じて積極的に行うことに留意するものとする。

(5) 集合，整頓，列の増減，方向変換などの行動の仕方（※集団行動指導）を身に付け，能率的で安全な集団としての行動ができるようにするための指導については，内容の「Ａ体つくり運動」から「Ｇダンス」までの領域（※すべての運動領域）において適切に行うものとする。

高等学校学習指導要領
（平成30年告示）解説

保健体育編　体育編　平成30年7月

第1部　保健体育編

第1章　総説

第2節　保健体育科改訂の趣旨及び要点

2　保健体育科改訂の要点

(3) 内容及び内容の取扱いの改善

「体育」

オ　学び直しの充実

（省略）特に，共通性の確保の観点（※「体育」では，中学校第３学年からは，生徒が領域を選択して履修できることとしているため，高等学校入学年次以降は，領域の学習経験に違いが生じる場合も考えられる）からは，義務教育段階での学習内容の確実な定着を図ることが，高等学校保健体育科で育成を目指す資質・能力を身に付ける視点からも重要である。そのため，入学年次においては，引き続き中学校第３学年の内容を取り上げ，解説において，入学年次とその次の年次以降の学習のねらいや内容をそれぞれ具体的に示すこととした。（※高等学校学習指導要領の内容は第２・３学年から指導）

□引用文献

文部科学省（2018）中学校学習指導要領（平成29年告示）解説　保健体育編．東山書房・京都．

文部科学省（2019）高等学校学習指導要領（平成30年告示）解説　保健体育編　体育編．東山書房・京都．

（杢子　耕一）

付録2 教育実習

1. 教育実習とは

教育実習で大きな成長を！

1 教育実習の法的位置づけ

(1) 教育職員免許法・施行規則

教育職員免許法第5条に、普通免許状の取得に必要な基礎資格や最低修得単位数が定められている。そして、同法施行規則第4条（中学校教諭）と第5条（高等学校教諭）に「教科及び教職に関する科目」の単位修得方法が、各々示されている。また、「日本国憲法」などの、文部科学省令で定められた科目（教職共通科目）の単位数も、第66条の6に示されている。

(2) 教育実習の単位数

教育実習は、この中の「教育実践に関する科目」に含まれており、中学校免許では5単位、高等学校免許では3単位が必要である。また、いずれの場合も、教育実習の単位には、大学における教育実習の事前事後指導（等）の1単位を含んでいる。

なお、保健体育科については、保健と体育の2つの科目（分野）があることから、高等学校免許についても5単位実習を課している大学がある。

2 教育実習の受け入れ（多湖実松ほか、2010）

教育実習生を受け入れることは、学校に義務づけられていない。日本の教育の次代を担う人材を育成するために必要であるとの認識のもとに受け入れてくださるのである。また、教員採用試験を受けない学生は受け入れないという方針の教育委員会もある。

教育実習生は、これらのことを十分に承知し、自分の立場を自覚して教育実習に臨まなければならない。

3 教育実習は何を学ぶの？

学校で費やす教師の時間　（愛知教育大学、2010）

(1)指導時間：授業、学級活動、児童・生徒会活動、生活指導、クラブ・部活動など
(2)校務時間：校務分掌、学級事務・作業、打ち合わせ、職員会議、諸表簿の整理など
(3)準備時間：教材研究、教材づくり、指導計画、評価・処理、配布資料作成など

これらの多くが、教育実習で学ぶ対象だといえよう。

図 付録2-1　教育実習生の体育授業の様子（1）

4 教育実習の意義（家田・勝亦、2006）

(1) 教えることの楽しさや難しさを体験する

教える楽しさや難しさは自分が教える立場になって初めてわかる。教育実習の意義の1つに、「教えることの楽しさや難しさを体験できること」が挙げられよう。

(2) 教育活動を問い直す

教育実習では、大学で習った教科専門や教職専門の知識や技術、および身につけた幅広い教養を用いて教育現場で実地に指導を行い、その体験を通して教科指導などの方法を学ぶことになる。

その際、「教育活動を自分なりに問い直すことが重要である。」(愛知教育大学、2010)

(3) 生徒や教師の仕事に対する理解を深める

教育実習では、積極的に生徒と話をしたり、一緒に活動したりする機会を作って、生徒の考え方や行動に関する理解を深めるようにしたい。また、教師のいろいろな仕事について理解を深めることも、教育実習の大切な意義である。

(4) 学校教育の全体構造を理解する

教育課程の領域には、各教科、道徳、特別活動、および総合的な学習の時間がある。この他、課外の部活動もある。また、学校保健活動は、学校全体として取り組まれている。教育実習の機会に、これらの全てに目を向け、学校教育の全体構造を理解するように心掛けよう。

(5) 自己の力量、適性、研究課題をつかむ

教育実習では、自己を客観視し、自己の力量や教職に対する適性を把握する絶好の機会となる。そして、「教師を目指す上での自分の研究課題を明確にしていくことが重要なのである。」(愛知教育大学、2010)

2. 教育実習の段階 (多湖実松ほか、2010)

- 指導講話
- 観察
- 参加
- 実習

1 指導講話

教育実習の当初2 ～ 3日間に、管理職からの学校の教育目標等についての話をはじめ、学校の組織やその所掌事務についての講話がある。教務、進路指導、生徒指導など、校務分掌の主任からの、担当する仕事の説明である。

実習校の組織としての全体像を理解することは、これから始まる教育実習をより効果的なものにするうえで重要である。

2 観察

教育実習の実質的なスタートは、観察である。観察は、授業中の教員の動きや生徒の活動を客観的に参観し、授業について認識を深める学習である。

第三者的立場から参観する場合と生徒に働きかけながら行う場合とがある。いずれの場合も、指導者のどんな働きかけに生徒がどんな反応をするのかを、詳細に観察し記録する。その記録から、その場のねらいを達成するうえで有効な言葉、行動、タイミングなど、働きかけの原則を見つけようとするものである。

教育実習が始まって3 ～ 4日あるいは1週間は、観察が主たる活動になることが一般的である。この間に、教科にこだわらずに幅広くできるだけ多くの観察機会を得ることは、その後の実習の成果を大きく左右する。お願いできる先生にはどんどん依頼して、観察におもむくべきである。

3 参加

授業や学級活動や行事等において、生徒と一緒に活動する、あるいは授業の一部分で指導教員の補助的な活動をする形態である。この場合は、生徒に直接働きかけを行う場面が生じることになる。

観察よりも、教員の働きかけとそれに対する生徒の反応を直接感じとることができる。生徒の反応から、生徒理解を深める機会となる。

4 実習

実習生自身が学習指導案を作り、その指導案を基に実際に授業を行う、教育実習の最も核になる活動である。

観察と参加は多ければ多いほどよいと考えられるが、実習については十分な準備と評価が必要であるから、保健と体育で3週間に15時間程度が適当であろう。

3. 教育実習の事前準備 (家田・勝亦、2006)

「何とかなるさ」は禁物！
準備不足は不安に直結する。

1 服装と持ち物

(1) 服装・頭髪など

実習校では男女ともスーツの着用が普通である。また、男子はネクタイも必要である。準備をしておこう。頭髪についても、茶髪など、教育現場にふさわしくないものは改めて、運動に適した髪型にしておくこと。

特に、女子では服装が華美にならないよう気をつけよう。イヤリング、ピアスなどもしないように。また、髪も長い場合には短くするとか束ねるなどして、すっきりさせておこう。教師の服装などが目立つようでは、教育効果が低下してしまう。

当然ながら授業実習に使えるようなトレーニング・ウェアを持参しなければならない。

(2) 持ち物

①印鑑：出勤簿に押す。
②体育の指導に用いるもの:前述のトレーニング・ウェアの他に、トレーニング・シューズ、体育館シューズ、笛などは自分のものが必要である。
③スリッパ
④保健体育の教科書、参考図書、ノート
⑤大学から持っていく書類：教育実習記録、出勤簿、教育実習評価票、学習指導案用紙、その他の書類
⑥パソコン：学習指導案については、ワープロを用いると修正が楽である。そのため、パソコンを持参することが望ましい。また、学習指導案のひな型を作ってそのファイルを持っていくとよい。ただし、近年は、パソコンやUSBの持ち込みを認めない学校や自治体が増えてきたので、その点に関する情報を早めに入手しておく必要がある。

図 付録2-2
教育実習生の
保健授業の様子

2 教科指導の準備

(1) 実習校での情報の収集

何しろ、教育実習生は教科指導の経験が乏しいので、いきなり授業に臨むのは大変である。早目に、できるだけ詳しく体育の担当種目、保健の担当範囲や道徳、学級活動の指導の有無を聞いて準備を始めよう。もしも範囲等がわからなくても、一応自分で予想して、何時間分かの授業について、少なくとも教材研究から指導案の作成くらいまでは練習しておこう。

(2) にが手種目の練習

体育系学部の学生でも柔道などの武道はにが手な者も多い。また、人によっては、水泳がダメだとか器械運動はどうもいけないという場合もあるだろう。

最低限のことはできるように、あらかじめ、その種目の技術の要点を確認して、重点的に練習しておこう。

(3) 教材研究

にが手種目の練習に限らず、担当の体育種目については指導の要点をしっかりつかめるように教材研究をしておこう。

保健授業については、特に事前の準備が重要となる。保健に関してはそれまでの知識の貯えが体育に比べて少ない上に、実習期間に入ると毎日の体育の実習で忙しく、ゆっくり教材研究をしている暇がないからである。次の事柄についてじっくりと考えておこう。

①興味を引く話題
②つかませたい知識や考え方
③教えたい生活行動や技術
④作業課題

(4) 資料の収集

図書館から教材研究に必要な書籍を借りたり、コピーを取ったりして実習先に持っていくと大変に役立つ場合がある。

また、新聞に保健に関係する興味深い記事がたくさん載っている。自宅から通学していない人は新聞の切り抜きをしにくいが、インターネットのニュースもあるので、自分でいろいろ工夫して、切り抜きノートを作っておくようにしよう。

(5) 学習指導案の作成

資料室などに先輩が教育実習で書いた指導案が残されている場合は、それを手に取って調べ、ていねいに書いてあるものをコピーして実習先に持っていくと大いに参考となる。それを基にして、さらに改良できるようにしよう。

また、事前にいくつか指導案を書いて、指導案の形式や書き方のパターンにも慣れておく。ただし、指導案の形式の詳細は、県や学校などによってもかなり異なる。大学で習った形式と違っていても、驚かないで上手に対応するようにしよう。

いずれにせよ、授業の流れが映像として浮かぶようなもののほうが授業に役立つことは間違いない。

(6) 体力・健康的な生活習慣づくり

教育実習中の勤務は体力的にもかなり厳しいので、日頃から運動量を多くして、厳しい勤務に耐えられるようにしておこう。また、早寝早起きなどの健康的な生活習慣づくりも大変重要である。アルバイトなども早目に整理しておこう。

そして、健康な状態で実習に行けるように、心身の管理に気を使おう。直前の事故やけがのために教育実習が取り止めになる学生が時々いて、大変残念である。

3 回答の準備

教育実習校では、先生方から次のような質問を受けると思われる。あらかじめ回答を用意しておくことが必要であろう。

・教員採用試験はどの県を受けるのか。
・教員採用試験の願書を取り寄せたか。
・就職活動はどうしているか。
・今、力を入れて取り組んでいることは何か。
・今、最も関心があることは。
・卒業論文のテーマは。
・最近読んだ本は。
・最近感動したことは。
・部活、同好会、サークルは。
・ボランティア活動の経験は。

4 実習校への連絡

母校へ教育実習の申し込みに出かけたあとも、可能ならば時々母校に行き、保健体育教員室を訪ねたり、部活動に参加させてもらったりすると良いであろう。生徒の行動を知ることもできるし、顔見知りの生徒もできる。ただし、服装や言動に注意し、マイナスになることのないようにしなければならない。

少なくとも、高校時代にお世話になった先生とか、指導の先生、教育実習担当の先生に電話で連絡をとって、少しずつ情報を入れたり、元気でいることを知らせておいたりしよう。

5 教育実習の打ち合わせ会

実習校で、教育実習の直前か1週間くらい前(あるいは、もっと以前に)、教育実習の打ち合わせ会がある。当日は、校長先生の挨拶、教育実習の指導方針の説明などがあり、その後で指導担当教員と会い、担当する学年や体育の担当種目、保健の担当の箇所、使用する教科書などについて説明してもらう。

打ち合わせ会に欠席したり遅刻したりすると、教育実習をさせてもらえない場合もあるので、教育実習本番と同様、緊張感をもって臨んでほしい。

4. 大学における教育実習の事前事後指導

●正装で参加する。
●教育実習への準備の仕方を学び、教育実習への意識を高める。

1 事前指導

事前指導においては、教育実習に関する事務手続きの説明をするほか、教育実習の意義や概要、心構え、注意事項、評価、および事前準備等について指導を行う。

なお、筆者の学部では、講義の回はスーツなどの正装で出席することを学生に義務づけ、教育実習への意識を高めさせるようにしている。

また、指導案の作成法についての確認をしたり、保健や体育の模擬授業・マイクロティーチングなどを取り入れて、より実践的な指導をしたりすることもある。

2 事後指導

事後指導では、代表の学生による体験談の発表や「教育実習報告書」の記入などを通して教育実習を振り返る。教員採用試験に向けての指導も行われる。

図 付録2-3
体育授業のマイクロティーチング

5. 教育実習の心構え

教育実習は勤務である。

1 実習態度 (多湖実松ほか、2010)

①実習生といえども、学校の構成員である。実習期間中は「教員」であるとの自覚をもつこと。
②学校の教育活動全体に対し、積極的な研究態度で臨むこと。
③教職員の業務について、細部に至るまで関心をもつこと。
④教職員·生徒の言動をよく観察すること。
⑤実習の過程およびその成果·課題について、客観的に評価する態度をもつこと。
⑥生徒、教職員、あるいは実習生相互のコミュニケーションを図り、視野を広め知識を深めるよう努めること。

2 注意事項

(1) 人権侵害に対する注意

生徒・教職員の人格を誹謗する、あるいは人権を侵害するということは決してあってはならない。「体罰」は、学校教育法第11条で禁止されている。また、日本でも1994年4月に批准された「子どもの権利条約」にも、「学校における懲戒も子どもの人間としての尊厳と一致するものでなければならない」と書かれている。体罰(身体的・精神的な苦痛を与えるような行為)はあってはならないし、また、生徒本人の努力では改善し得ない事柄を取り上げたり論評したりしてはならない。

(セクシャル)ハラスメントについても注意を要する。大学の同級生やクラブの後輩等に接するときのような、気軽な態度で異性の生徒に対応してはいけない。部活動においても、先輩意識が先立つと、生徒からすれば横暴な態度と映るような態度を取る危険性がある。

逆に、実習校で(セクシャル)ハラスメントを受けるようなことがあってもいけない。ハラスメント相談窓口を案内して、一人で悩まずに相談するよう促している大学もある。

(2) 秘密の厳守

生徒の成績や学校での態度など、教師の職業上知り得た情報については、家族や友人などにも軽い気持ちで漏らすことのないようにしなければならない。

(3) 生徒との関係

生徒との交流は大変に勉強になるが、あくまでも教師としての立場を忘れないように行動し、生徒とは一定以上の距離を保つようにしよう。

なお、実習後であっても生徒と個別の関係をもつことは許されない。

(4) 学校敷地内禁煙

喫煙防止教育の推進や受動喫煙の防止、地域の禁煙・施設禁煙化運動の推進などの目的で、学校敷地内禁煙が全国に広がっている。また、都道府県教育委員会等において教職員の禁煙を促進しており、近い将来、学校が喫煙者のいない職場になることが期待される。

万一、未だに喫煙をしている学生がいたら、必ず、ニコチンパッチなどの助けを借りて、禁煙してから教育実習に出かけるようにすること。

(5) 学校および通勤時の事故防止

学校における事故防止のため、学校安全活動にしっかり取り組むようにしよう。特に、体育授業における事故防止のための準備や指導を、十分に行うことが大切である。

次に、自動車、オートバイ等での通勤は、事故防止の観点から原則として行わない。公共交通機関を使うと極端に不便でどうしても必要だという場合に限って、実習校の先生と相談の上、これらの使用が認められることがある。しかし、この場合でも、寝ぼうをして大急ぎで行ってスピード違反をしたりしないようにすること。シートベルト着用や安全確認などの義務を、必ず守るようにしなければならない。また、自転車で通う場合の、夜間の無灯火での乗車も厳禁である。

3 教育実習生の立場

(1) 教師として

教育実習生の立場は、生徒･保護者から見れば「先生」である。

・教師の立場から言動や服装・みだしなみに気をつけよう。

困った言葉　（愛知教育大学、2010）

「あのさぁ、俺って大学生じゃん。」

「別に教師になる気はないけど、
免許取るために来てる。」

「先生なんてそんな堅いこと言わないで、
○○さんて呼んでね。」

・保健体育教員室で電話を取るような場合にも、教師の立場を考えた言葉使いをすること。

・生徒からの挨拶には、明るく、生徒を励ますような一言を返すようにしよう。

(2) 実習生として

次に、教育実習生の立場は、実習校の教職員からすれば実習生（学生）である。

・教職員は誰もが指導者である。謙虚に、素直に教えを請うようにすること。

・遅刻は厳禁。出勤時間はもとより、授業をはじめ、個々のプログラムについても、絶対に時間に遅れないようにしなければならない。欠席等も特に事情がある場合以外は許されない。

・教育実習記録や学習指導案の指導教員などへの提出期限をきちんと守ること。

6. 教育実習の評価

●実習校による評価　●事前事後指導の評価
●教育実習記録等に関する評価

1 評価の項目

教育実習校に教育実習生の評価をお願いする際、次のような項目（観点）を設ける場合が多いと考えられる。

①生徒指導（児童・生徒の観察、理解、指導能力、指導態度）

②学習指導（教科等に関する能力、指導能力、指導態度）

③実習態度（実習生としての自覚、教職に対する熱意、実務能力、教育実習記録等）

2 遅刻・早退・欠席

教育実習期間や大学における事前事後指導での遅刻、早退、欠席については、当然、マイナスの評価となる。いずれに関しても、3分の1以上の欠席については、単位の取得ができないことになるだろう。

3 総合評価

教育実習の最終的な評価は、実習校の評価や大学での事前事後指導における状況、教育実習記録の記入状況や学習指導案の作成状況等から総合的に判断して、大学の教育実習担当教員が行う。

図 付録2-4　教育実習生の体育授業の様子（2）

□引用文献

愛知教育大学教育実地研究専門委員会「教育実習」改訂委員会（2006）教育実地研究（教育実習）の手引．愛知教育大学, p.1, p.47.

家田重晴・勝亦紘一（2006）保健体育科　教育実習の手引．中京大学体育学部　教育実習指導研究会，p.1, pp.9-11.

多湖実松・勝亦紘一・家田重晴（2010）保健体育科 教育実習の手引．中京大学体育学部　教育実習指導研究会，pp.7-8, p.39.

（家田　重晴）

索引

アルファベット順

五十音順

あ行

か行

さ行

た行

な行

【編著者】

杢子　耕一	中京大学スポーツ科学部教授
家田　重晴	中京大学スポーツ科学部教授
勝亦　紘一	中京大学名誉教授

【執筆者】

勝亦　紘一	中京大学名誉教授	(第1章、第2章第3節、第5章第1・3節、第6章第1・2節)
杢子　耕一	中京大学スポーツ科学部教授	(第1章、第2章第1・3節、第5章第1・3節、第6章第1・2節、第7章、付録1)
家田　重晴	中京大学スポーツ科学部教授	(第2章第2節、付録2)
十河　直太	環太平洋大学短期大学部准教授	(第2章第2節)
後藤　晃伸	愛知県スポーツ局スポーツ課	(第2章第2節、第5章第5節)
川端　昭夫	中京大学スポーツ科学部教授	(第3章第1節)
熊谷 慎太郎	中京大学スポーツ科学部助教	(第3章第2節)
三上　　肇	中京大学スポーツ科学部教授	(第3章第2節)
本田　　陽	元中京大学スポーツ科学部准教授	(第3章第3節)
田内　健二	中京大学スポーツ科学部教授	(第3章第3節)
草薙　健太	中京大学スポーツ科学部講師	(第3章第4節)
松藤　貴秋	中京大学スポーツ科学部准教授	(第3章第5節1、第6章第1・2節)
船木　浩斗	中京大学スポーツ科学部講師	(第3章第5節2)
大家　利之	中京大学スポーツ科学部准教授	(第3章第5節3)
中本　光彦	中京大学スポーツ科学部准教授	(第3章第5節4)
青山　　繁	中京大学スポーツ振興部	(第3章第5節5)
竹内　敏子	中京大学名誉教授	(第3章第5節6)
松岡　大介	中京大学スポーツ科学部非常勤講師	(第3章第5節7)
松本　孝朗	中京大学スポーツ科学部教授	(第3章第5節7、第4章第5節)
桜井　伸二	中京大学スポーツ科学部教授	(第3章第5節8、第4章第4節)
二瓶　雄樹	中京大学スポーツ科学部講師	(第3章第5節9)
三宅　恵介	中京大学スポーツ科学部講師	(第3章第6節1)
堀山　健治	中京大学スポーツ科学部教授	(第3章第6節2)
長谷川　優	中京大学名誉教授	(第3章第6節3)
和光　理奈	中京大学スポーツ科学部講師	(第3章第7節、第6章第1・2節)
井上　　望	中京大学スポーツ科学部助教	(第3章第8節、第4章第2節)
柿山　哲治	福岡大学スポーツ科学部教授	(第4章第1節、第8章第2節)
山田　憲政	中京大学スポーツ科学部教授	(第4章第3節)
青戸　慎司	中京大学スポーツ振興部	(第4章第6節)
來田　享子	中京大学スポーツ科学部教授	(第4章第7節)
村田　祐樹	名古屋大学大学院教育発達科学研究科　博士後期課程	(第5章第2節)
下嶽 進一郎		(第5章第2節)
倉持 梨恵子	中京大学スポーツ科学部准教授	(第5章第4節)
小磯　　透	中京大学スポーツ科学部教授	(第6章第3節、第8章第1節)
大林　直美	名古屋大学教育学部附属中・高等学校教諭	(第6章第3節、第8章第1節)
簗瀬　　歩	朝日大学保健医療学部教授	(第9章)

(執筆項目順)

改訂 新しい体育の授業づくり

2020年3月10日　第1刷発行

編著者　杢子耕一、家田重晴、勝亦紘一
発行者　藤川　広
発行所　大日本図書株式会社
〒112-0012　東京都文京区大塚3-11-6
電話　03-5940-8673(編集)、03-5940-8679(販売)
048-421-7812(受注センター)
振替　00190-2-219

表紙、本文デザイン、図版——矢後雅代
さし絵・写真——喜屋武　稔、アフロ
印刷——株式会社 太平印刷社/製本——株式会社 若林製本工場

落丁本・乱丁本はお取り替えいたします。

©2020　M. Kouichi. Printed in Japan
ISBN978-4-477-03351-8　C2075
208P　23cm×15cm　NDC375
Ⓡ本書の全部または一部を著作権者に無断で複写複製(コピー)することは、著作権法において認められる場合を除き、禁じられています。